TRES PUNTOS DE VISTA SOBRE EL RAPTO

SOBRE EL RAPTO

PREMILENARISMO, MILENIARISMO O

POSTRIBULACIONISMO

TRES PUNTOS DE VISTA SOBRE EL RAPTO

PREMILENARISMO, MILENIARISMO O

POSTRIBULACIONISMO

- Gleason L. Archer Jr.
- Paul D. Feinberg
- Douglas J. Moo
- Richard R. Reiter

- Stanley N. Gundry *editor de la serie*
- Gleason L. Archer Jr. *editor general*

PUNTOS DE VISTA TEOLÓGICOS

Vida

La misión de Editorial Vida es ser la compañía líder en comunicación cristiana que satisfaga las necesidades de las personas, con recursos cuyo contenido glorifique a Jesucristo y promueva principios bíblicos.

TRES PUNTOS DE VISTA SOBRE EL RAPTO
Edición en español publicada por
Editorial Vida – 2024
Nashville, Tennessee
© 2024 Editorial Vida

Publicado anteriormente en español por
Editorial Vida - 2009
Miami, Florida

Publicado en inglés con el título:
Three Views on the Rapture
Copyright © 1984, 1996 by The Zondervan Corporation
Published by permission of Zondervan, Grand Rapids, Michigan.

Traducción: *José L. Martínez*
Edición: *Rojas & Rojas Editores, Inc.*
Diseño interior: *Cathy Spee*
Diseño de cubierta: *Rojas & Rojas Editores, Inc.*

ISBN: 978-0-829-77373-6

CATEGORÍA: Teología cristiana / Apologética

CONTENIDO

CONTENIDO

PREFACIO

Uno de los obstáculos principales para llegar a las decisiones en los asuntos teológicos es la falta de interacción entre los defensores de perspectivas opuestas. El lector tiene a su disposición libros y artículos que defienden una posición u otra, pero uno se queda con frecuencia preguntándose si los puntos fuertes se han exagerado y los débiles ignorado o minimizado. Además, muchos lectores no están preparados para evaluar la evidencia técnica aportada para apoyar un enfoque determinado. Con demasiada frecuencia dichos argumentos aparentan ser más convincentes de lo que realmente son. Incluso cuando se dispone de dos excelentes declaraciones de posiciones diferentes, puede que los razonamientos expresados en una de ellas no estén considerados en la otra.

Esa es en verdad la situación con respecto al tema del Rapto en relación con la tribulación. Están disponibles muchos enfoques excelentes de esta cuestión teológica desde varios puntos de vista, pero todavía hay espacio para un diálogo cuidadoso y cara a cara en el que las posiciones opuestas sean evaluadas. Este volumen tiene la intención de satisfacer esa necesidad.

Los tres ensayos principales de este libro son versiones revisadas y ampliadas de ponencias presentadas en la reunión de la Asociación Ministerial de la Iglesia Evangélica Libre de Estados Unidos en el mes de enero de 1981. Los autores escriben como miembros de esta denominación, como colegas de la facultad de su seminario (Trinity Evangelical Divinity School), y como amigos personales. Escribimos con amor y respeto de unos por otros, pero no con menos convicción

7

respecto a nuestros propios puntos de vista. Escribimos con franqueza al exponer lo que percibimos como debilidades en los argumentos de los demás. Para algunos, la defensa de posiciones diferentes sobre el Rapto entre colegas de la misma facultad puede parecer incongruente. Todos nosotros estamos dedicados a mantener con sinceridad las verdades claras de las Escrituras, pero no creemos que el tiempo relativo al Rapto sea una de esas «verdades claras».

Las respuestas a los ensayos principales fueron escritas por separado. Si bien este formato hace que sean inevitables algunas repeticiones, también permite una mayor libertad y le ayuda al lector a discernir mejor las diferencias entre las distintas posiciones. Sin tener intención de menospreciar en lo más mínimo las demás posiciones escatológicas, nosotros escribimos desde la perspectiva de una escatología premilenarista.

Los evangélicos en los Estados Unidos han estado divididos con frecuencia sobre el tema del Rapto. Tenemos la esperanza de que estos ensayos y respuestas fomenten una atmósfera de unidad y tolerancia en la que el tema pueda ser considerado con sinceridad y reverencia. Sobre todo, confiamos que todos nos animemos a conformarnos al carácter y conducta de Aquel cuyo regreso esperamos.

1

HISTORIA DEL DESARROLLO DE LAS POSICIONES SOBRE EL RAPTO

Richard R. Reiter

Richard R. Reiter es el gerente del Departamento de Sistema de Datos de Mercado del Nations-Bank, CRT, de Chicago, Illinois. Tiene una licenciatura de la Universidad del Estado de Michigan y una Maestría en Divinidades del Trinity Evangelical Divinity School. Ha estudiado también otros cursos de grado en el Seminario Teológico McCormick, en el Regent College de Vancouver (Canadá), la Universidad de Chicago y el Wheaton College de Illinois. Solo le falta la disertación para obtener un doctorado por la Universidad de Nueva York. El señor Reiter es miembro de la Conferencia de Fe e Historia de la Sociedad Evangélica Teológica.

Las confesiones básicas del cristianismo dan testimonio de la enseñanza bíblica de que Cristo Jesús regresará a la tierra para juzgar a los vivos y a los muertos. Aparte de esta confesión fundamental de unidad, los cristianos han desarrollado diversos puntos de vista sobre la naturaleza y el tiempo del regreso de Cristo. Este ensayo examina el debate acerca de la Segunda Venida de Cristo en la historia estadounidense reciente. Se enfoca en los evangélicos estadounidenses que están de acuerdo en que Cristo regresará antes del Milenio, pero que difieren en si el arrebatamiento de la Iglesia tendrá lugar antes, en medio de, o después de la Gran Tribulación.

Este estudio abarca algo más de 100 años, desde 1878 hasta el presente. Dentro de esta era examinaré tres períodos cortos iniciados por tres acontecimientos clave de transición. El primero fueron las tres décadas desde 1878 hasta 1909, en que las diferencias en la interpretación profética y temas relacionados originaron controversias dentro de la llamada Conferencia Bíblica del Niágara. A continuación, en el lapso que abarca de 1909 a 1952, los defensores del pretribulacionismo consiguieron amplio apoyo popular y formaron su base de erudición. Desde 1952 hasta el presente hemos visto el resurgimiento del postribulacionismo a través del desarrollo académico de esa perspectiva y diversos retos al predominio del pretribulacionismo entre los evangélicos estadounidenses.

LA ERA DE LA CONFERENCIA BÍBLICA DEL NIÁGARA:1878-1909

La Conferencia Bíblica del Niágara popularizó la doctrina premilenarista en los Estados Unidos. Unos pocos pastores y evangelistas se reunieron en privado para una semana de estudio de la Biblia y oración en 1875. En el espacio de tres años otros respondieron a las evidencias de vitalidad espiritual; la conferencia anual de verano se hizo pública. Los líderes hicieron hincapié en la renovación cristiana mediante el estudio práctico de la Biblia basado en una hermenéutica literal, una interpretación premilenaria de la profecía y un sentido marcado de que el fin de los tiempos estaba cerca. Confiaban en evitar la controversia al mostrar una camaradería interdenominacional, superar los prejuicios sectarios y fomentar la unidad entre los creyentes premilenaristas.[1]

Esta era vio un cambio en la escatología premilenial. Desde 1790 hasta mediados de la década de 1870 la mayoría de los premilenaristas defendían el historicismo, y creían que algunos eventos en Daniel y la mayoría del Apocalipsis se referían a la era de la Iglesia. Encabezados por la Conferencia Bíblica del Niágara, un número creciente de premilenaristas adoptaron la perspectiva futurista, persuadidos de que la semana septuagésima de Daniel estaba en el futuro y aparecía descrita por completo en Apocalipsis 6—19.[2] Aunque la mayoría de los líderes de Niágara sostenían la perspectiva futurista, ellos no excluyeron a los historicistas. Su declaración doctrinal de catorce puntos, adoptada antes de la conferencia de verano de 1878, instaba a los creyentes a estar listos para el regreso de su Señor. La sección 14 tenía que ver con la escatología corporativa, declarando: «Este advenimiento personal y premilenial es la bendita esperanza que encontramos en el Evangelio y la cual deberíamos estar siempre esperando». Los textos de prueba de las Escrituras incluían Lucas 12:35-40 y 2 Tesalonicenses 2:3-8, pero no 1 Tesalonicenses 3:13-17.[3] La declaración no era en específico dispensacional, porque no establecía un regreso de Cristo en dos etapas; sino que era más bien una declaración premilenaria general que bosquejaba una serie de creencias acerca de la Segunda Venida y dejaba espacio para todos los premilenaristas.

Más tarde, en 1870, apareció otra declaración importante, que de nuevo mostraba la perspectiva general que aceptaban los participantes de Niágara. La primera conferencia profética y bíblica general estadounidense en Nueva York aprobó cinco resoluciones que otras posteriores conferencias también adoptaron. El artículo 3 declaraba: «Esta Segunda Venida del Señor aparece representada como inminente en todas partes en las Escrituras, y puede suceder en cualquier momento».[4] Muchos lectores concluyeron que la posición pretribulacionista sostenida por muchos Hermanos de Plymounth en Inglaterra había sido adoptada por completo por la conferencia. El promotor más influyente del dispensacionalismo pretribulacional fue el predicador irlandés John Darby.[5]

Sin embargo, si los artículos 2 y 4 se usan para la interpretación del artículo 3, entonces sugiero que se saque una conclusión distinta y más convincente. Esta conclusión queda reforzada por la evidencia de que Willis Lord, un premilenarista historicista, redactó las resoluciones. Tomado como un todo ellos asociaron todos los complejos sucesos apocalípticos con el regreso visible de Cristo a la tierra en poder y gloria. En el artículo 2 aparecen las expresiones «regreso corporalmente visible a esta tierra», «gloriosa epifanía», y «esta bendita esperanza» acerca del mismo evento del que se habla en el artículo 3. El artículo 4 menciona acontecimientos proféticos en una secuencia que no sería redactada por un dispensacionalista informado. Afirmaba que

> solo en, y mediante su venida en poder y gloria llegarían a su cumplimiento las profecías concernientes al progreso del mal y el desarrollo del anticristo, los tiempos de los gentiles, y la reunión de Israel, la resurrección de los muertos en Cristo, y la transfiguración de sus santos vivos, y la inauguración del período de bendición milenial.[6]

No aparecían distinguidas las dos etapas de la Segunda Venida. Y el término «dispensación» no se usó en el artículo 2.

Parece mejor reconocer que el dispensacionalismo se encontraba en su etapa inicial de desarrollo en los Estados Unidos. Parece que muchos de los premilenaristas usaban su vocabulario sin entender del

EL RAPTO

todo sus argumentos ni darse cuenta de sus implicaciones. Esto es algo
que se discutió. El probable que esta declaración acerca del evangelista
D. L. Moody se aplique a otros:

> Lo más que se puede decir es que Moody adoptó de los dispensa-
> cionalistas el concepto del regreso en cualquier momento y algo
> del vocabulario que esto conlleva. Pero no se puede demostrar
> que él hubiera pensando bien y expresado la distinción dispensa-
> cional entre un Rapto pretribulacional y un regreso postribula-
> cional.[7]

Las referencias a la «dispensación» en la resolución podrían deberse a
su uso en la teología reformada.[8] No todos los premilenaristas lo usaban en la misma forma que los seguidores de Darby en aquel tiempo.

También un hombre en el comité de resoluciones proveyó una
réplica. Para su constancia la conferencia aprobó todas las resoluciones
por unanimidad como un «testimonio unido». Pasados quince años,
cuando se debatían de forma abierta las diferencias sobre el arrebatamiento, el ministro reformado episcopal B. B. Leacock dio a conocer
su desacuerdo. Afirmó que él nunca había sostenido el punto de vista
de en-cualquier-momento porque él creía que una serie de señales proféticas tenían que cumplirse antes de la Segunda Venida. Pero que en
la conferencia de 1878 había sido llevado ante el comité para presentar
las resoluciones ya preparadas. Él no había protestado ni dimitido a
causa de la presión de las circunstancias.[9] Él ilustra la tensión que
siempre existió en la conferencia en relación con el significado de
«inminente».

Entre los participantes de Niágara había tres definiciones diferentes de «inminente». A. J. Gordon, pastor de la Iglesia Bautista de
Clarendon Street en Boston, representaba la posición historicista más
temprana. Él afirmaba que «el siempre inminente regreso de Cristo del
cielo» promovía la piedad porque fomentaba «el que sus siervos nos
diéramos cuenta que podía aparecer en cualquier momento para vérse-
las con nosotros».[10] Sin embargo, Gordon creía que la Biblia enseñaba
que un largo período de apostasía separaba a la Primera de la Segunda
Venida, un período oculto para los creyentes en los tiempos pasados

14

pero revelado a los creyentes en los tiempos modernos mediante los símbolos y la cronología de Daniel y Apocalipsis. Por tanto, solo la generación última, que conocía que el largo intervalo se estaba acabando, estaba justificada sobre bases bíblicas para creer que Cristo *podía* venir a buscarles en cualquier momento.[11] Segundo, algunos premilenaristas futuristas definían «inminente» en el contexto de su debate con el postmilenarismo, creyendo que el regreso inminente de Cristo significaba que las señales podían ser cumplidas y que Él podía regresar «dentro del tiempo de vida de cualquier generación individual de creyentes».[12] Y por último, los futuristas aferrándose al punto de vista pretribulacionista afirmaban que el «inminente» requería que «la venida de Cristo *a por* sus santos era posible en cualquier momento».[13]

Cuando estas tres definiciones diferentes de «inminente» son comparadas con las resoluciones de la conferencia profética de 1878, parece que solo Gordon, Lord, y otros historicistas podían ser completamente consecuentes con aquella declaración particular. Pero en aquel momento los futuristas no estaban conscientes de las tensiones que se estaban formando y que al final se convertirían en el centro de su debate sobre el tiempo del arrebatamiento. En este caso los postribulacionistas modificarían la definición de inminente como que se sería posible en cualquier momento y los pretribulacionistas mantendrían que el arrebatamiento para encontrarse con el Señor en el aire, no el posterior regreso glorioso de Cristo a la tierra, era el evento que era posible en cualquier momento.[14]

Unos pocos años después de la conferencia de 1878, Robert Cameron, un pastor bautista canadiense que se había unido al comité de programa de Niágara, reestudio el tema del arrebatamiento. Abandonó el punto de vista pretribulacional por el postribulacional. Más tarde en una de las conferencias la constante reiteración de la idea de que Cristo podía aparecer en cualquier momento le irritó; él ahora creía que una amplia serie de sucesos profetizados estaba entre el tiempo presente y el Rapto.

Mientras asistía a una conferencia a principios de la década de 1880, Cameron instó al teólogo presbiteriano Nathaniel West, miembro fundador del grupo Niágara y un destacado teólogo histórico entre los premilenaristas estadounidenses, a que le diera seria atención a la perspectiva de en-cualquier-momento. West prometió hacerlo pero también declaró: «Si encuentro que las Escrituras enseñan lo contrario de lo que se está enseñando en esta conferencia, no dudaré en cambiar y defender con energía la verdad".[15] Mediante esta declaración West reconocía que el punto de vista de en-cualquier-momento dominaba en Niágara.

Aunque hay evidencias, en base a una disputa eclesiástica de unos pocos años después, que West tenía capacidad para una gran determinación e incluso intransigencia,[16] Cameron ha exagerado la intensidad de la respuesta de West al asunto del Rapto en ese tiempo. Primero, Cameron recordó esta conversación crucial unos cincuenta años más tarde, después de una larga y con frecuencia áspera disputa en la que la mayoría de los premilenaristas estadounidenses rechazaron la posición que él había sostenido con West. También la evidencia interna que sacamos del tratamiento que dio West a los temas premilenaristas antes de 1892 lo presentan como un campeón del premilenarismo en oposición al postmilenarismo, no como un defensor ardiente del postribulacionismo con respecto al punto de vista del Rapto en cualquier momento.

Por ejemplo, en su amplio y erudito trabajo, *The Thousand Years in Both Testaments* [El Milenio en ambos Testamentos] (1889),[17] él presenta a los premilenaristas estadounidenses la historia de la salvación, o *Heilsgeschichte*, perspectiva que fue desarrollada por eruditos alemanes tan reconocidos como Franz Delitzsch de Erlangen y Leipzig y J. C. K. von Hofmann de Erlangen. West trataba de demostrar «el carácter orgánico y genético de la revelación y de la profecía» o la «estructura orgánica» de la «historia sagrada de la salvación» como un resultado de la interpretación literal. Estos términos clave muestran su uso del enfoque de *Heilsgeschichte*, aunque él usó y combinó los términos de la teología dispensacional y el pacto con ello.[18] La perspectiva de la postribulación estaba completamente incrustada en esta variante del futurismo; West no hizo de ello un asunto diferente hasta tres años más tarde. Este tono laborioso de West mostró su erudición, pero no causó ningún alejamiento del pretribulacionismo ni dispensacionalismo. Sin embargo, cuando él enseñó en el Instituto Bíblico Moody en

1891 persuadió al menos a un estudiante a que adoptara la perspectiva de la postribulación.[19]

No obstante, fue West el que inició un acalorado debate dentro del premilenarismo mediante su andanada contra quince artículos de exégesis bíblica y teología histórica en *The Episcopal Recorder*, órgano oficial de la Iglesia Episcopal Reformada. Desde finales de 1892 hasta mediados de 1895 atacó con vigor el pretribulacionismo, etiquetándo-lo como «la teoría de en-cualquier-momento».[20] Para West el punto de vista integral de los profetas del Antiguo Testamento (en especial Daniel, «el profeta de la historia universal»), el Señor Jesús (en particular en su discurso del monte de los Olivos), Pablo (en especial en las epís-tolas a los Tesalonicenses), Pedro, y Juan (en lo fundamental en Apo-calipsis) era en esencia el mismo. Al comparar a Jesús con Pablo, West afirmó que «*la misma serie de eventos y el mismo orden debe preceder a la misma parusía para la destrucción del anticristo*. Esto pone la reunión de los elegidos, la resurrección, el Rapto y el juicio del anticristo en el mismo escenario que la parusía, sin ningún intervalo apreciable entre ellos. Nada es más cierto».[21] West intentó refutar la noción pretribula-cionista de que la doctrina de Pablo sobre el Rapto era una nueva reve-lación. Él dijo que Pablo había apelado a la enseñanza del monte de los Olivos de Jesús como «*un discurso del Señor*». La propia clave de inter-pretación de West era la identidad de términos en ambos pasajes.[22] Esta fue su aplicación del principio comúnmente sostenido de que las Escrituras interpretan a las Escrituras.

En su artículo sobre «El apóstol Pablo y la teoría de en-cual-quier-momento» identificó el asunto teológico central separando a los postribulacionistas de los pretribulacionistas. Argumentó que sus opo-nentes usaron «*un postulado a priori* falso, la fuente de todos sus errores en escatología, es decir, que ningún hombre puede observar a diario un evento…*¡si él sabe que cualquier otro evento debe precederlo!*» Usando esta premisa controladora los pretribulacionistas eliminaron el discur-so del monte de los Olivos de la Iglesia, y a la Iglesia, de la Tribula-ción.[23] Más tarde los proponentes de un Rapto en-cualquier-momento confirmarían el punto de vista de él sobre la importancia del asunto, pero rechazarían su evaluación del postulado. Además, West ridiculi-zó el pretribulacionismo por privar a la Iglesia de la Tribulación, cuando Pablo consideraba el sufrimiento por el nombre de Cristo «como su más alto honor en la tierra».[24]

La confrontación en torno a los asuntos doctrinales empeoró a causa del tono del West, que iba desde paternalista a condenatorio. Dado que su investigación refutaba la teoría de «en-cualquier-momento», sus amigos «evangélicos devotos, valientes y sinceros» que lo «reciben como verdad... sin examinarlo a fondo» deberían abandonarla.[25] Toda la serie rezumaba crítica e irritación, un número de argumentos *ad hominen* y la etiqueta de «equivocados» para los pretribulacionistas. Estaba apareciendo dentro de la fraternidad del Niágara una actitud diferente, cosa que hasta esa fecha sus líderes habían evitado en sus publicaciones.

James H. Brookes, de St. Louis, presidente de la conferencia, publicó una breve respuesta a West a principios de 1894. Además de defender el pretribulacionismo, se refirió a la controversia sobre el Rapto entre los Hermanos de Plymouth británicos que había tenido lugar más de cincuenta años antes.[26] Cuando West continuó con su bombardeo, Brookes publicó una serie ampliada, «The Imminency of the Second Advent», escrito por George N. H. Peters, un ministro luterano de Ohio.[27] Al parecer Brookes y Peters lamentaban este debate, no obstante, Peters dio a West una respuesta completa y firme. El deber le llevaba a influir sobre otros para «permanecer fiel y firme en sus creencias bíblicas y en su actitud de vigilancia constante... a fin de honrar el mandamiento claro y preciso dado por el Salvador».[28] Dado que West había usado el lenguaje de expectativa constante varias veces, Peters concluyó que West había reconocido su razón. El lenguaje de la expectativa para Peters (pero no para West) impedía la intervención de cualesquiera eventos futuros entre el momento presente y el Rapto, una posición que él creía que habían sostenido los primeros padres de la Iglesia.[29] Interponer eventos antes de la venida del Señor hacían que «velar en el verdadero sentido de las Escrituras fuera una *imposibilidad moral*».[30] Peters se basó sobre todo en el Artículo 2 de las resoluciones de la conferencia de Nueva York y en una serie de oradores de ls cónclaves proféticos de 1878 y 1886. Lo que él consideraba preceptos claros de las Escrituras tenía precedente sobre teorías de interpretación.[31]

Peters no era un dispensacionalista pretribulacional; en algunos puntos se encontraba más cerca de West que de aquellos con los que estaba de acuerdo sobre el Rapto en-cualquier-momento. Por ejemplo, él apelaba directamente a los Evangelios, y en particular al discurso del monte de los Olivos, para su punto de vista de inminencia. Además, citaba a Brookes a tal efecto.[32] En contraste con el punto de vista de la mayoría de los dispensacionalistas que decían que el discurso del monte de los Olivos no estaba dirigido a los cristianos, Peters argumentaba que los cristianos debían obedecer los mandamientos de Cristo. Como veía el Rapto como un favor especial para aquellos que estaban velando todo el tiempo, él defendía una doctrina de unos «primeros frutos» o un Rapto parcial. Aunque parezca irónico, estaba de acuerdo con West en que la Iglesia no estaba exenta por completo ni por necesidad de la Tribulación, pero para él el Rapto recompensaba la vigilancia: «Temamos, no sea que suframos la pérdida de un bendito y glorioso traslado, un honor y gloria resultante, y nos veamos obligados a pasar a través de la última y espantosa Tribulación de la Iglesia».[33]

Si bien Peters consideró los ataques de West como violentos, sus respuestas sonaron a menudo con una nota similar de polémica. Al relacionar los puntos de vista de sus oponentes con la lógica de liberales reconocidos, hizo hincapié en que los eruditos citados por West daban solo «interpretaciones humanas». Tenía la esperanza que la amargura de la diatriba de West era una «indiscreción momentánea», e indicaba que había espacio para la flexibilidad en la interpretación de la profecía.[34]

Aún antes que el asunto del Rapto fuera planteado con agudeza, algunos líderes premilenaristas declararon que la controversia no iba a caracterizar sus relaciones con otros cristianos profesantes. En 1888, A. J. Gordon, editor de *The Watchword*, advirtió:

Las contiendas por el Evangelio, cuando son serias, son las más amargas de todas. Creemos que debemos «[luchar] vigorosamente por la fe encomendada una vez por todas a los santos»; pero al hacerlo, debiéramos buscar ser como santos que *de verdad practican la fe*. La mansedumbre y la humildad sobre los posibles defectos y debilidades de nuestro propio credo debería caracterizar todos nuestros asaltos contra lo que nosotros consideramos el error en el credo de otros.[35]

Gordon murió en 1895. Más tarde, *Our Hope*, un nuevo periódico, repitió su preocupación. Había «demasiado dogmatismo en estos puntos» de si el Rapto ocurriría antes o después de la Tribulación, «por tanto nosotros preferimos que eso nos lo revele el tiempo».[36]

James H. Brookes reconoció en 1870 que los premilenaristas diferían entre ellos mismos. Estaban de acuerdo en cuestiones sustanciales, pero necesitaban más tiempo para «llegar a una armonía completa de opiniones». Además, como hombres fieles de Iglesia, diferían en cuanto a la doctrina y normas denominacionales solo en «detalles de poca trascendencia».[37] Como tenía en mente el desacuerdo de West y Peters, él anunció una conferencia profética para fines de 1895, y recalcó que todos los premilenaristas deberían acudir, fueran cuales fueran sus opiniones en los asuntos controvertidos. Los exhortó a enfocarse en Cristo, no en sus desacuerdos.[38] Brookes consideraba la comunión centrada en Cristo mucho más importante que el estar en total acuerdo en detalles de interpretación profética. Su muerte en 1897 silenció una segunda voz a favor de la moderación y de la unidad.

Como la controversia trastornaba la fraternidad del Niágara, D. L. Moody estaba preocupado por que las divisiones entre los evangélicos pudieran afectar su obra evangelística. Los líderes de la conferencia del Niágara participaron también en sus conferencias de Northfield. Parece que Moody se hizo más vago en cuanto a detalles escatológicos en sus últimos años, al tiempo que instaba a todos los creyentes a velar, esperar y, sobre todo, trabajar.[39] Su muerte en 1899 dejó un vacío irremplazable entre los evangélicos, y afectó a la Conferencia Bíblica del Niágara. Las fuerzas de la moderación y la tolerancia sufrieron pérdidas de primer rango mientras que los de la polarización se fortalecieron.

Aunque la muerte de A. J. Gordon eliminó la influencia personal de un notable historicista de entre los participantes de Niágara, un aspecto de la perspectiva historicista quedó incorporado en la teología de destacados futuristas. En un artículo publicado en *The Truth*, W. J. Erdman, el secretario de la conferencia y ministro presbiteriano, hizo hincapié en que la piedra en Daniel 2:34-35 no podía golpear la imagen de los reinos de este mundo hasta que acontecieran ciertos sucesos históricos. Sus tres argumentos principales apuntaban de forma directa al postmilenarismo, pero tenían implicaciones para el punto de vista del Rapto en cualquier momento. De manera implícita, la forma de la imagen poseía un significado profético hasta el mismo final de la era de la Iglesia. Por tanto, existían eventos profetizados entre el tiempo de los apóstoles y el final del poder mundial de los gentiles.[40] Cameron, que se había trasladado a Boston, ocupó el puesto de Gordon como editor de *The Watchword*. En 1895 citó nueve puntos de las Escrituras que indicaban una larga demora antes del regreso de Cristo. Se opuso a un crítico liberal que había argumentado que Jesús y los apóstoles proclamaron de forma errónea un advenimiento inmediato, pero que el apóstol Pablo había cambiado de idea sobre el retorno inmediato en sus escritos posteriores. Al usar la culpa por asociación, Cameron vinculó la posición evangélica de que Cristo podría haber regresado en cualquier momento dentro de la era apostólica, con el punto de vista liberal de que Jesús y los apóstoles esperaban un advenimiento inmediato. Sin embargo, él mismo afirmaba que los cristianos podían entonces esperar al Señor dentro de poco tiempo. Los nueve puntos de Cameron se asemejaban al artículo de Erdman sobre Daniel. También las siete iglesias de Apocalipsis 2—3 representaban el desarrollo histórico del cristianismo; así que ambos emplearon un argumento historicista para socavar el punto de vista del Rapto en cualquier momento.[41]

En 1896, C. I. Scofield, un pastor congregacional y protegido de Brookes, dijo que eventos específicos, tales como la división del Imperio Romano en dos reinos, el oriental y el occidental, cumplía parte de las profecías del cuarto imperio de Daniel 2 y 7. A fin de entender las profecías no cumplidas relacionadas con los diez reinos del fin de los tiempos, uno necesitaba examinar la presente desintegración del Imperio dividido, en muchos reinos separados.[42] Él no percibía tensión entre el historicismo expresado aquí y la doctrina del Rapto en cualquier momento, que él también sostenía.

Los líderes de Niágara convocaron varias conferencias proféticas esporádicas para promover el premilenarismo entre las denominaciones y fomentar su propia unidad. La cuarta se celebró en Allegheny,

Pennsylvania, a finales de 1895. Los oradores expresaron ahora abiertamente diversos puntos de vista sobre el tiempo del Rapto. Arthur T. Pierson, portavoz misionero presbiteriano, reiteró su definición básica dada en 1886: «La inminencia de la venida del Señor consiste en dos cosas: Es cierta como un hecho revelado y es incierta en cuanto al tiempo». Pero añadió un nuevo razonamiento en contra el postribulacionismo: «La inminencia de la venida del Señor queda destruida en el momento en que usted ubica entre el Primero y el Segundo Advenimiento... cualquier período de tiempo definido, ya sea 10, 100 o de 1000 años. No puedo pensar que una cosa sea inminente si no va a suceder en los próximos 10 años...».[43] Por el otro lado, William G. Moorehead, presidente del Seminario Presbiteriano Xenia, en Ohio, representaba al postribulacionismo expresado por medio del pacto del premilenarismo. Él interpretaba 2 Tesalonicenses 2:1-12, refiriéndose al trigo y la cizaña como que se mezclaban al final del siglo, y argumentó que el anticristo personal tendría su parusía antes de la Parusía de Cristo.[44]

El debate continuó entre 1895 y 1901, con recién llegados como Scofield y Arno C. Gaebelein, editor de *Our Hope*, ocupando lugares prominentes en el lado pretribulacionista. Por otra parte, Erdman, que llegó a ser gerente editorial de *Our Hope* a fines de 1897, trató de promover la unidad en Niágara aun cuando él estaba cambiando al dispensacionalismo postribulacional. Gaebelein publicó el cambio de punto de vista de Erdman: «La enseñanza oral de San Pablo en Tesalónica». Erdman dijo: «que ningún Rapto ni venida podía tener lugar hasta que sucedieran primero ciertos eventos». Gaebelein admitió cortésmente que Pablo no enseñaba una «venida inmediata», pero que él «sí enseñó que nuestra actitud debiera ser la de una constante y gozosa expectativa, consistente solo con la *posibilidad* de un advenimiento en cualquier momento».[45] Gaebelein también se resistió al intento privado de West de convencerle del postribulacionismo. Ambos hombres asistieron y participaron en una conferencia para llevar el Evangelio a los judíos, patrocinado por la iglesia de Brookes en St. Louis. Así es como lo relató Gaebelein:

> Me hospedé con el doctor West, y fue una noche sin poder
> pegar los ojos; solo conseguí dormirme sobre las 5:00 de la

madrugada. El doctor era un gran erudito y un fuerte defensor de la venida premilenaria del Señor. Pero diferíamos en cuanto a la Iglesia y la Gran Tribulación.

Al contrario de Brookes, Gordon, Parson, Needham, yo mismo y otros, el doctor West creía que la Iglesia permanecería en la tierra hasta el mismo final del período de la Tribulación. Él se esforzó mucho en ganarme para su punto de vista, y empezó alrededor de las 11:00 de la noche con Daniel 9:25-27. Después de haber examinado el texto hebreo y de ponernos de acuerdo en cuanto a la traducción correcta, él intentó construir su argumento sobre esta profecía, pero no pudo convencerme. Luego cambiamos al capítulo 2 de la Segunda Epístola a los Tesalonicenses y ahí continuamos con nuestra vigilia. West sostenía que el poderque se oponía era el gobierno humano; yo decía que era el Espíritu Santo. Fue un debate acalorado que fortaleció mi creencia en mi perspectiva, la cual creo que está basada en las Escrituras. Nosotros éramos buenos amigos.[46]

Gaebelein demostró su amistad publicando los estudios de West sobre Daniel en 1897 y 1898.[47]

El pretribulacionismo emergió como el punto de vista dominante sobre el Rapto dentro de premilenarismo estadounidense al ir apareciendo una nueva generación de líderes que dirigieron a sus seguidores hacia esta perspectiva. A finales de la década de 1890 Gaebelein cambió de su obra de evangelismo entre los judíos a hablar en conferencias proféticas para cristianos. Al consolidar su posición como el único editor de *Our Hop*, también se apartó de su actitud ecuménica y tolerante. Por el contrario, cuando el editor fundador Ernest F. Stroeter informó en la conferencia Niágara de 1894, hizo hincapié en la unidad de todos en Cristo, y señaló que «todas las diferencias que separan a los cristianos aparecen en su verdadera pequeñez e insignificancia».[48] El problema de mantener la comunión se hizo más agudo cuando algunos premilenaristas dejaron de valorar las diferencias que los separaban como pequeñas e insignificantes. Este cambio de convicciones de Gaebelein ocurrió en 1899, cuando llegó a una nueva comprensión de la «verdad concerniente a la Iglesia» en Efesios y Colosenses. Al adoptar la eclesiología de exclusivismo de los Hermanos de Plymouth, empezó a considerar la afiliación denominacional como un eslabón hacia la apostasía. Además, aceptó el punto de vista de muchos líderes de los Hermanos de que el Rapto pretribulación era una parte clave de la fe y práctica cristiana.[49]

La creciente controversia sobre el Rapto y el alejamiento de las supuestas iglesias apóstatas —dos «escollos» que los fundadores de Niágara habían esperado evitar— hicieron encallar la nave capitana de las conferencias bíblicas. La amplia correspondencia y las reuniones privadas entre los líderes que promovió Cameron para resolver las diferencias, y una última conferencia profética internacional pacífica en 1901, que enfatizó la unidad premilenaria, todas fallaron y no pudieron cambiar la tendencia. La conferencia de verano Niágara de 1901 fue anunciada pero nunca se celebró.[50]

Las diferencias acerca del Rapto también contribuyeron a la creciente rivalidad editorial entre Gaebelein y Cameron. La serie de este último titulada «A los amigos de la verdad profética», en 1902 ensanchó aún más la brecha. Él dijo que el punto de vista sobre el Rapto en-cualquier-momento procedía de las «expresiones fanáticas de los Illuminati de la iglesia de Edward Irving en Londres».[51] Gaebelein protestó, negando la declaración adicional de Cameron de que «antes de que el doctor Brookes y el doctor Gordon murieran, habían cambiado de opinión y se habían puesto de su lado… Hubo un resultado muy satisfactorio en esta controversia. Añadió cientos de nuevos suscriptores a *Our Hope*, muchos de los cuales habían seguido la controversia relacionada con la Conferencia Niágara».[52]

Algunos Hermanos de Plymouth adinerados facilitaron a Gaebelein, Scofield y otros pretribulacionistas que empezaran la Conferencia Bíblica Sea Cliff en Long Island en 1901. Ellos informaron: «Sabemos que muchos de nuestros lectores que solían asistir a las conferencias bíblicas Niágara desde hace años en el lago estarán muy interesados en este cambio». Gaebelein centró todos sus esfuerzos en «la doctrina más importante y vital… en el Nuevo Testamento, la venida inminente del Señor… Con su ayuda haremos esa bendita esperanza muy conspicua...». Por supuesto, los postribulacionistas no fueron invitados a hablar en las reuniones de Sea Cliff, porque «Nadie puede dar un testimonio bíblico verdadero y *edificante* de la venida del Señor si cree que ciertos eventos deben tener lugar antes que venga el Señor o que la Iglesia pasará por la tribulación».[53] Aunque Gaebelein alegó que él llevaba a cabo la herencia original de Niágara, yo dudo en aceptar su afirmación por dos razones. Primera, Sea Cliff era solo pretribulacional y dispensacionalista, mientras que Niágara era más amplio y premilenarista. Segundo, debido a la convicción de Gaebelein sobre las iglesias apostatas, Sea Cliff hizo hincapié en relaciones no denominacionales en contraste con el compañerismo interdenominacional promovido por Niágara. Como alguien que había llegado más tarde a Niágara, quizá Gaebelein falló en reconocer estos factores como diferencias significativas. Pero en cuanto a ser el sucesor de Niágara, Sea Cliff debería ser considerado el hijastro de Niágara más que el heredero legítimo.

Scofield, el otro líder pretribulacionista importante, mantuvo vínculos ministeriales con la mayoría de los premilenaristas de Niágara durante la primera década del siglo XX. Tres de los siete editores consultores originales de la *Biblia de referencias Scofield* (1909) continuaron en la posición postribulacionista: William J. Erdman, William G. Moorehead y Henry G. Weston. El hijo de Erdman, Charles, que más tarde escribiría el artículo «The Coming of Christ» [La venida de Cristo] para *The Fundamentals*, también se reunió con Scofield y aportó sugerencias valiosas.[54] Por supuesto, solo el enfoque pretribulación aparece en las notas, porque Scofield y los otros editores contribuyentes se afirmaron en ello. Es evidente que en ese tiempo Scofield sintió que las contribuciones en general de los eruditos postribulacionistas eran mucho más importantes que lo que él llamó en una ocasión «una cuestión de detalles».[55] Los postribulacionistas eran bien recibidos en sesiones privadas de estudio bíblico y en la comunicación por carta, pero en la arena pública recibieron con frecuencia un trato diferente, especialmente de Gaebelein. No obstante, el producto final de la cooperación de Niágara fue la Biblia de referencias Scofield.

POPULARIDAD Y PREDOMINIO DEL PRETRIBULACIONISMO: 1909-1952

El pretribulacionismo dispensacionalista avanzó durante este tiempo porque Gaebelein, Scofield, James M. Gray del Instituto Bíblico Moody, Ruben A. Torrey del Instituto Bíblico de Los Angeles, Harry A. Ironside de la Iglesia Memorial Moody en Chicago, y Lewis Sperry Chafer de la Escuela Teológica Evangélica (más tarde el Seminario Teológico de Dallas)

> popularizaron sus doctrinas con amplitud. El Rapto pretribulación se convirtió en la posición normativa de la mayoría de las conferencias bíblicas y de los institutos bíblicos. El factor de mayor influencia que ningún otro fue la *Biblia de referencias Scofield* (edición revisada de 1917), que inculcó la escatología del dispensacionalismo aunque su contribución primaria fue una defensa popular del cristianismo evangélico cuando todo lo demás parecía estar cayendo ante el oleaje del modernismo del siglo XX.[56]

Como consecuencia, «la Biblia Scofield se convirtió pronto en el estandarte de los evangélicos estadounidenses».[57]

En comparación, la teología postribulacional durante la generación siguiente a Niágara careció del liderazgo, las bases institucionales y la amplitud de literatura para estar a la altura de su equivalente premilenarista. Además, había mucho menos contacto e interacción personal que la que había existido dentro de la fraternidad Niágara. Por último, la crítica más fuerte del pretribulacionismo, *The Approaching Advent of Christ* [La venida de Cristo que se acerca] (1937), escrita por el misionero presbiteriano Alexander Reese, un estudiante de teología discípulo de William G. Moorehead, tuvo una impresión de solo tres mil ejemplares por una casa de publicaciones británica. Reese escribió un trabajo erudito que tenía el mismo tono despectivo que él mismo percibía y lamentaba entre los autores pretribulacionistas.[58]

A medida que los adherentes al pretribulacionismo cerraban filas y marchaban adelante, otros varios expresaron actitudes contrastantes hacia la minoría de premilenaristas que discrepaban sobre el tiempo del Rapto. Aunque W. J. Erdman fue excluido de Sea Cliff y de las grandes conferencias proféticas que se celebraron en 1914 y 1918, habló en la Conferencia Bíblica Montrose (en la casa de verano del evangelista R. A. Torrey en Pennsylvania) y en la Conferencia Bíblica Erieside. Además, la revista del Instituto Bíblico Moody publicó al menos un artículo de Erdman cada año entre 1908 y 1918. El editor Torrey señaló acerca de su «Analysis of the Apocalyse» [«Análisis del Apocalipsis»], que «el doctor Gray lo ha estado usando recientemente en su clase sobre Apocalipsis en el Instituto Bíblico Moody... Lo publicamos para el beneficio de un círculo de lectores más amplio con el permiso de este estimado autor», a quien llamaban también «un gran erudito».[59]

Con todo, los sentimientos de muchos estaban tan excitados con el tema del Rapto que después que Henry W. Frost, director nacional de la Misión Interior de China, expresara sus puntos de vista postribulacional dispensacionalistas en un discurso en la Escuela de Entrenamiento Bíblico de Toronto, él escribió: «Me pregunto si todavía me quedan algunos amigos en esa ciudad...». Camerón quizás tuviera razón al indicar que muchos que sostenían la perspectiva del Rapto en-cualquier-momento «quedaron muy ofendidos».[60] Podríamos preguntarnos qué reacción recibió el administrador de la escuela de parte de los solían apoyar la escuela o cómo afectó eso a la Misión Interior de China.

Ya en 1895 C. I. Scofield afirmó que tanto al postribulacionismo como al postmilenarismo les faltaba urgencia, y dijo que ellos «estaban cerca de decir: "Mi Señor demora Su venida".» Pero cuando habló en la Conferencia Bíblica Wilmington [Delaware] en 1913 dijo que el postribulacionismo era un oponente engañoso y destructivo del Rapto pretribulación.

Parece que ha sido un objetivo principal de Satanás confundir las mentes de los hijos de Dios acerca de la bendita esperanza, haciendo todo lo necesario para apartar sus ojos de Aquel que esperamos. Nuestro Señor dijo que eso sucedería... No creo que el enemigo del la bendita esperanza sea ahora el postmilenarismo, sino más bien el postribulacionismo.[61]

Quizá esa clase de diatriba ayude a explicar por qué Cameron replicó de la misma manera. Él elogió el libro *The Return of Christ* [El regreso de Cristo] escrito por W. J. Erdman, un libro postribulacionista conciliador publicado en 1913. Camerón añadió los comentarios de un evangelista judío:

> Me alegra saber que hay algunos que se oponen a esta teoría del Rapto secreto para escapar de la Tribulación. A mí me parece que eso es solo un truco del diablo para engañar a los hijos de Dios, a fin de que estos no estén en la primera línea de combate por Dios. Dondequiera que voy, siempre ataco esa doctrina que deshonra a Dios.[62]

Cada parte de este acalorado debate sintió, claro está, como guardianes de la verdad profética, que la otra parte estaba pecando contra Dios. Quizá el peso más pesado cayera sobre los postribulacionistas, que eran una minoría dentro de la minoría. La combinación de apostasía en las iglesias en general y lo ofensivo que les parecía el postribulacionismo a muchos evangélicos que se volvían fundamentalistas hizo que «resultara cada vez más difícil encontrar nuevos subscriptores que ocuparan el lugar de los que han fallecido».[63] *Watchword and Truth* tuvo que aceptar la realidad de la pérdida de subscriptores e influencia. Cameron les recordó a los que le apoyaban: «No tenemos agentes, no estamos vinculados con ninguna organización, no contamos con un círculo de Conferencias Bíblicas a las que apelar».[64]

A modo de contraste, en el contexto teológico más amplio representado por *The Fundamentals*, publicado entre 1910 y 1915, el premilenarismo postribulacional estaba considerado como parte de la tendencia principal de la ortodoxia conservadora. Charles R. Erdman escribió el artículo en «The Coming of Christ» [La venida de Cristo]. En su exposición defendió el premilenarismo en contra del postmilenarismo en vez de argumentar a favor del Rapto postribulacion como opuesto a la posición de la pretribulación. Él definió *inminente* como «posible en cualquier generación».[65]

Una conferencia profética celebrada en 1914 mostró la creciente fortaleza de las fuerzas pretribulacionistas. Escuelas tales como el

Instituto Bíblico Moody, patrocinador de la conferencia, llevó a cabo el ministerio educacional de los que sostenían la teología dispensacional. A diferencia de la anterior generación, pocos premilenaristas asistían o enseñaban en seminarios. Pero más pretribulacionistas fueron incluidos en el apéndice publicado de defensores premilenaristas. De nuevo en 1918 solo pretribulacionistas aparecieron en la plataforma de la Conferencia Profética de Nueva York. No obstante, W. B. Riley, pastor bautista del Norte y más tarde un portavoz fundamentalista, confiaba en que su discurso produciría armonía entre sus «amados hermanos» que «disentían ligeramente» de él sobre el «elemento del tiempo del regreso de nuestro Señor». La prolífica y polémica literatura de ellos era un recordatorio continuo de disidentes premilenaristas del pretribulacionismo. Recuerdos de aquellos primeros días estuvieron también presentes en la reimpresión de las resoluciones de 1878, que fueron publicadas junto con declaraciones por completo pretribulacionistas de las actuales conferencias, y en las sesiones de «Cómo me hice un premilenarista», que mostraron que Niágarahabía sido la cabecera del dispensacionalismo estadounidense y del premilenarismo futurista.[66]

Parte del espíritu de Niágara reapareció tres años después que Cameron se trasladara al noroeste del país en 1912. Además de sus propios artículos que apoyaban el postribulacionismo, publicó otros muchos de W. J. Erdman y de su hijo Fred Erdman, Moorehead, West, Robert Brown y C. L. Heskett.[67] Heskett, un evangelista de Eugene, Oregon, habló mucho de una variedad única del postribulacionismo dispensacional. «La cuestión de la inminencia del advenimiento es una de… dispensación. Ignorar este asunto es ignorar la verdad y, por tanto, su aplicación correcta». A diferencia de Cameron, él creía que el regreso de Cristo era posible en cualquier momento en el tiempo de los apóstoles porque «las condiciones eran favorables para el cumplimiento de la profecía tocante a eso…». Pero dado que esas condiciones no habían estado presentes en los últimos 1850 años, el Advenimiento no había sido inminente durante ese tiempo. No obstante, en el futuro, y él pensaba en el futuro cercano, «cuando la palabra profética encontrará su cumplimiento en los eventos precedentes a la venida de Cristo… entonces la inminencia del advenimiento surgirá como

nunca antes». Concluyó: «Así, pues, las Escrituras enseñan la inminencia del advenimiento de Cristo, y, como veremos más tarde, enseñan
su no inminencia, sin que eso implique en absoluto una contradicción.
Ambas son cuestiones de interpretación dispensacional».[68]

Cameron por lo general elogió a Brookes, Gordon y Scofield,
como también a otros que sostenían el Rapto en-cualquier-momento.
«En cuanto a estos hermanos, nosotros siempre hemos tenido el objetivo de una suma cortesía y amabilidad. Recordemos eso, pero con lo
que nos parece a nosotros contrario por completo a la enseñanza de las
Escrituras, hemos expuesto con franqueza el error sin otro pensamiento que la lealtad a la verdad».[69] En el siguiente número Cameron informó que en la Conferencia del Jubileo de la Misión Interior de China
había habido maestros pretribulacionistas y postribulacionistas y que
habían servido juntos en el concilio de la misión. Y dos números más
tarde anunció que M. A. Matthews, ex moderador de la Asamblea General Presbiteriana y pastor de la Primera Iglesia Presbiteriana de
Seattle (que era entonces la iglesia presbiteriana más numerosa del
mundo) había sido elegido editor conjunto de *Watchword and Truth*.
Cameron recordó a sus subscriptores que el pastor bautista Gordon
había fundado y editado *The Watchword* y el ministro presbiteriano
Brookes había fundado y editado *The Truth* hasta que ellos fallecieron
y las revistas se unieron bajo su liderazgo editorial. Cameron señaló:
«Los elementos presbiterianos y bautistas, que estuvieron asociados en
un principio con el testimonio mantenido, volvieron a la revista…
Aunque la circulación no es muy grande desde el punto de vista de las
cifras, no obstante es amplia y extensa…»[70] Otros dos elementos se
juntaron también, porque Matthews era un pretribulacionista que había publicado sus puntos de vista sobre el Rapto en la revista *Watchword and Truth* después de convertirse en su editor conjunto.
Matthews era un líder del movimiento fundamentalista emergente.
Para Cameron y Matthews la fidelidad a las Escrituras, la fidelidad al
credo, y la promoción de las misiones hasta el fin de la tierra eran
mucho más importantes que las diferencias de la afiliación eclesiástica
o el asunto del Rapto. Matthews escribió:

Hay hombres piadosos que difieren unos de otros en la cuestión de la relación de la iglesia con la tribulación. El doctor Cameron, reconocido y erudito editor de «*Watchword and Truth*», quizá sostiene una perspectiva ligeramente diferente, pero eso no interfiere con nuestra relación y amistad. Él es lo suficiente amplio y grande para reconocer que otros que creen en la gran verdad fundamental de la venida premilenarista de Cristo tienen derecho a sus puntos de vista sobre los sucesivos eventos de su venida.[71]

Con la entrada de los Estados Unidos en la Primera Guerra Mundial las multitudes no solo se contagiaron de gripe, también se contagiaron de la «fiebre del Armagedón».[72] Cameron está de acuerdo con Emma Dyer de Chicago, «quien hizo que el Instituto Bíblico Moody fuera una posibilidad en el principio», que los que escribían de la venida del Señor deberían evitar establecer fechas y otras clases de especulación. Dyer dijo: «Debería haber un diluvio de literatura sobre este tema, lo suficiente de sencilla y breve como para principiantes». A lo que Cameron replicó: «¡Tiene usted toda la razón, mi amiga! El doctor Gordon solía decir que él estaba seguro de que el diablo aborrecía la doctrina del advenimiento del Señor por los maniáticos que había enviado a predicarla».[73] No obstante, lo que podía ser considerado como una rareza por algunos, otros podían usarlo para un buen propósito. Para Charles E. Fuller, pastor y evangelista radial: «... el propósito fundamental de hacer hincapié en la profecía bíblica a lo largo de medio siglo de predicación fue mostrar a las personas cuán relevante era la Biblia en todo lo que está sucediendo hoy y de esa forma despertarlos a su necesidad de volverse a Cristo sin demora».[74] Como lo demuestran los documentos, Fuller tuvo un notable éxito. Sin embargo, el mismo énfasis en los detalles de la profecía, desde todos los puntos de vista sobre el Rapto, había llevado a algunas personas a buscar lo novedoso, una malsana fascinación con los detalles de la literatura apocalíptica y la especulación sobre los sucesos actuales. Tal desenfrenada curiosidad había sido considerada escapista, fatalista en potencia e incluso patológica. Ninguna escuela de profecía parece estar inmune a esta deformación cruel e irónica de la «esperanza que purifica» de la Biblia.[75]

Los dedicados a la tarea misionera no quedaron atrapados en estas cuestiones especulativas. Charles R. Erdman afirmó en *The Fundamentals* que la venida de Cristo sería acelerada por la finalización de la evangelización mundial; esa preocupación era común a todos los premilenaristas. En 1917 los representantes de varias juntas misioneras independientes, conocidas popularmente como misiones de fe, se reunieron para formar la Asociación de Misiones Foráneas Interdenominacional de los Estados Unidos. Se pusieron de acuerdo en una de sus cuatro características doctrinales, en las que diferían de otras agencias, era su adhesión a la creencia que el regreso de Cristo era premilenario. En 1922 el término *premilenario* fue eliminado del artículo sobre la Segunda Venida. La declaración doctrinal decía, y todavía dice: «Creemos que el regreso de Cristo es inminente y que será visible y personal». Como Henry W. Frost, de la Misión Interior de China y Roland V. Bingham, director general de la Misión Interior de Sudán expresaron un punto de vista postribulacionista, parece ser que el término indefinido de *inminente* podía entenderse en el sentido de «posible dentro de una generación» así como «posible en cualquier momento».[76].

Si bien el pretribulacionismo ganó una base más amplia de apoyo popular, también recibió desarrollo exegético y teológico después de 1930 de una nueva generación de eruditos. Habían sido entrenados en seminarios recién establecidos comprometidos en sus doctrinas con el dispensacionalismo. Por ejemplo, Charles L. Feinberg y John F. Walvoord, que estudiaron bajo Chafer y sus colegas en el Seminario Teológico de Dallas, promovieron un cambio en la argumentación exegética de los términos teológicos claves sobre la Segunda Venida. Antes de mediados de la década de 1940, los pretribulacionistas por lo común veían las palabras griegas *parousia* («venida»), *epiphaneia* («aparición»), y *apokalupsis* («revelación») como términos técnicos que especificaban distintas fases del regreso. Ellos interpretaban *parousia* como la aparición de Cristo en el cielo, que incluía el Rapto de la iglesia para encontrarse con Él en el aire (1 Ts 4:16-17). En comparación *epiphaneia* y *apokalupsis* se referían al regreso de Cristo a la tierra con sus santos después de la Gran Tribulación (2 Ts 2:9; 1 P 1:7).[77] Pero Feinberg en 1936 y Walvoord en 1944 rehusaron justificar la distinción entre el

Rapto y el regreso a la tierra sobre la base de términos técnicos. En su lugar, ellos concluyeron que un estudio comparativo de las Escrituras mostraba que la distinción podía ser mantenida sobre la base de numerosas pistas contextuales. Aunque estos hombres ahora coinciden con los postribulacionistas en que las tres palabras griegas no son términos técnicos en el sentido indicado arriba, siguieron apoyando la dos etapas de la venida sobre la base de la naturaleza de la Iglesia (contrastado con Israel) y otras consideraciones exegéticas y teológicas.[78] Los líderes de Niágara, George C. y Elizabeth A. Needham sugirieron a sus compañeros pretribulacionistas, alrededor de 1900, que las dos etapas no se distinguían mediante términos griegos técnicos, pero la mayoría no estuvo de acuerdo hasta que no vieron el detallado trabajo exegético de Feinberg y Walvoord.[79]

Eruditos capacitados en seminarios fueron los que originaron los cambios en la forma en que los dispensacionalistas interpretaban la Biblia. Cuando concluyó su estudio sobre el día del Señor, el profesor Clarence E. Mason, del Seminario Bíblico de Philadelphia, instó a «un diálogo y una disposición más abiertas para considerar la posibilidad de una mayor flexibilidad en la terminología [además de] un énfasis renovado en los principios de interpretación más bien que sobre palabras arbitrarias y frases fáciles».[80]

Una perspectiva diferente sobre el tiempo del Rapto apareció en 1941 cuando Norman B. Harrison publicó *The End: Rethinking the Revelation* [El fin: Repensemos el Apocalipsis]. Él creía que el Rapto de la Iglesia ocurriría en la mitad del período de siete años conocido como la semana septuagésima de Daniel. Como resultado, la Iglesia no estará en la tierra cuando Dios derrame su ira durante los tres años y medio antes del regreso de Cristo a la tierra. Si bien otros premilenaristas llaman a esta posición mesotribulacionismo, él no usó ese término. Notó que el apóstol Juan designó la primera mitad del período de siete años, cuando la Iglesia está presente, «dulce» y la segunda mitad, cuando la iglesia está ausente, «amargo» (Ap 10:9-10), e identificó la segunda mitad de la semana como la Gran Tribulación y el tiempo de la ira de Dios. Según su propia definición, Harrison pensó que la pretribulación y el medio de la semana distinguían su punto de vista.[81]

El punto de vista de Harrison originó una cuestión más general. ¿Debiera el Rapto ser definido por su relación con la tribulación, la extensión de la cual se debate muy seriamente entre los premilenaristas, o por la semana septuagésima de Daniel, que los futuristas generalmente están de acuerdo que es de siete años? El título de este libro asumió el primero y más común de los usos. Pero el ensayo de Gleason L Archer adopta el otro punto de vista. Dicho de otra manera, ¿tienen aquellos que son llamados por otros como mesotribulacionistas, el derecho o la oportunidad de etiquetar el asunto con sus propios términos? Si es así, podrían seguir la sugerencia de Donald Meresco de adoptar términos que tienen que ver con la semana septuagésima de Daniel y usar expresiones «*Rapto presemana, Rapto en medio de la semana, y Rapto postsemana*» en vez de Rapto pretribulación, en medio de la tribulación o postribulación.[82]

Si bien los pretribulacionistas por lo general terminan por aceptar los cambios exegéticos de Feinberg y Walvoord, pero rechazan los de Harrison, el documento histórico provee un ejemplo que fue rechazado por muchos, pero todavía continúa con el apoyo de una minoría significativa de dispensacionalistas. En su serie Rethinking the Rapture [Repensando el Rapto] en *Our Hope*, el editor E. Schuyler English concluyó que *apostasía* en 2 Tesalonicenses 2:3 significa «salida» o «retirada» más bien que la traducción más común de «apartarse» o «rebelión». English basó su razonamiento en las posibilidades léxicas y consideraciones contextuales para resolver un problema teológico. También publicó réplicas de eruditos conservadores en las que algunos mostraban su acuerdo pero muchos su desacuerdo.[83] Allan A. MacRae, presidente del Seminario Teológico Faith en Philadelphia en ese tiempo, sentía que la interpretación resolvía un serio problema para la interpretación pretribulacional. Kenneth S. Wuest del Instituto Bíblico Moody la aprobaba, pero la mayoría de los pretribulacionistas la rechazaron.[84] Es probable que ninguno recordara que J. S. Mabie, relacionado con el primer movimiento de conferencia bíblicas, había sugerido «una respuesta más original» a la interpretación de *apostasia* en la Conferencia Anual de la Venida del Señor en noviembre de 1895 en Los Angeles. Lo que se exponía en 1 Tesalonicenses 4:14-18 era el Rapto de la Iglesia.[85]

Además de las conferencias, los seminarios y los eruditos, algunas nuevas asociaciones de iglesias o denominaciones, así como agencias de misiones, incorporaron los puntos de vista premilenaristas en sus declaraciones doctrinales. En algunos casos eran de forma explícita pretribulacionales. Allí donde era un requisito para la comunión, el liderazgo o la membresía, estos agregados estaban en contraste con sus predecesores del siglo XIX. Los primeros premilenaristas estadounidenses expusieron su básica creencia premilenarista en oposición a los postmilenaristas. Muchos de los grupos más nuevos incluyeron los términos *personal, premilenial e inminente* en sus normas doctrinales. Un estudio ilustrará cómo las personas dentro de estos grupos diferían a conciencia sobre el significado de la palabra *inminente*.

La Iglesia Evangélica Libre de Estados Unidos, que tenía sus raíces en las iglesias de inmigrantes escandinavos del siglo XIX, adoptó en 1950 una declaración doctrinal que decía: «Creemos en la venida inminente, personal y premilenial de nuestro Señor Jesucristo, y que esta "bendita esperanza" tiene una importancia vital para la vida y servicio del creyente». Según un estudio de los pastores hecho poco después de 1950, la mayoría eran pretribulacionistas, unos pocos eran mesotribulacionistas o postribulacionistas y algo más de una quinta parte de los encuestados no expresaron un punto de vista definido. La conclusión: «Como con otros asuntos donde ha habido diferencias sinceras de opinión, la tolerancia se ha mostrado» en el tema del Rapto. Aunque todos eran premilenaristas, habían mostrado un grado de libertad escatológica sobre el Rapto y la Tribulación. Muchos líderes y maestros de la Iglesia Evangélica Libre se sentían incómodos con el énfasis de Scofield en el carácter judío de la enseñaza de Jesús y del mensaje del reino.[86]

Otros ejemplos anteriores han mostrado que el conflicto de convicciones a veces lleva a tonos ásperos y a folletos virulentos. Pero durante este período las situaciones de trato lamentable hacia otros hermanos premilenaristas por causa del tema de Rapto excedieron las de otros tiempos. Por ejemplo, el pastor Norman F. Douty, ex presidente de un instituto bíblico y seminario teológico, experimentó una severa limitación de oportunidades de ministerio y ostracismo por parte de algunos pretribulacionistas después de cambiar del punto de vista pretribulacional al postribulacional. Lewis Sperry Chafer, del

Seminario Teológico de Dallas, escribió a un antiguo alumno que había cambiado de opinión en cuanto al Rapto: «Muy pronto va a ver que le evitan sus antiguos compañeros de estudio, los miembros de la facultad y los alumnos en general de esta institución que tanto ha significado para usted».[87] Es evidente que aquellos que tenían posiciones minoritarias estaban a veces bien conscientes de las actitudes y acciones muy poco cristianas con que fueron tratados ellos y otros de persuasiones impopulares similares. Por tanto, ellos fueron los que con toda probabilidad hicieron hincapié en que las diferencias de interpretación sobre lo que consideraban detalles escatológicos no debiera convertirse en una prueba de ortodoxia o comunión. Douty concluyó su *The Great Tribulation Debate* [El debate sobre la Gran Tribulación] con una súplica a los pretribulacionistas:

> Supongamos que nosotros [que no somos pretribulacionistas] estamos equivocados, ¿reduce eso su responsabilidad por la tolerancia?... Piensen en cuánto tenemos en común.... Suplico moderación... Háganlo por su propio bien. ¿Les dará su Señor y el nuestro las gracias en aquel día por tratarnos como lo hacen?... Por tanto, hermanos, piensen en estas cosas. Al hacerlo, pueden evitarse a sí mismos el quedar desilusionados en el día del juicio que se acerca a paso acelerado.[88]

EL RESURGIMIENTO DEL POSTRIBULACIONISMO: 1952 HASTA EL PRESENTE

Desde 1952 los pensadores pretribulacionistas renovaron sus esfuerzos por relacionarse y expresar sus propios puntos de vista con erudita profundidad. Un indicador clave de interés e influencia erudita fue la serie de conferencias de George E. Ladd, que era entonces profesor asistente de Nuevo Testamento en el recién fundado Seminario Teológico Fuller de Pasadena, California, impartidas en el Seminario Teológico Bautista Conservador Occidental, de Portland, en 1952. Publicado más tarde ese año, *Crucial Questions About the Kingdom of God* tenía un prefacio de Wilbur M. Smith, un profesor inglés de

Biblia en Fuller y un bibliófilo evangélico preeminente, que miraba al pasado y al futuro con aguda visión:

> ...Pienso que ya es hora que todos nosotros... que amamos la aparición del Señor, y que creemos que solo en su Segundo Advenimiento hay esperanza para este mundo, que abordemos estos temas sin orgullo dogmático, sin el sentimiento de que nosotros hayamos dicho la última palabra... Si hay un grupo de personas en este país propenso a dividirse con amargura es el de los estudiantes de la profecía, que enseguida fustigan a otros que no estén de acuerdo con ellos en algunos puntos, como, por ejemplo, en el asunto de si la Iglesia pasará por la Tribulación... Pero si hay un cuerpo... que debería estar unido en amor por el Señor y por su Palabra, es este grupo... Creo que el trabajo del doctor Ladd es el primer volumen que aparece en nuestro país desde el comienzo de este siglo escrito por un erudito capacitado por completo, que conoce los puntos de vista de los principales eruditos del Nuevo Testamento, ... y que al mismo tiempo es por completo premilenarista, un creyente en el reino mesiánico y en el Milenio que viene. Por esta razón, su libro tiene suma importancia.[89]

Con este volumen Ladd inició su intento de mediar e integrar la interpretación literal del dispensacionalismo y la interpretación espiritual del amilenarismo al enfocarse en la interpretación del Antiguo Testamento por medio del Nuevo Testamento. Veía al reino como el reinado salvador de Dios «en la edad venidera» (Mr 10:30), que entró «esta edad» en Cristo, está presente en lo espiritual y es poderoso en la Iglesia, y será consumado en la parusía, que inaugurará el Milenio.[90] Su estudio inductivo del uso del Antiguo Testamento por parte de los escritores del Nuevo Testamento cambió el asunto hermenéutico de la interpretación estrictamente «literal» para los premilenaristas. También su énfasis en el reino trajo una nueva dimensión del anterior enfoque sobre Israel y la Iglesia. Quizá este enfoque renovado en la eclesiología aceleró la publicación de *The Greatness of the Kingdom* [La grandeza del Reino] por Alva J. McClain, presidente del Seminario Teológico Grace en Winona Lake. McClain había estudiado y enseñado durante muchos años la doctrina del reino pospuesto , lo que era normal entre los dispensacionalistas.[91]

The Basis of the Premillennial Faith [Las bases de la fe premilenarista], por Charles Caldwell Ryrie, en 1953, proveyó un contrapunto dispensacionalista al método hermenéutico de Ladd. Por medio de un estudio inductivo de los términos *Israel* e *Iglesia*, Ryrie concluyó que «la Iglesia en su totalidad nunca es designada como Israel en las Escrituras». Él también creía que el Israel natural y el Israel espiritual eran contrastados con la Iglesia en el Nuevo Testamento. Esta distinción básica confirmaba el punto de vista del dispensacionalismo y el Rapto pretribulación como las expresiones más consistentes del premilenarismo.[92] Siguiendo con el nuevo tono de moderación, Ryrie dijo que él no tenía intención de añadir nada a la literatura controversial sobre el tema. Aseguró que el premilenarismo no permanecía ni se desplomaba en base a un punto de vista sobre la tribulación. Para él ese no era el asunto decisivo.[93] La distinción entre Israel y la Iglesia era más básica.

Una evidencia adicional para la importancia de la doctrina de la Iglesia llegó de parte de la presentación vigorosa y capaz del pretribulacionismo que John F. Walvoord, presidente del Seminario Teológico de Dallas, llevó a cabo en los primeros años de la década de 1950 en *Bibliotheca Sacra*. Publicado en 1957 como *The Rapture Question* [La cuestión del Rapto], la serie de ensayos que precedieron a *The Blessed Hope* de Ladd, en 1956, recogió y respondió las críticas de Ladd junto con otras de postribulacionistas anteriores . Walvoord estableció con claridad que «la cuestión del Rapto está más determinada por la eclesiología que por la escatología» porque la definición de «Iglesia» y «la doctrina de la Iglesia es... determinativa en la cuestión de si la Iglesia pasará por la Tribulación».[94] En respuesta a los postribulacionistas que le retaban a que citara un versículo de las Escrituras que declarara que laIglesia escaparía a la tribulación, él reconoció que «ni el postribulacionismo ni el pretribulacionismo son una enseñanza explícita de las Escrituras. La Biblia no habla de ninguna de ellas. El pretribulacionismo está basado en el hecho de que permite una armonía de las Escrituras relacionada con el Segundo Advenimiento».[95] Aquí refutó a los defensores de ambas posiciones que querían un apoyo textual explícito para su posición sobre el Rapto en vez de un razonado argumento teológico. Aunque Walvoord cambió la declaración arriba citada en posteriores ediciones de su libro para que dijera: «El hecho es que el postribulacionismo es una interpretación de las Escrituras que los pretribulacionistas creen que es contradicha por muchos pasajes que implican lo contrario», él no pensaba que argumentar basado en la inferencia destruyera su posición, por la coherencia lógica y la estructura teológica integral del dispensacionalismo pretribulacional.[96]

Ladd se concentró en el tema del Rapto en *The Blessed Hope* [La bendita esperanza} (1956). Estuvo de acuerdo con Walvoord en que todo el campo del debate necesitaba pasar de las afirmaciones sin calificar de que la posición de uno era enseñada de manera explícita en las Escrituras a la posición de que la perspectiva asumida era una deducción teológica del texto bíblico. Pero además de señalar que el pretribulacionismo no era enseñado de forma directa en la Palabra de Dios, él argumentó: «tampoco es una deducción requerida por la Palabra, ni es esencial para la preservación de los más altos valores espirituales». Como una deducción innecesaria, el pretribulacionismo era «una suposición a la luz de la cual las Escrituras son interpretadas». Pero otra deducción, «esa de un solo advenimiento de Cristo para arrebatar a la Iglesia al final de la tribulación, tiene una afirmación igual o más fuerte de apoyo». Ladd no pensaba que esas afirmaciones fueran en verdad iguales, porque él concluyó que la ubicación de la resurrección — situada al regreso de Cristo en gloria (Ap 20)

> es más que una deducción. Además,… si lo único que nos quedara fuera inferir, nuestro estudio ha sugerido que un regreso único e indivisible de Cristo, que requiere una posición de postribulación, es la deducción que aparece sugerida con más naturalidad que la de dos advenimientos de Cristo con un Rapto antes de la tribulación.

Él aplicó aquí en la interpretación el principio de parsimonia.[97]

Como mencionamos arriba, Walvoord incorporó réplicas a Ladd en la obra *The Rapture Question*. También argumentó que la doctrina de la eminencia, definida como un Rapto que es posible en cualquier momento, era «el elemento central del pretribulacionismo».[98] Él apoyaba esto no solo debido a la naturaleza de la Iglesia sino también por la naturaleza de la Tribulación. Y este último enfoque era dominante en otro trabajo erudito, *Kept From the Hour Salvado de la hora*, publicado en 1956 por Gerald B. Stanton, un graduado del Seminario Teológico de Dallas y profesor del Seminario Teológico Talbot en California. Como Walvoord y Ladd, Stanton instaba a que hubiera «la debida compostura» y «caridad cristiana» al discutir el tema del Rapto. Él también refutó las afirmaciones postribulacionistas de que el pretribulacionismo llevaba a las personas a un consuelo y tranquilidad injustificados. Evitando actitudes demasiado dogmáticas sin justificación, él también reconoció la naturaleza deductiva del debate teológico. Aunque si se usan las premisas correctas, «no hay suficientes textos bíblicos para llegar a una conclusión definitiva… A la Iglesia se le promete expresamente que se verá libre de la ira de Dios…». Stanton argumentaba que la ira divina se derramaría durante todo el tiempo de la Tribulación.[99] Un crítico coincidió: «Puesto que uno de los argumentos más fuertes para el Rapto pretribulación surge de la doctrina de la Tribulación, el autor ha hecho bien en considerar esto antes para establecer el fundamento de una discusión posterior».[100]

Al parecer los escritos de Ladd y de otros eruditos no pretribulacionistas resultó en una creciente diversidad entre los evangélicos. Al menos muchos se abrieron a diversas influencias. Por ejemplo, en la Iglesia Evangélica Libre de los Estados Unidos más pastores llegaron a sostener puntos de vista de en medio de la tribulación y postribulación que antes. Además, sus colegas mostraron más tolerancia con estos cambios. Una encuesta de 1958 mostró que el 87 ½ por ciento de los pastores y maestros participantes creían en el regreso de Cristo en dos fases. (Recuerde que esto abarcaría el punto de vista de mitad de la semana [en medio de la tribulación] así como la posición pretribulacional.) Con todo, un poco menos, el 72 ½ por ciento, creía que la Iglesia apostólica había sostenido el punto de vista de la pretribulación. El 96 por ciento contestó que la frase «venida inminente» en la declaración de fe significa «en cualquier momento» o algo similar. No obstante, solo el 52 por ciento creía que el punto de vista de mitad de la semana (en medio de la tribulación) estaba excluido por la frase, mientras que el 65 por ciento dijo que el punto de vista de postribulación sí estaba excluido.[101]

La naturaleza de la Tribulación era de cierto una diferencia clave en distintas variaciones que aparecieron durante esta era. Una posición distintiva, conocida como postribulacionismo inminente o, más tarde, como pasadotribulacionismo, fue desarrollada por el erudito del Antiguo Testamento J. Barton Payne. En *The Imminent Appearing of Christ* [La inminente aparición de Cristo] (1962) él argumenta que la venida de Cristo es un evento único y unificador (i.e, postribulacional) y que es inminente (i.e., posible en cualquier momento). «Estas dos verdades hay que aceptarlas de manera literal; y entonces, después de haber sido condicionado por estos asuntos de comprensión básica, el estudiante de la Palabra puede seguir adelante para elaborar los detalles de una escatología más consistente desde el punto de vista bíblico».[102] Los pretribulacionistas aceptan el segundo axioma y rechazan el primero, mientras que los postribulacionistas por lo general se aferran al primero y rechazan el segundo. Payne dijo que su dificultad común era su afirmación de que la semana septuagésima de Daniel estaba todavía en el futuro y que vinculados con eso se prolongaban los antecedentes futuros del regreso de Cristo en poder y gloria. Por tanto, una posición historicista sobre la semana septuagésima de Daniel —que los otros consideraban el tiempo de la Tribulación— es básico para el enfoque de Payne. Aunque afirmaba que él seguía la tradición del postribulacionismo inminente de A. J. Gordon, Payne creía que cada generación de cristianos podría afirmar que «los últimos tiempos *podrían* ser el presente histórico»,[103] una creencia que Gordon no compartía. Cuando en 1973 apareció su masiva *Encyclopedia of Biblical Prophecy* [Enciclopedia de la profecía bíblica], el punto de vista de Payne de la Segunda Venida fue colocado en un contexto más integral de la profecía como un todo.[104]

Otra variación del Rapto y la Tribulación apareció en 1963, cuando J. Oliver Buswell hijo, decano del Seminario Teológico Covenant en St. Louis, completó su *Systematic Theology of the Christian Religion* [Teología sistemática de la religión cristiana]. A diferencia de la mayoría de los premilenaristas futuristas, que consideraban que la Tribulación era un período de tres años y medio o siete años inmediatamente antes del regreso de Cristo a la tierra, él creía que era un período de tres días y medio de «la más espantosa persecución de todos los cristianos». Este es su equivalente de la gran tribulación. Esto tendrá lugar en medio de la semana septuagésima de Daniel después que el anticristo llegue al poder, y a esto le seguirá de inmediato el Rapto de la iglesia. Para Buswell: «la correlación de datos centrados alrededor de la séptima trompeta [Ap 11] como la trompeta del Rapto es tan completa, tan precisa y tan inequívoca» que eso constituye su «punto de referencia» o clave interpretativa. Los últimos tres años y medio estarán llenos del «derramamiento de las siete copas de la ira de Dios (un tiempo que es identificado de manera común, pero equivocada, como "la Gran Tribulación")».[105]

En *Dispensationalism Today El dispensacionalismo de hoy* (1965) Charles Calwell Ryrie actualizó el debate sobre el Rapto haciendo hincapié en los elementos destacados del premilenarismo dispensacional (para él, pretribulacional). Él señaló interpretaciones literales consistentes, el cumplimiento literal de profecías del Antiguo Testamento, una distinción clara entre Israel y la iglesia, el Rapto pretribulación, y el reino milenial como partes integrantes del sistema. También reconoció que el apoyo anterior al Rapto pretribulación fue «debido al énfasis de los primeros escritores y maestros acerca de la inminencia del regreso del Señor; más recientemente ha estado vinculado con la concepción dispensacional de la característica distintiva de la Iglesia».[106]

Al creer que «en el último torrente de publicaciones sobre el tema el postribulacionismo no había ganado ni el volumen de prensa ni el respaldo exegético que había recibido el pretribulacionismo», Robert H. Gundry, Profesor de Estudios Religiosos en el Westmont College (California), sintió que era apropiado que los evangélicos estadounidenses «reconsideraran la cronología del Rapto». En su contribución al debate, orientada desde una perspectiva exegética, *The Church and the Tribulation* [La Iglesia y la Tribulación] (1973), Gundry bosquejó con claridad su tesis en las primeras páginas. Por un lado argumentó que el postribulacionismo tenía una base exegética directa de declaraciones bíblicas sobre el regreso de Cristo y la resurrección, adicional apoyo exegético de una naturaleza más deductiva, y la corroboración de la historia de la doctrina. Por el otro lado, él consideraba que el pretribulacionismo descansaba sobre «evidencia insuficiente, un razonamiento *non sequitur*, y una exégesis deficiente». Estaba persuadido de que la terminología de vigilia del Nuevo Testamento justificaba una actitud de expectativa ante el regreso de Cristo, pero no una creencia en inminencia. «Por común acuerdo, inminencia significa que, hasta donde nosotros sabemos, ningún evento predicho precederá *por necesidad* a la venida de Cristo».[107] Después de hacer la exégesis de las exhortaciones a velar, concluyó: «Si una demora en la parusía de al menos varios años era compatible con la expectativa en los tiempos apostólicos, una demora de varios años de la tribulación es compatible con la expectativa en los tiempos presentes».[108]

Una primera reacción al reto de Gundry vino de parte de John A. Sproule, director del Departamento de Nuevo Testamento y Griego en el Seminario Teológico Grace (Indiana). Después de señalar que era cada vez mayor el número de jóvenes premilenaristas que cambiaban de posición del pretribulacionismo al postribulacionismo, él advirtió: «Si vamos a detener esta tendencia y hacerlo de la manera correcta (mediante la debida persuasión exegética y teológica), ya estamos bien pasados de la hora en que debemos hacer una defensa igualmente erudita (¡no al estilo antiguo de shibolet!) del pretribulacionismo».[109] Sproule ubicó el error básico de Gundry en la premisa de que la mayoría de la enseñanza de Cristo, especialmente el discurso del monte de los Olivos, se aplicaba directamente a la Iglesia. El punto de vista postribulacional de Gundry, con sus elementos distintivos, era el resultado de su enfoque del discurso del monte de los Olivos. Sproule criticaba ahí las presuposiciones, exégesis y lógica de Gundry. No obstante, Sproule también pensaba que Gundry había refutado con eficacia la perspectiva de Walvoord de que la inminencia era la médula del pretribulacionismo. El meollo de la alternativa de Sproule, con su esperanza de certidumbre exegética, fue expuesto de manera abierta:

> Si puede ser establecido que (1) la ira de Dios abarca todo este período de siete años que está por venir y (2) que la verdadera iglesia tiene la promesa de estar exenta de esa ira, entonces el pretribulacionismo quedará esencialmente establecido. Una vez que esta prueba sea establecida entonces los pretribulacionistas podrán dar con justeza explicaciones razonables de los muchos pasajes controversiales (incluyendo aquellos que parecen enseñar la inminencia) como apoyo para su sistema.[110]

Al parecer Sproule profundizaría aún más en el área explorada por Stanton en *Kept From the Hour*.

John F. Walvoord en su *The Blessed Hope and the Tribulation* [La esperanza bienaventurada y la Tribulación (1976) clasificó y criticó cuatro escuelas de interpretación postribulacional: La clásica (J. Barton Payne), semiclásica (Alexander Reese), futurista (George E. Ladd), y dispensacional (Robert H. Gundry). He notado que en general los pretribulacionistas critican a los postribulacionistas por la gran variedad de sus principios de interpretación. Los postribulacionistas tienden a espiritualizar la profecía y hacen un «uso impropio del método inductivo de la lógica» en la exégesis y la teología.[111] Al compararlo con los pretribulacionistas, él señala problemas postribulacionistas no resueltos: el silencio de las Escrituras en áreas críticas del postribulacionismo, el contraste de detalles entre el Rapto y la Segunda Venida de Cristo a la tierra, y contradicciones inherentes en interpretación.[112] De manera integral,

> Se hace evidente que el pretribulacionismo es más que una disputa entre los que sitúan el Rapto antes o después de la tribulación. Es en realidad la clave de un sistema escatológico. Juega un papel determinante para establecer principios de interpretación que, si son llevados a cabo en forma consistente, conducen a la interpretación pretribulacional.

Walvoord resume las ventajas del pretribulacionismo como la consistencia en la lógica, en su interpretación literal, y en esperar a cada momento el regreso del Señor.[113]

En el seno de la Iglesia Evangélica Libre de los Estados Unidos la diversidad de puntos de vista sobre el Rapto fue expresada bien clara en la conferencia ministerial anual de 1981 cuando tres profesores del Trinity Evangelical Divinity School presentaron sus puntos de vista. Ellos han elaborado sus presentaciones y respuestas en este libro, de modo que daré un poco de trasfondo histórico y de reacciones para abrir el escenario.

Por las respuestas dadas a las preguntas que surgieron de los asistentes a la conferencia, se hizo evidente que los profesores creían que la

Declaración de Fe de la EFCA [Evangelical Free Church of America] estaba siempre bajo las normas de las Escrituras. Además, ellos creen que una exégesis meticulosa y una evaluación teológica continua son parte de su compromiso ético con el Señor de las Escrituras y su Iglesia. Menciono esto porque ellos dieron respuestas diferentes a la cuestión: «¿Podría Cristo regresar hoy?»[114] Muchos miembros de la Iglesia Libre creen que en sus inicios, el término inminente en su estándar doctrinal significa que el Rapto de la iglesia era «posible en cualquier momento». Además, era considerado nada más que pretribulacional, tanto en su intención como en su significado. Cualquier otro significado elimina «la esperanza bienaventurada» de los creyentes.[115] Según Arnold T. Olson, el primer presidente de la EFCA (que redactó la declaración) la palabra «tribulación» o «pretribulación» no fue incluida porque muchos pensaban que la definición de «inminente» abarcaba solo el punto de vista de pretribulación. No obstante, su sentimiento era

> que la omisión no era accidental ni intencional, sino providencial… Esos elementos no esenciales que dividen a los creyentes son omitidos. Pedimos la aceptación de la Biblia como la infalible Palabra de Dios. Reconocemos que dentro del marco de esa fe ha habido y hay hoy diferencias entre los creyentes que son por igual de sinceros, dedicados a lo que está escrito, y determinados a ser genuinos con la Palabra tal como ellos la ven y por igual de preocupados por que los hermanos moren juntos en unidad.[116]

Él también «reconocía que uno podía sostener el punto de vista de la postribulación y todavía seguir creyendo en la inminencia [posible en cualquier momento] del regreso de Cristo siempre y cuando no se pueda determinar con exactitud cuándo empezarán los siete años de la tribulación».[117] Esta concesión permitiría también la variante de «postribulacionismo inminente» o «pasadotribulacionismo potencial» propuesto por J. Barton Payne, que solía enseñar en el seminario de la Iglesia Libre.[118]

Los evangélicos que se unen en una declaración confesional no siempre están de acuerdo en el significado preciso de una doctrina. La EFCA ilustra que a lo largo de los años ha estado representada una diversidad de puntos de vista dentro de los límites de su declaración doctrinal. Pero algunos que rechazan esa diversidad acusarán de infidelidad doctrinal a los que afirmen y adopten esa flexibilidad. Un laico creía que los puntos de vista de en medio de la semana y postribulación de los profesores Archer y Moo comprometían la integridad doctrinal de la EFCA. Él no consideraba que sus razones fueran válidas, sino que sentía que ellos estaban sembrando las semillas de la destrucción para el futuro de la Iglesia porque «todas las demás verdades doctrinales están sometidas a la misma racionalización». Él reconocía que sus «racionalizaciones... podrían eximirlos de cualquier problema ético al firmar la Declaración de Fe de la Iglesia Libre», pero era obvio que él no consideraba ética sus posiciones.[119] Sin embargo, en respuesta a esas preocupaciones en la conferencia ministerial, el doctor Moo hizo constar públicamente que él había dado a conocer su punto de vista postribulacionista a otros miembros de la facultad de la Escuela Trinity cuando lo entrevistaron para contratarlo. Puede que muchos laicos carezcan de conocimiento o aprueben todo lo que se enseñe en una escuela de divinidades, pero en este caso, la discusión abierta del doctor Moo con la facultad que aprobó su nombramiento le libraba de toda acusación de engaño ético. Incluso antes de la reorganización de Trinity en 1963 algunos miembros de la facultad del seminario, tales como J. Barton Payne, sostenían un punto de vista postribulacional del Rapto. Calvin B. Hanson tiene razón sin duda en que eso «habría sorprendido aún más a los miembros de base de la Iglesia Libre» que la insistencia del decano Kenneth S. Kantzer de la Escuela Trinity de reclutar para la extensión de la misma a miembros de facultad que no sostuvieran la perspectiva del Rapto pretribulación.[120] El que la posición sobre el Rapto a mitad de semana del doctor Archer sea una variación de la posición pretribulación más común es algo debatible.

David J. Hesselgrave, profesor de Misiones en Trinity, expresó su preocupación por los efectos prácticos del regreso de Cristo en una carta en la que él también hacía notar la falta de mención de las misiones en los trabajos escritos presentados por sus colegas.[121] Si bien Scofield temía que el postribulacionismo «carecía de urgencia» y Ladd argumentaba que el «pretribulacionismo sacrifica uno de los motivos principales para las misiones mundiales, esto es, acelerar la consecución de la esperanza bienaventurada», es evidente incluso a un observador casual de las misiones evangélicas que esos temores o conclusiones no estaban justificados. Mucho más que el punto de vista de uno sobre el Rapto está involucrado en el compromiso de todos los evangélicos con la evangelización mundial.[122]

Grupos evangélicos con términos escatológicos específicos en sus declaraciones de fe se enfrentan a dilemas cuando los trabajos exegéticos y teológicos llevan a algunos de sus miembros a conclusiones que son un reto para sus formulaciones tradicionales. Las reacciones pueden llevar al menos en dos direcciones diferentes. Por un lado, el Seminario Teológico de Dallas elaboró su declaración doctrinal para excluir a casi todos los que no creyeran que el Rapto era pretribulacional y posible en cualquier momento. Por el otro lado, la EFCA parece que permite cierta flexibilidad en la comprensión del término *inminente* tanto para los miembros del Trinity Evangelical Divinity School como para los candidatos a ser ordenados para el ministerio. Esto se mantiene en línea con los valores de la Iglesia Libre: «Solo para los creyentes, pero para todos los creyentes».[123] Estas actitudes y acciones divergentes muestran que los premilenarios carecen de consenso en cuanto a su adherencia al espíritu de vigilancia que se espera de los creyentes y cómo la «esperanza bienaventurada» va a afectar sus vidas. Una cosa es cierta: los grupos en el pasado no han tenido un éxito notable en remediar estos asuntos multifacéticos mediante el solo cambio confesional. Esta observación histórica debería advertir a los evangélicos que no esperaran una solución rápida y fácil.

Resumiendo esta etapa, el historiador Ian S. Rennie escribió: «En el período posterior a la Segunda Guerra Mundial, con la renovación del pensamiento y la vida de los evangélicos, la escatología ha recibido un énfasis menos desproporcionado, ha habido una mayor humildad en relación con los detalles, y quizá sobre todo, ha habido una nueva conciencia de la unidad del pueblo de Dios en todas las épocas».[124]

CONCLUSIONES

Dos conclusiones son evidentes en este estudio. Primera, hay diversidad entre los evangélicos de persuasión premilenial en cuanto a la cuestión del tiempo del Rapto. Segundo, los ejemplos negativos de relaciones rotas y súplicas positivas de moderación de parte de premilenaristas que apoyan el llamamiento a una unidad que permita la diversidad y promueva la tolerancia.

Un profesor perceptivo hizo hincapié en que Dios ha limitado nuestra capacidad para entender la profecía bíblica; se necesita, pues, profunda humildad para abordarla y exponerla. En conclusión, «debemos seguir adelante, depender de Dios para que nos dé iluminación y mostrar un profundo respeto y tolerancia por otros cristianos con dones iguales o mayores que los nuestros, y de gran integridad, que de alguna forma llegan a conclusiones algo diferentes».[125]

2

ARGUMENTOS A FAVOR DE LA POSICIÓN PRETRIBULACIÓN DEL RAPTO

Paul D. Feinberg

Paul D. Feinberg es profesor asociado de Teología Bíblica y Sistemática en el Trinity International Divinity School en Deerfield, Illinois. Se graduó en el Seminario Teológico Talbot, donde obtuvo su licenciatura y maestría en Teología, y en el Seminario Teológico de Dallas, donde recibió su doctorado en Teología, y consiguió su doctorado en Filosofía en la Universidad de Chicago. El doctor Feinberg ha contribuido con artículos al *Diccionario de Ética Cristiana Baker* y a la *Enciclopedia de la Biblia Wycliffe*, y ha escrito un capítulo en *Inerrancy*. Es un ministro ordenado de la Iglesia Evangélica Libre de los Estados Unidos.

El tiempo del Rapto no es lo más importante ni tampoco lo menos importante de la teología cristiana. Para algunos la cuestión del Rapto es un indicador; olvidarnos de ello marca el primer paso en la proverbial pendiente resbaladiza que nos lleva a las rocas del liberalismo. Pero ese no es el caso por lógica ni en la realidad. Cuando uno considera toda la gama de la teología cristiana, la escatología es solo una pequeña parte de la misma. Además, la cuestión del Rapto constituye apenas un pequeño segmento de la escatología. Los escritores de este volumen están en un acuerdo sustancial en materias de escatología individual o personal, y están todos convencidos del mismo punto de vista con respecto a los asuntos más amplios del premilenarismo.

Están aquellos que encuentran la cuestión del Rapto insignificante y de poco interés; se enorgullecen de estar por encima de la batalla. Pero eso es erróneo. Desde el punto de vista teológico, ningún aspecto de la verdad revelada es de poca importancia. El Rapto toca asuntos muy importantes de la interpretación bíblica, de la relación entre la Iglesia e Israel, y del curso de la historia humana. En la práctica, el tiempo del Rapto es significativo porque nosotros aspiramos a conocer *todo* el consejo de Dios. Además, este asunto toca el tema importante de la naturaleza de la esperanza y expectativa cristianas. ¿Tengo que esperar el regreso de Cristo en cualquier momento? ¿O es mi esperanza la protección y la liberación por parte de Dios de un tiempo de tribulación mundial? Así, pues, la tarea que tenemos por delante es importante.

ALGUNAS OBSERVACIONES PRELIMINARES

Antes de pasar a los argumentos en favor de un Rapto pretribulación, nos será de utilidad el hacer algunas observaciones preliminares.

Sobre el telón de fondo eclesiológico

Con frecuencia escuchamos que el apoyo principal o evidencia para el Rapto pretribulación es la eclesiología dispensacional. Esto lo encontramos expresado en los escrito de autores[1] y críticos[2] pretribulacionistas. Uno de los puntos significativos argumentados por Robert H. Gundry en *The Church and the Tribulation* [La Iglesia y la Tribulación] es su afirmación de que no hay una relación *necesaria* o *lógica* entre el dispensacionalismo y el pretribulacionismo. Su razonamiento descansa en las siguientes consideraciones: (1) Un argumento central para la característica distintiva de la Iglesia es su carácter misterioso. Sin embargo, hay algunos misterios que cruzan los límites dispensacionales (p. ej., el misterio de la iniquidad, que está ejerciendo su poder, pero que llegará a su cumplimiento en la Tribulación; y el misterio de la encarnación y del ministerio terrenal de Jesús, que empezó antes de Pentecostés, pero que continúa hasta el presente). (2) Hay profecías del Antiguo Testamento que mencionan o implican esta era (p. ej., el paréntesis entre las semanas sesenta y nueve y setenta de Daniel 9:24-27). (3) No solo las profecías del Antiguo Testamento predicen este siglo presente, sino que también son aplicadas a la Iglesia (p. ej., la más notable es la aplicación del nuevo pacto a la Iglesia) (4) El cambio de la antigua dispensación a la presente tuvo lugar durante un período de tiempo (p. e., los sucesos del libro de los Hechos [Hch 3:12-21] muestra que la dispensación presente tuvo lugar de forma gradual). (5) Si bien el carácter distintivo de la Iglesia tiende a enfatizar su singularidad y apunta hacia un Rapto pretribulación, esto queda equilibrado por la enseñanza bíblica de la unidad esencial de todos los cristianos (p. ej., se dice que Abraham es el padre de *todos* los creyentes, Ro 4:11). (6) Por último, Gundry trata de describir lo que será el período de la Tribulación con la Iglesia e Israel presente como el pueblo del pacto. Lo que quiere decir es que no hay nada que sea a primera vista contradictorio ni imposible de resolver (p. ej., porque Dn 9:24-27 ubica a Israel en laTribulación, nada impide a otros textos bíblicos de colocar a la Iglesia en el mismo período).

Yo mismo tiendo a pensar que Gundry tiene razón. Para decirlo con sus propias palabras: «El postribulacionismo concuerda con un dispensacionalismo bíblicamente correcto. A la inversa, un dispensacionalismo bíblicamente correcto no da ninguna ventaja al pretribulacionismo».[3]

Yo estaría más preocupado que Gundry con las tensiones que una posición así crearía. Él sugiere algunos problemas. ¿Cómo coexistirán Israel y la Iglesia, dado que ambos tienen regulaciones diferentes (la Ley y el Evangelio)? ¿Será toda gentil la Iglesia de la Tribulación, o podrán ser algunos judíos parte de ella? ¿Predicará cada grupo una variante del Evangelio? y así sucesivamente. Su respuesta es que la sola existencia de estas preguntas no excluye la posibilidad de que tal estado de cosas pueda existir. Él cita como prueba el Milenio y el estado eterno en donde Israel y la Iglesia estarán presentes. No parece haber una diferencia importante entre el punto de vista propuesto por Gundry sobre la Tribulación y estos períodos subsiguientes. En la Tribulación ambos grupos estarán en cuerpos naturales, y se les agregarán miembros. En el Milenio la Iglesia estará completa y [glorificada, mientras que en el estado eterno todos los creyentes estarán glorificados. Pero yo no quisiera presionar sobre este punto.

Lo que Gundry no dice, pero que debiera al menos ser notado es que el dispensacionalismo ha conducido, la mayoría de las veces, al pretribulacionismo. Lo que Gundy dice, sin embargo, es diferente. Dice que hay una cierta lógica independencia entre los dos puntos de vista. Pienso que Gundy tiene razón. Si es así, hay una consecuencia interesante que sigue a la afirmación de Gundry. No debe inferirse que un razonamiento *a favor* del dispensacionalismo será necesariamente un razonamiento *a favor* del pretribulacionismo. Dicho a la inversa, un argumento *en contra* del dispensacionalismo no será necesariamente un argumento *en contra* del pretribulacionismo.

Presuposiciones y presunciones

Aparecen en este escrito dos posiciones para las cuales no se ofrece ninguna argumentación. Primera, se da por supuesto que después del retorno de Cristo a la tierra en poder y gran gloria al final del período de la Tribulación, seguirá el reinado terrenal de Cristo. Uno de los argumentos indicados a favor de mi posición depende de ese reinado. Segunda, se presupone una interpretación futurista de Daniel 9:24-27 y del libro de Apocalipsis. Esto significa que el regreso de Cristo antes del Reino será precedido por un tiempo de tribulación sin precedentes. Daniel 9:27 nos da el marco cronológico de siete años, mientras que Apocalipsis 6—8 detalla los juicios que tendrán lugar en este período. La justificación para no argumentar estas posiciones es que la cuestión del Rapto ha sido casi siempre un asunto entre premilenaristas,[4] y también los más recientes premilenaristas han sido futuristas con relación a Daniel y Apocalipsis.[5]

ARGUMENTOS A FAVOR DEL RAPTO PRETRIBULACIÓN

A mi juicio hay al menos cuatro argumentos bíblicos a favor de una estructura pretribulacional de la escatología.

La promesa de la exención de la ira divina

Uno puede preguntarse si hay algo en lo que estén de acuerdo los participantes en este debate. Para nuestra sorpresa, pienso que sí lo hay. Todos coinciden en que Dios ha eximido a la Iglesia de la ira divina. Piense en las siguientes citas de los postribulacionistas:

J. Barton Payne escribe:

> Algunas profecías preceden a la aparición de Cristo. Aquí debemos incluir ciertos elementos de la *ira de Dios*, tales como el gran terremoto y que el sol se oscurecerá (Mt 24:29, cp. las primeras cuatro trompetas y las copas de la ira de Dios en Ap 8 y 16:1-9). Pero aunque el *Señor protege* a su pueblo de estas cosas (*y Él lo*

hace: 1 Ts 5:9; Ap 7:1-3), y siempre y cuando estén restringidas a eventos que duren solo unos pocos minutos (y esto es todo lo que hacen: Lucas 21:28), entonces tales cosas no invalidan la esperanza inminente de la iglesia [cursivas añadidas].[6]

George E. Ladd escribe: «Nosotros ya hemos señalado que las Escrituras enseñan claramente que la *Iglesia nunca sufrirá la ira de Dios*. En este punto estamos de acuerdo con los pretribulacionistas».[7] Robert H. Gundry escribe: «Como sabemos, la iglesia sufrirá persecución durante la tribulación, *pero ningún santo sufrirá la ira de Dios*» [cursivas añadidas][8]

J. Oliver Buswell, que representa la posición mesotribulacionista, dice: «*Pero la ira de Dios no es para la iglesia*. "Hemos sido justificados por su sangre, ¡con cuánta más razón, por medio de él, seremos salvados del castigo de Dios" (Ro 5:9)» [cursivas añadidas].[9]

Afirmaciones similares las podemos encontrar en los escritos de los pretribulacionistas. John F. Walvoord argumenta: «*La ira de Dios será derramada sobre el mundo durante la Gran Tribulación*. Apocalipsis 6:17 declara: "Porque ha llegado el gran día del castigo! ¿Quién podrá mantenerse en pie?"… La única forma en que podemos librarnos de ese día de ira es si somos liberados anticipadamente» [cursivas añadidas].[10] Leon Word declara:

Lo precedente ha enfatizado que es propósito de la tribulación es traer juicio sobre aquellos que lo merecen… Sin embargo, la idea de la iglesia pasando por el mismo tiempo de juicio no coincide con esta línea de razonamiento. Porque, aunque los miembros del cuerpo de Cristo, la iglesia, no son impecables en sí mismos mientras están aquí en la tierra, no obstante, el castigo por su pecado ha sido pagado por la obra redentora perfecta y acabada de Cristo.[11]

De manera que hay al menos un punto de acuerdo: la creencia de que *la verdadera iglesia está exenta de la ira divina*. Sin embargo, antes de examinar los textos bíblicos que apoyan este principio, permítanme dejar bien en claro lo que se quiere decir con ello.

Primero, esta exención de la ira no quiere decir que la iglesia nunca experimentará pruebas, persecución ni sufrimiento. Para usar la terminología del escritor de himnos, a la Iglesia no se le ha prometido que será transportada a los cielos en un lecho de rosas de comodidad. El mundo y Satanás nunca han sido amigos de Dios ni de su Iglesia. El Nuevo Testamento nos dice con claridad que debemos esperar pruebas y sufrimiento, en especial si vivimos con rectitud (p. ej., Jn 16:33; Fil 1:27; 1 Ts 3:3; 1 P 4:12-13). Así, pues, esta promesa no tiene que resultar en blandura. Por el contrario, la solidez frente a las pruebas es lo que se nos manda en todas partes del Nuevo Testamento. La vida cristiana aparece representada como una batalla (Ef 6:10-20; 1 Ti 6:12; 2 Ti 2:3-4) y se requiere disciplina y paciencia como en las conquistas atléticas (1 Co 9:24-27; Fil 3:1-16; 2 Ti 2:5).

Segundo, la base para la exención no es que Cristo Jesús haya llevado sobre la cruz nuestra ira, de manera que nosotros no caigamos en ella. Este punto de vista lo sostienen algunos, pero Gundry tiene razón al señalar su inconsistencia al menos desde una posición de pretribulación, cuando dice:

> Los pre- y postribulacionistas coinciden en que una gran multitud de santos compuesta de judíos y gentiles, estará presente en la tierra durante la Tribulación. Por tanto, sean cuales sean los problemas que los pretribulacionistas puedan encontrar en relación con la presencia de la Iglesia en un tiempo de ira divina son también sus propios problemas; porque ya sea que los santos de la Tribulación pertenezcan o no a la iglesia o a otro grupo de personas redimidas, ellos también han escapado al castigo de Dios en virtud de la sangre de Cristo, que sufrió su juicio por ellos (Ap 7:14). ¿Sufrirán los santos judíos y gentiles la ira de Dios durante la Tribulación, según el pretribulacionismo? Si no es así, tampoco la Iglesia tendrá que sufrir la ira de Dios en la tribulación. Si es así, los argumentos en contra del sufrimiento de la ira por la Iglesia se aplican igualmente a los santos tribulacionales de todas clases.[12]

¿Cuál es entonces la base de esta promesa? Como la salvación, esta es una decisión soberana de Dios. Él solo ha dado esta promesa especial a la Iglesia. (A esta altura en la discusión no importa si la Iglesia incluye todos los santos o parte de ellos.) Los textos que expresan esta promesa son: 1 Tesalonicenses 1:10; 5:9; Apocalipsis 3:10; y posiblemente Romanos 5:9; Efesios 5:6; Colosenses 3:6. En contraste con las pruebas y tribulaciones, que los cristianos pueden esperar, hay una exención prometida de la divina ὀργή o θυμός. Estos dos términos son más o menos sinónimos. Donde hay una distinción, se prefiere emplear θυμός para estallidos repentinos de furor (Lc 4:28; Hch 19:28), mientras que ὀργή tiene un elemento de deliberación.[13]

La ira de Dios es un tema importante y muy estudiado en las Escrituras. La ira de Dios ha sido derramada sobre los malvados en el pasado (p. ej., la ira de Dios cayó sobre los cananeo, Éx 23:20-33; Dt 7:1-6). La ira de Dios se cierne al presente sobre los incrédulos (Ef 2:3; cp. Jn 3:36; Ro 1:18—3:20). Sin embargo, la Biblia habla de una ira de Dios futura o escatológica, que aparece revelada en gran escala en el Nuevo Testamento, en particular en el Apocalipsis.

Es obvio que nosotros estamos más preocupados en nuestro estudio por este futuro derramamiento de la ira divina. Stählin escribe acerca de esto: «Hay dos momentos en el futuro en los que la ὀργή escatológica tiene lugar. Primero, en la Tribulación antes del fin, y después en el propio juicio final».[14] Si bien es verdad que los cristianos no experimentarán el juicio final de Dios (Ro 2:5, 8; 3:5; 5:9), 1 Tesalonicenses 1:10 y 5:10 parecen hablar de la Tribulación antes del fin. La Tribulación es un tiempo de gran angustia para Israel (Lc 21:23) y para aquellos que destruyen la tierra (Ap 11:18). Sin embargo, estos dos textos enseñan que la Iglesia no ha sido destinada por Dios para esta ira.

1 Tesalonicenses 1:10 (RVR 1960) promete librarnos de la ira de Dios. Creo que hay tres razones para pensar que la ira de la que se está hablando es la de la Tribulación. Primera: el contexto general de las Epístolas a los Tesalonicenses es el día del Señor. Si bien esto incluye el juicio final, el enfoque de estas epístolas es el juicio de Dios que precede y está asociado con la venida de Cristo. Segunda: el texto mismo declara que es una «ira venidera» e implica que la liberación está relacionada con el regreso de Cristo. Tercera: la ira de 1 Tesalonicenses 1:10

parece relacionada con la de 5:9, en que la llegada de las aflicciones escatológicas está a la vista.[15]

La evidencia de 1 Tesalonicenses 5:9 es aún más sorprendente. El apóstol Pablo empieza asegurando a los tesalonicenses que sea lo que sea que haya provocado sus preocupaciones, ellos no conocían los «tiempos y fechas» con exactitud (ἀκριβῶς, 1 Ts 5:1-2). Los primeros tres versículos están llenos de terminología escatológica bien conocida. «Tiempos y fechas" es una de esas frases, así como el día del Señor (p. ej., Is 2:12; Am 5:18, 20; etc.). Además, en expresiones como «los dolores de parto [a la mujer encinta]» (v. 3, NVI) se usa la misma palabra, ὠδίν, que encontramos en Mateo 24:8. La ira es la misma que la de 1:10, los dolores de parto del día del Señor.[16]

En los versículos 4-5 se contrasta la posición de los creyentes tesalonicenses con la de los incrédulos. El día del Señor sorprenderá a los incrédulos como ladrón en la noche a causa de su estado moral general, que se describe como noche, o tinieblas. Los creyentes, por el otro lado, no se verán sorprendidos al andar en la luz y en el día. Los incrédulos no escaparán (una declaración enfática). La relación tan marcada y diferente que los creyentes tesalonicenses tienen con el día es expresada de nuevo con gran énfasis por las inserciones en 5:4, 5 del pronombre personal «vosotros».[17]

Luego siguen en los versículos 6-8 unas exhortaciones en vista de la posición de los creyentes. En el versículo 9 está la reafirmación de que la esperanza cristiana es muy válida. «Porque no nos ha puesto Dios para ira, sino para alcanzar salvación por medio de nuestro Señor Jesucristo» (5:9, RVR 1960). Dios no ha destinado a los tesalonicenses a estas aflicciones escatológicas, sino a la salvación. Esta salvación no es solo liberación de la condenación eterna, sino también para que «vivamos (*aoristo inclusivo*) juntamente con él» (5:10). Así que, esta salvación (σωτηρίας) es paralela a la liberación (ῥυόμενον) de 1:10.[18]

Cuando lo tomamos en sentido amplio, como lo mostramos arriba, parece haber un acuerdo bastante amplio sobre este principio. ¿Dónde surge, pues, el desacuerdo? Surge en la aplicación de este principio. El debate, o desacuerdo tiene que ver con dos cuestiones: el tiempo de la ira divina en la Tribulación y la naturaleza de la protección prometida.

J. Barton Payne, por ejemplo, limita el período de la ira divina a los sucesos que precederán de inmediato a la Segunda Venida. Sin embargo, el punto de vista de Payne es diferente al de los otros citados. Él es un preterista, y retiene el cumplimiento histórico de una buena cantidad de profecía bíblica y del libro de Apocalipsis. Pasajes de las Escrituras como Daniel 9:27 y mucho de Apocalipsis 6—19 *no* esperan su cumplimiento en los sucesos que rodean a la Segunda Venida. Hay algo de juicio relacionado con la venida de Cristo. Sin embargo, Payne dice que debido a que no abarca un largo período de tiempo y porque Dios protege a sus hijos, la promesa no es quebrantada. Una vez que Cristo haya venido, la Iglesia se dará cuenta de que ha estado en la Tribulación (en un sentido general) y verá entonces quién era el Anticristo. Siempre están aquellos que son perseguidores de la iglesia, y que pueden, por lo tanto, ser calificados como el hombre de pecado.[19]

El enfoque general de Payne al problema nunca ha atraído a muchos seguidores. La dificultad principal ha sido que recientes premilenaristas han estado en su gran mayoría a favor de la creencia de que Daniel 9:24-27 y Apocalipsis 6—19 no se han cumplido, y son parte del complejo de sucesos relacionados con el regreso de Cristo a la tierra.

George Ladd no está tan preocupado con la cuestión del comienzo de la ira divina, sino más bien con la naturaleza de la protección prometida. Después de sugerir que 1 Tesalonicenses 5:9 puede referirse solo al juicio final, afirma que, si ello también incluye la Tribulación, no necesita un Rapto. Todo lo que se promete es liberación. Él señala la distinción que Dios hizo entre los israelitas y los egipcios cuando cayó la peor de las plagas como una prefiguración de lo que ocurriría en el futuro.

En una forma similar es posible que la Iglesia pueda verse a sí misma en la tierra durante el período de la tribulación, pero será, mediante la protección divina, protegida de los sufrimientos implícitos en el derramamiento de las copas de la ira y que será liberada de la ira venidera. *1 Tesalonicenses 5:9 no dice nada acerca del Rapto.* De modo que esa es una deducción injustificada. Si la Iglesia está en la tierra durante la Gran Tribulación, pero recibe la protección divina de la ira, este versículo queda cumplido. Eso es todo lo que reafirma.[20]

Al menos algo de la perspectiva de Ladd está incluido en el pensamiento de Robert Gundry sobre el postribulacionismo. Debido a la complejidad y sofisticación de su punto de vista, haremos bien en tratar de explicarlo en detalle. Necesitamos entender su punto de vista en cuanto a la naturaleza del período y la secuencia de los juicios. Si bien Gundry acepta la semana septuagésima de Daniel como futura, él empieza por distinguir variedades de angustia dentro del período: el juicio punitivo directo de Dios sobre los pecadores por el pecado imperdonable; el odio de Satanás y sus demonios; el mal y la perversidad que resultan del pecado humano; la persecución de los santos por el Anticristo; y el castigo de la nación de Israel.[21] Hablando en general, podemos dividir la aflicción en cuatro clases: tribulación o castigo; la ira del hombre, la ira satánica y la ira divina. Gundry no espiritualiza, como algunos han supuesto, la aflicción, ni busca debilitar el juicio, más bien él afirma que Dios solo ha prometido exención de la ira *divina*. Los santos morirán como resultado de la persecución satánica y la inhumanidad del hombre contra el hombre, pero esto *no* hace que este período sea diferente de cualquier otro período de la historia humana. La Iglesia nunca ha estado exenta de esto, ni tampoco lo estará en el futuro. Todo lo que se requiere es que haya protección de la ira de Dios.[22]

Para comprender el comienzo de la ira divina, debemos tener una cierta percepción de la estructura de Gundry para los juicios de Apocalipsis. Él ve cada uno de los séptimos juicios como que dura hasta el regreso de Cristo. De modo que los tres grupos de juicios son de «alguna forma concurrentes». Los juicios de los sellos cubren toda la semana septuagésima. Las trompetas comienzan con el cuarto sello, y las copas comienzan con la cuarta trompeta. Los juicios entonces no solo se incrementan en severidad, sino también en cantidad a medida que avanza el período. Gundry siente que esa estructura encaja mejor el reconocimiento universal del estilo semítico del libro; él también menciona varias consideraciones exegéticas.[23]

Puesto que, como dijimos antes, los santos están exentos solo de la ira retributiva directa de Dios, es importante determinar cuándo comienza la ira divina. Gundry piensa que empieza con el sexto sello, la cuarta trompeta, y la primera copa. En apoyo de su interpretación Gundry ofrece estas consideraciones: (1) Los ayes, las tres últimas trompetas, vienen sobre los que «moran en la tierra» en contraste con los santos. (2) La primera copa cae sobre aquellos que tienen la marca de la bestia (Ap 16:2). (3) La conversión del mar en sangre, y la retribución por la sangre de los santos mártires en la segunda y tercera copas no necesitan que los santos estén involucrados. (4) La cuarta copa viene sobre aquellos que no se arrepienten y blasfeman el nombre de Dios (Ap 16:9), y lo mismo sucede con la quinta copa (Ap 16:11). (5) La sexta copa está relacionada con los reyes del oriente y los ejércitos que participan en el Armagedón. (6) La séptima copa describe el fin de Babilonia (de la que el pueblo de Dios ha sido llamado a salir, Ap 18:4). (7) Hay un notable paralelismo entre algunas de las copas y ciertas plagas de las experimentadas por el Antiguo Egipto (p. ej., las llagas, el cambio del agua en sangre), y está también la posibilidad de que el pueblo de Dios sea protegido como lo fue el antiguo Israel.[24] Su himno de victoria también asemeja la Segunda Venida al Éxodo (Ap 15:3). (8) La protección contra los juicios de las trompetas podría ser concedida a los santos de la Tribulación, del mismo modo que le fue dado a Israel en Egipto.

Estas consideraciones son complementadas con dos argumentos que Gundry ha citado en otras partes. Primero: él argumenta que el día del Señor no empieza hasta el cierre del período de la Tribulación, cerca del tiempo del sexto sello (Ap 6:14-17, cp. 2:32—3:1; Sof 2:3—3:11, 16). El período de la ira divina tiene relación con el día del Señor.[25] Por tanto, la Iglesia estará en la tierra hasta que el día amanezca. Segundo: Apocalipsis 6:14-17 es el anuncio (en relación con el sexto sello) de que la ira de Dios ha empezado (aoristo incoativo) o está a punto de empezar (aoristo dramático).

Gundry concluye: «La ira divina no abarca toda la semana septuagésima, y es probable que ni siquiera la última parte de ella, sino que se concentra en el final».[26] La Iglesia está exenta solo de la ira divina, y Gundry coloca el Rapto de la Iglesia justo antes del fin, antes de Armagedón. Esto *no* significa, sin embargo, que la Iglesia estará exenta de persecución y muerte de parte de Satanás o de la Humanidad.

Además, aún si la ira divina empieza antes de las copas, esto no sería decisivo en contra del postribulacionismo, «porque la Iglesia recibirá protección a lo largo de todo el tiempo, igual que recibirán protección cualquier otro santo de la Tribulación y los 144 000».[27]

Los defensores de la posición mesotribulacionista, como J. Oliver Buswell, tienen cierta similitud con el postribulacionismo de Gundry en puntos importantes. La Iglesia estará presente durante la Tribulación, pero esta presencia no implica la ira divina en contra de la Iglesia. En Mateo 24:29-31, nuestro Señor enumera las señales que seguirán a la Tribulación. Habrá grandes trastornos cósmicos «inmediatamente después de la tribulación de aquellos días» (Mt 24:29; cp. Mt 13:24-25; Lc 21:25-26). Estos trastornos cósmicos están relacionados con las copas, no vienen durante la tribulación, sino *después* de ella. Si bien la Tribulación será única en lo cuantitativo, no lo será en lo cualitativo. La Tribulación es por lo común la ira del hombre contra el pueblo de Dios. Por tanto, es la suerte de Su pueblo en todos los tiempos.[28]

La ira divina, para Buswell, es otra cuestión. La salvación es liberación de esta ira (Ro 5:9; 1 Ts 1:10). Por lo tanto, él cree: «Aunque estas referencias a la salvación de la ira no declaran de manera definitiva, por sí mismas, que el Rapto de la Iglesia tendrá lugar antes del derramamiento de las copas de la ira, con todo, estas referencias armonizan con esa perspectiva».[29]

Los pretribulacionistas están de acuerdo entre ellos en dos puntos relacionados con la cuestión de la ira. Primero: sostienen que *el total*, y no solo una parte, de la semana septuagésima será un tiempo de ira divina. Segundo: el medio para proteger a la Iglesia es *sacarla* de este período mediante el Rapto.[30]

Permítame resumir el argumento hasta este punto. Hay un acuerdo general en relación con el principio de que Dios ha prometido a la Iglesia exención de la ira divina. El desacuerdo surge en cuanto al comienzo de esa ira divina y en cuanto al medio de la protección divina. Me gustaría ir ahora a examinar la primera área de desacuerdo. ¿Cuándo empieza la ira divina?

Una manera que podemos tratar de resolver la disputa es observar el uso de la palabra *ira* en Apocalipsis. Las palabras ὀργή y θυμός aparecen seis y diez veces respectivamente en el libro. Estos casos están relacionados con el regreso de Cristo a la tierra (en Ap 19:15, aparecen ambas palabras). En Apocalipsis 12:12 podemos ver la ira del dragón en contra de la mujer. Nueve de los usos tienen claramente que ver con el fin de la tribulación (p. ej.: Ap 14:8, 10,; 15:7; 16:1, 19; 18:3). Este sería el tiempo en que los mesotribulacionistas y Gundry ubicarían el Rapto de la iglesia.

Hay, sin embargo, cuatro veces en que una de las dos palabras aparece que merecen comentario. La primera es en Apocalipsis 15:1. El contexto relaciona las plagas de las que se habla con los juicios de las copas. En estos juicios la ira de Dios queda «consumada» (ἐτελέσθη). El verbo «consumado» es un aoristo; puede ser entendido como constativo, complexivo o efectivo. Este aoristo puede ser concebido como un todo sin referencias a un comienzo, progreso ni fin, y representado como completo.[31] Se podría referir a los juicios de las copas en cuyo caso sería no decisivo con relación a nuestra cuestión en cuanto a la afirmación de que con ellos *termina* la ira. Sin embargo, es posible que las plagas tengan una referencia más allá de las copas nada más, puesto que los otros juicios que no son las copas son llamados plagas (p. ej., Ap 9:18). De hecho, parece que se habla de plagas para referirse a todos los juicios en el libro (Ap 22:18). Si es así, entonces en *todos* los juicios del libro la ira de Dios queda consumada.

Encontramos un segundo pasaje en Apocalipsis 11:18. Aquí tenemos el anuncio de que ha venido la ira de Dios (ἦλθεν). En el esquema de Gundry este anuncio ocurriría de nuevo al final del período, y entonces sería interpretado como un aoristo constativo. Sin embargo, para un mesotribulacionista, que pondría la séptima trompeta a mitad de la semana, este *podría* ser un aoristo ingresivo o dramático (un anuncio de que la ira de Dios está al comenzar) y eso hace que la ira comience a mediados de la semana.

Con mucho, los dos ejemplos más importantes aparecen en Apocalipsis 6:16-17. La palabra *ira* la encontramos en cada versículo. Esta es la primera referencia a la ira en el libro. Además, está asociada con los juicios de los sellos. Este pasaje nos da un buen ejemplo de la dificultad relacionada con la solución de asuntos teológicos como el que tenemos delante de nosotros. Gundry argumenta dos puntos en relación con este pasaje. Él sostiene que la ira de la que se habla en este texto, así como en otros, cae solo sobre los incrédulos. Además, el verbo aoristo ἦλθεν es un aoristo ingresivo o dramático. El aoristo ingresivo o inceptivo expresa un estado o condición de acaba de entrar.[32] Por otra parte, el aoristo dramático o proléptico funciona como un futuro, que tiene lugar después de la realización de algunas condiciones.[33] Esto significa que con el sexto sello la ira de Dios acaba de empezar o está a punto de empezar. Puesto que el sexto sello en el esquema de juicios de Gundry está cerca del final de la semana septuagésima de Daniel, la ira de Dios solo empieza al final de la semana. Los fenómenos en el cielo son los mismos que Jesús dijo que ocurrirían *después* de la tribulación, justo *antes* de su regreso (Mt 24:29, 30). En apoyo de una interpretación de un aoristo ingresivo o dramático, Gundry argumenta que «si la ira de Dios ha caído ya, ¿cómo podrían los malvados todavía huir buscando refugio? Más bien la ira de Dios está en el inicio de su derramamiento… o a punto de hacerlo…[34]

El punto de vista de Gundry es posible desde el punto de vista exegético. Note, sin embargo, que descansa en estos puntos discutibles: (1) Cada serie de juicios nos lleva hasta el final del período de la Tribulación. En algunos puntos de vista sobre los juicios, el sexto sello ocurriría en la primera mitad de la semana; para otros ocurrirá en mitad de la semana. (2) Cuando viene la ira, solo toca a los malvados. A mí me parece que la ira es tan general que viene para todos.[35] Este pasaje habla de la ira cayendo sobre grandes hombres, ricos y fuertes, esclavos y libres, así como sobre los reyes de la tierra y los jefes militares. Su respuesta puede indicar, sin embargo, que son incrédulos, pero la respuesta puede ser simplemente elegida de entre muchas que pueden estar registrada para mostrar que Dios está a punto de traer su juicio. Apocalipsis 3:10 dice que este período de prueba «vendrá sobre el mundo entero», indicando de nuevo el carácter general de la ira. Además, si los primeros sellos de juicio son la ira de Dios, un punto que está todavía por argumentarse, entonces resulta difícil ver cómo el hambre, la guerra y la muerte dejarían de afectar a los creyentes igual que a los no creyentes. (3) Si bien ἦλθεν puede ser un aoristo ingresivo o dramático, también puede ser constativo o complexivo. Esto significaría que la ira de Dios ha venido, no solo en el sexto sello, sino en los seis sellos vistos como un todo. Además, debe notarse que la declaración acerca de la ira de Dios está en las bocas de los incrédulos, no en los mensajeros angelicales o divinos. Bien puede ser que con la creciente severidad de los juicios, las personas empiecen a reconocer que eso no es solo un golpe de mala suerte, sino el derramamiento de la ira de Dios. La pregunta de Gundry de por qué los malvados buscarían refugio tiene una respuesta sencilla. Ellos no tienen ni idea de cuánto más juicio o ira esperar. Por tanto, ellos no tienen ni idea de si la ira de Dios está a punto de terminar. Supongamos que hubiera un gran terremoto en Los Angeles; las personas buscarán lugares seguros porque ellas no sabrán si van a experimentar más movimientos sísmicos o si todo habrá terminado. O si hubieran estado leyendo sus Biblias y hubieran encontrado lo que estaba por delante en los juicios finales, sería comprensible que huyeran.

Una segunda posibilidad de resolver la controversia es intentar identificar el comienzo de la ira divina con la llegada del día del Señor. Un buen número de pretribulacionistas sostienen que el día del Señor empieza justo después del Rapto o al menos con el comienzo de la Tribulación.[36] Es posible que el argumento más fuerte en apoyo de este punto de vista sea la identificación del Hombre de Pecado (2 Ts 2:3) con el príncipe que hace el pacto con muchos y empieza la semana septuagésima de Daniel (Dn 9:27). Sin embargo, puesto que hay dos obras maestras satánicas en la escena durante la tribulación (cp. las dos bestias de Ap 13), el príncipe y el hombre de pecado puede que no sean la misma persona. Además, Gundry presenta algunos argumentos formidables en contra de que el día del Señor empiece con el Rapto o con el comienzo de la Tribulación. Los puntos más significativos que él señala son: (1) Los sucesos que acompañan la llegada del día del Señor en el Antiguo Testamento parece que tienen un paralelismo con los juicios en Apocalipsis que se relacionan con el Armagedón y el *fin* de este período. (2) El día no puede empezar sin la revelación del Anticristo y la apostasía. Si el día del Señor empieza con el Rapto o la Tribulación, entonces estos sucesos volverán a aparecer para venir antes del Rapto, que se supone que sea un evento inminente y sin señales.[37] (3) Apocalipsis 11:1-13, piensa Gundry, requiere la aparición y el ministerio de

Elías. Este ministerio abarca la segunda mitad de la Tribulación, de modo que el día del Señor no podrá preceder a la aparición de Elías.[38]

Pienso que Gundry puede tener razón al razonar que el día del Señor no empieza con la Tribulación, aunque yo empezaría el día del Señor en mitad de la semana (cp. Jer 30:7; Jl 2:1-11; Mt 24:15; 2 Ts 2:3-34). De manera que el *terminus a quo* del día del Señor no es definitorio, a menos que uno asuma que la ira divina coincide con el día del Señor. Dicho de otra forma, la ira divina puede que no esté confinada solo al día del Señor.

¿Hay alguna evidencia de que el total de la tribulación sea el derramamiento de la ira de Dios? Pienso que sí. Si bien es cierto que los juicios del período de la Tribulación se intensifican en cantidad y severidad, pienso que aquellos que tratan de distinguir variedades de angustias o iras descuidan la relación de Apocalipsis 4 y 5 con los juicios que siguen. Mientras que nuestro Señor se encontraba en esta tierra Él declaró que *todos* los juicios habían sido delegados en sus manos (Jn 5:22). La toma de posesión de esta autoridad judicial aparece establecida de manera sorprendente en las escenas de Apocalipsis 4 y 5. Es cierto, su autoridad no es completamente desempeñada hasta que no queden terminados los sucesos de Apocalipsis 20:11-15. Pero no comienza con los capítulos 4 y 5. Solo Cristo tiene la autoridad para tomar el rollo y romper *sus sellos. Cada juicio* desde el primer sello hasta el último juicio viene como la ira *retributiva* de Dios. Los primeros sellos se relacionan con el rompimiento de los sellos del rollo que le entregan a Cristo. Es el Cordero, Cristo, quien rompe los sellos antes que empiece la ira (Ap 6:1, 3, 5, 7, 9, 12). Identificar la ira de Dios solo con su intervención *directa* es pasar por el alto el hecho que tanto la agencia primaria como la secundaria pertenecen a Dios. ¿*Negará* alguien que el Reino de Norte fue juzgado por Dios porque Asiria lo conquistó? ¿Se libró el Reino del Sur de la ira de Dios por su pecado porque el instrumento del juicio fue Nabucodonosor de Babilonia? Sin duda alguna la respuesta es no. ¿Entonces por qué pensaría alguien que debido a que los primeros sellos y trompetas se relacionan con la hambruna y la guerra así como con fenómenos naturales, no pueden ser y no son expresiones de la ira de Dios? ¿No es característico de los juicios de Dios que

Él retenga los aspectos más severos de los mismos hasta que el pecador haya mostrado que no está dispuesto para nada a arrepentirse?

Insistamos en este punto en otro contexto; nunca lo enfatizaremos en exceso. Supongamos que alguien dice que la actividad divina en la historia está confinada a los milagros pero no a la Providencia. ¿Estaría usted de acuerdo? Pienso que no. La providencia es en todos los sentidos un *acto* de Dios como lo son los milagros. Incluso la opresión de Israel por Satanás y la tiranía del Anticristo y del falso profeta son expresiones de la ira divina. El incidente de la vida de David en que él hizo un censo de Israel muestra que Dios usó a Satanás para llevar juicio (2 S. 24:1; cp. 1 Cr. 21:1). La actividad de *todo* el período procede de la actividad del Cordero que es digno; es Él quien rompe los sellos (Ap 5:11-14; cp. Ap 6:1, 3, 5, 7, 9, 11). No podemos exegéticamente clasificar la ira en varias clases y distinguir a sus receptores, y de esta forma evitar la conclusión de que toda la semana septuagésima es un tiempo de la ira retributiva de Dios. Me parece a mí que si la Iglesia experimenta estos juicios, esta promesa a la *Iglesia* queda invalidada. Si estoy en lo correcto en este punto, el argumento afecta tanto a los defensores de la posición mesotribulacionista como a los del postribulacionismo, puesto que ambas posiciones dejan de reconocer que la ira divina empieza con el primer sello y el comienzo del período de la Tribulación.

Se podría objetar que los argumentos que acabamos de presentar no muestran la inevitabilidad del Rapto en la pretribulación.[39] Todo lo que los argumentos muestran es que a la Iglesia se le ha prometido protección, no Rapto, de la ira divina, y que la ira empieza con el comienzo del período de la Tribulación. Así, pues, ahora nos vamos al segundo de los argumentos.

A la Iglesia se le prometió no solo la exención de la ira divina sino también del tiempo de la ira

Esta promesa está contenida en Apocalipsis 3:10. Townsend observa que ningún versículo establece en sí la relación entre el Rapto y la Tribulación, pero este se acerca mucho.[40] Y es por esta razón que Gundry dice que es el versículo más debatible en la discusión sobre el

Rapto.[41] Todos los participantes en la discusión están de acuerdo en que a la Iglesia se le promete protección. Lo que nos divide tiene que ver con la naturaleza de esa protección. Los postribulacionistas creen que la protección prometida es dentro de la Tribulación (preservación interna). Los mesotribulacionistas adoptan una posición intermedia. Ellos ven la protección tanto interna como externa, pero la protección externa empieza en mitad de la semana septuagésima de Daniel.

La frase clave es κἀγώ σε τηρήσω ἐκ τῆς ὥρας τοῦ πειρασμοῦ («yo también te guardaré de la hora de la prueba»). La palabra τηρήσω se traduce generalmente como «guardar», pero la mayoría estaría de acuerdo que «preservar» o «proteger» es más exacto. Por eso Townsend puede escribir: «Sea cual sea lo que implique la promesa, su más grande fruto será la preservación y protección genuinas de la Iglesia durante la hora de la prueba».[42]

La naturaleza de la protección queda indicada por la palabra ἐκ. Todos los léxicos y gramáticas están esencialmente de acuerdo en que ἐκ significa «fuera de, salir de dentro».[43] Los postribulacionistas entienden esto de dos formas. La Iglesia estará *en* la Tribulación o en el tiempo de dificultad de Jacob, pero protegida, ya sea porque (1) es removida (o quitada) de este tiempo o (2) es preservada a través de él.[44] Si Juan hubiera querido expresar protección a través de este período, ἐν o διά habrían servido mejor. Además, puesto que muchos santos mueren bajo persecución a manos del Anticristo, Satanás y los malvados, uno podría preguntarse en qué sentido son «preservados».

Eso nos deja con el primer punto de vista: sacar de dentro de la hora de la prueba. Lo que Gundry defiende es una forma modificada de este punto de vista. Él argumenta que ἐκ es una preposición de movimiento (de pensamiento o de dirección física). Significa *salir de dentro*. No representa una posición ya tomada fuera de su objeto. Es decir, no puede representar una posición estacionaria fuera de la esfera de la tribulación Si se usa ἐκ alguna vez sin la *idea de salida*, ese uso es excepcional. El significado aquí es que la Iglesia está en la Tribulación, pero sacada de ella. Esa perspectiva, Gundry sostiene, encaja en un esquema postribulacional de escatología.[45]

Jeffrey Towsend ha argumentado de manera convincente que «existe suficiente evidencia a lo largo de la historia del significado y uso de ἐκ que muestra que esta preposición puede también *indicar una posición fuera de su objeto sin pensar en una existencia previa dentro del objeto ni saliendo del objeto*» [cursivas añadidas por él].[46] Resumiré este argumento.

Liddell y Scott dan varios ejemplos de esta preposición en la literatura clásica, en particular entre los escritores tempranos, bajo el encabezamiento, «de posición, *fuera de, más allá de*». Citan la interpretación que hace Murray de ἐκ βελέων en La Ilíada (la traducción importante está en cursivas): «A partir de entonces, nos mantendremos a distancia de la lucha, *más allá del alcance de los proyectiles*, no sea que accidentalmente recibamos herida tras herida...».[47] En esta y otras ocasiones, aunque son raras, ἐκ *no puede* significar a las claras un movimiento de «salir de dentro». Gundry no ignora esta evidencia, pero la limita a los autores más tempranos y a ciertas formas anticuadas de expresión.[48] Ya sea que eso sea así o no, la evidencia presentada muestra que aun en las etapas primeras del desarrollo de la lengua griega ἐκ podía indicar una posición exterior de así como un movimiento de «fuera desde dentro».[49]

En la Septuaginta continúan los ejemplos de la posición exterior de ἐκ. En Proverbios 21:23 encontramos un ejemplo importante. Allí el verbo διατηρεῖ + ἐκ se usa: «El que *guarda* (διατηρεῖ) su boca y su lengua, su alma guarda de (ἐκ) angustias». Las ideas de una existencia previa o emisión están ausentes. Además, este es un ejemplo significativo dado que el verbo διατηρέω está compuesto de τηρέω, el cual se usa en Apocalipsis 3:10. La preposición διά está prefijada, y solo sirve para intensificar, no cambiar, la idea del verbo.[50]

Proverbios 21:23 no es un caso único. La posición exterior la podemos demostrar en un número de casos donde se usan los verbos sinónimos de τηρέω: Josué 2:13 (ἐξαιρέω + ἐκ); Salmo 33:19 (LXX 32:19); 56:13 (LXX 55:13); Proverbios 23:14 (los tres tienen ῥύομαι + ἐκ); y posiblemente el Salmo 59:1-2 (σῶσον + ἐκ, ἐξελοῦ + ἐκ, y ῥῦσαι + ἐκ) donde el significado podría ser «sálvame guardándome de la mano de los enemigos que me rodean».)[51] De este modo la Septuaginta nos da evidencia de ἐκ donde tiene una posición exterior de su objeto y los ejemplos no son tempranos ni inmóviles. Encontramos otros ejemplos en Josefo.[52]

No solo es posible encontrar ejemplos fuera del Nuevo Testamento, sino que el Nuevo Testamento ofrece también evidencia de tales usos. Hechos 15:29 es un caso en este sentido. Igual que en Proverbios 21:23, διατηρέω + ἐκ provee la posición exterior. Los hermanos en Jerusalén enviaron una carta a los gentiles en Antioquía pidiéndole «*abstenerse* de ciertas prácticas que son ofensivas para sus hermanos judíos». La petición es para la abstención futura, y no una acusación de prácticas de las que los gentiles tienen que abstenerse en el futuro.[53]

Hay también al menos otros cuatro versículos del Nuevo Testamento que merecen ser examinados porque contienen verbos usados con ἐκ, donde ἐκ refleja una posición fuera de su objeto.

Juan 12:27 es importante para nuestro estudio, puesto que fue escrito por el mismo autor; usa un sinónimo de τηρέω (en este caso σώζω), y el verbo está seguido por ἐκ. Jesús dice: «Padre, sálvame de esta hora difícil». La primera pregunta que surge es si Jesús pedía protección en una hora en la que Él ya había entrado (preservación de dentro) o protección de toda esa hora (preservación de fuera). El verbo σώζω puede interpretarse en ambos sentidos. A. T. Robertson está seguro de que Jesús ya había entrado en esa hora.[54]

En contra del punto de vista de Robertson está la manera en que se usa la palabra *hora* en Juan 7:30; 8:20; y en el contexto inmediato, 12:23-24; para referirse a la traición y muerte de Jesús seguida por su resurrección. La hora entonces es futura, y la petición de Jesús es que lo salven de ella. Lo correcto de esta interpretación está apoyado por la forma en que otros escritores de los sinópticos recogen esta petición. Mateo dice: «Padre mío, si es posible, pase de mí esta copa» (26:39, RVR 1960), y Lucas escribe: «Padre, si quieres, pasa de mí esta copa» (22:42, RVR 1960). Parecería entonces que Jesús pide una preservación *de* más bien que liberación *en* o *a través de* la hora de su agonía. Si es así, Juan 12:27 es un ejemplo (como Ap 3:10) de ἐκ que indica la posición exterior.[55]

Hebreos 5:7 es un segundo texto que es relevante para nuestro estudio. Las palabras griegas cruciales son σώζειν . . . ἐκ θανάτου («Al que podía *salvarlo de* la muerte»). Por la descripción de la oración (p. ej. «súplicas con fuerte clamor y lágrimas») podemos identificarla con la oración en Getsemaní (Mt 26:39; cp. Mr 14:36; Lc 22:42). Jesús no está pidiendo una salvación *de fuera* de la muerte porque eso no sería consistente con Lucas 22:42 donde pide que le eviten beber la copa. Por tanto, si Hebreos 5:7 lo tenemos que armonizar con los relatos de los Evangelios, entonces el énfasis habría que hacerlo en preservarlo de la muerte, no en resucitarlo de la muerte (esto sería la posición exterior, no la de emerger de dentro).[56]

Santiago 5:20 es otro caso de σώζω + ἐκ donde el significado de ἐκ es una posición exterior del objeto. El texto griego dice σώσει . . . ἐκ θανάτου: «lo salvará [al pecador] *de* la muerte». Por el versículo 19 sabemos que se habla de un hermano que se ha extraviado de la verdad y necesita que le ayuden a regresar (ἐπιστρέφω) a su anterior forma de vida. Si se trata de un hermano que ha abrazado las doctrinas o prácticas falsas, entonces la muerte de la que se habla en 5:20 es la muerte física. Otra manera de expresarlo es que si las Escrituras enseñan la seguridad del creyente, entonces de lo que debe estar hablando el autor es de la muerte física. Por 1 Corintios 11:30 sabemos que a la Iglesia se le enseñó que permanecer en el pecado resultaba en enfermedad y muerte prematura (cp. Stg 5:15-16). Entonces si la muerte en este versículo es física, ἐκ no puede significar «salir de dentro» sino que debe querer decir «que está fuera» de su objeto.[57]

El último texto del Nuevo Testamento a considerar relacionado con Apocalipsis 3:10 es Juan 17:15. La importancia de este versículo para nuestra discusión no puede ser exagerada. Esta es la única otra ocasión que vemos τηρέν + ἐκ en el griego clásico o bíblico. Es, además, significativo que ambos ejemplos nos vienen de los labios del Señor y de la pluma de Juan.[58]

Hay dos peticiones en este versículo.[59] La primera petición en 17:15a es negativa y se usa αἴρω y ἐκ. Jesús está pidiendo aquí que sus discípulos no sean quitados físicamente de la tierra. Si bien el quitarlos hubiera sido una forma de preservarlos, eso no les habría permitido llevar a cabo otros mandatos y propósitos que Dios tenía para ellos (p. ej., dar testimonio, Jn 15:27). La presencia de αἴρω + ἐκ es de interés aquí. El verbo (αἴρω) lleva naturalmente a la idea de movimiento, incluso movimiento fue de (cp. δι ἐρχόμενοι, Ap 7:14). De modo que parece que el punto de vista de la postribulación, que Gundry defiende con Apocalipsis 3:10 podría haber sido expresado mejor por αἴρω ἐκ. El comentario de Townsend tiene sentido también: «Esto nos lleva a la necesidad de considerar el verbo y la preposición juntos y no solamente aislar los componentes de la expresión. El contexto es también un factor importante para decidir la fuerza exacta de la frase. Los discípulos estaban en el mundo (17:11), de modo que en Juan 17:15a ἐκ debe significar "salir de dentro"».[60]

En 17:15b tenemos la segunda petición. Presenta un contraste con la primera y aparece introducida por la preposición griega ἀλλα. La petición es que sean protegidos del (τηρέω + ἐκ) Maligno.[61] Gundry argumenta que τηρέω ἐκ no puede ser el Rapto ni los resultados del Rapto en Apocalipsis 3:10 puesto que en el único otro caso en que aparece está opuesto a αἴρω ἐκ, un verbo y una preposición que describirían al Rapto (vea mis comentarios arriba sobre αἴρω + ἐκ). Sin embargo, lo que Gundy y otros postribulacionistas tienden a pasar por alto es que los pretribulacionistas afirman la justificación para su posición *basados en el efecto combinado del verbo y la preposición en contexto.*[62] Aquí el contexto tiene a los discípulos *en* el mundo físico. Esto combinado con el significado de αἴρω y su uso con ἐκ le da a 17:15a la idea de retirar de dentro. La situación en 17:15b es completamente diferente. Los discípulos no estaban espiritualmente en el maligno cuando Jesús oró. Es este hecho en conjunción con el significado de τηρέω, el cual tiene la idea de protección no de movimiento, lo que requiere el ἐκ de 17:15b para ser entendido como preservación en una posición exterior del objeto de la preposición.[63]

La interpretación que da Gundry de Juan 17:15b está en desacuerdo con este punto de vista. Él dice que los discípulos se encontraban *en* la esfera moral del maligno, y que Jesús oraba por su protección puesto que se iban a quedar en el mundo (Jn 17:15a).[64] Este es un punto importante de desacuerdo, y creo que Gundry está equivocado. Mis razones son las siguientes: Primero: la posición de Gundry está más de acuerdo con el tema de Juan 17:17-18. Allí se habla de la progresión en la santificación y de la protección de los asaltos morales del Maligno. Por otro lado, el contexto inmediato de 17:15, los versículos 11-16, está relacionado con la salvación y la posesión de la vida eterna.[65]

Segundo: esta interpretación parece contraria al énfasis juanino de la separación del creyente del reino de Satanás. El creyente camina en la luz en oposición a las tinieblas, y tiene vida en oposición a estar muerto. Primera de Juan 5:18-19 expresa esta idea. El Maligno no *toca* (ἅπτω) al cristiano porque ha nacido de Dios. Esto aparece contrastado con el no creyente que sigue sometido al poder del maligno.[66]

Por último, el punto de vista de Gundry no sigue la enseñanza general del Nuevo Testamento de que el creyente ha sido trasladado del dominio de Satanás al reino del Hijo de Dios (Col 1:13). Los discípulos no se encontraban, como Gundy y algunos postribulacionistas suponen, en la esfera moral, en el dominio del maligno. Jesús ora para que Dios los guarde. Esto está exactamente en línea con Juan 10:27-29, donde Jesús dice que nadie es capaz de arrebatar a los creyentes de la mano del Padre. Eso, si yo estoy en lo correcto en el punto que estamos tratando, τηρέω ἐκ en Juan 17:15b es una expresión de protección de una posición *de fuera*.[67]

La aplicación de esto a Apocalipsis 3:10 es como sigue: Así como los discípulos no estaban bajo el dominio del Maligno, los creyentes de Filadelfia no lo estarían en la hora de la prueba. La promesa de nuestro Señor es mantenerlos fuera de la hora de la prueba. Si esto es así, no describe al Rapto en sí mismo. En su lugar mira hacia los resultados o consecuencias del Rapto. Apocalipsis 3:10 no describe la manera en que se lleva a cabo esa protección, solo nos habla de la condición de la Iglesia durante esa hora.[68]

Como ahora hemos completado nuestro estudio del verbo y la preposición, τηρήσω ἐκ, estamos listos para examinar el resto de la promesa, el objeto de ἐκ (τῆς ὥρας τοῦ πειρασμοῦ) «la hora de la prueba». Es obvio que la promesa tiene que ver con un tiempo específico; τῆς es el artículo de la referencia previa. Jesús habla de un tiempo bien conocido de angustia y dificultades. Este era el tiempo de la tribulación (Dt 4:26-31; Is 13:6-13; 17:4-11; Jer 30:4-11; Ez 20:33-38; Dn 9:27; 12:1; Zac 14:1-14; Mt 24:9-31). Aparece aún más especificado por las frases calificativas de 3:10 como el tiempo del que se habla en Apocalipsis 6—18. La combinación de ἐκ τῆς ὥρας es significativa. Lo que se promete es una *preservación fuera de un período de tiempo*. Esta combinación de términos es lo que ha llevado a los pretribulacionistas a afirmar que la Iglesia no puede estar en este período. Thiessen indica correctamente que la promesa se refiere a una *exención de un período de prueba.*[69] Ryrie señala lo siguiente: «Es imposible concebir estar en el lugar donde algo esté ocurriendo y ser eximido del tiempo en que está sucediendo».[70]

Gundry trata de debilitar la fuerza de «la hora» de tres formas. Primero: sugiere que la hora transcurrirá en el cielo así como en la tierra.[71] Algunos piensan que el cielo está fuera del tiempo y están en desacuerdo con Gundry. Pero lo que está bien claro es el hecho de que esta hora vendrá a una «tierra habitada» (οἰκουμένης). Esta es una hora que está claramente relacionada con la tierra.[72]

Segundo: argumenta que la «hora de la prueba» enfatiza las pruebas, no la idea del tiempo.[73] Si bien Delling reconoce esta posibilidad, él no obstante ve a Apocalipsis 3:10 como un ejemplo de ὥρα en el sentido de un «tiempo divinamente señalado para la realización de los acontecimientos apocalípticos».[74] Hay que añadir también que la presencia del artículo indica que es idéntico a una hora bien conocida (cp. Dn 9:27). Tiempo y eventos están entremezclados aquí.

Tercero: Gundry cita Jeremías 30:7 (LXX 37:7) como una promesa paralela dada a Israel acerca del mismo período de tiempo. En este caso σῴζω se usa con ἀπό. A Israel se le promete quedar libre de la angustia de Jacob. Lo que él quiere decir es que la idea de separación es *más fuerte* en ἀπό que en ἐκ, con todo Israel está *en* este período, y no fuera de él. Por eso Gundry puede concluir: «Si un Rapto pretribulacional no era, ni lo será, requerido para su liberación del tiempo de la tribulación de Jacob, tampoco será requerido un Rapto pretribulacional para la preservación de la hora de la prueba».[75] ¿Es, no obstante, buena la sugerencia de Gundry? No lo creo. Hay una diferencia importante entre Jeremías 30:7 y Apocalipsis 3:10. El contexto de Jeremías 30, especialmente los versículos 6-7, muestra que Israel está *ya dentro* del tiempo de angustia. Por tanto, la única clase de liberación que es posible es la liberación desde dentro del período. Apocalipsis 3:10 no pone a la Iglesia dentro de la hora. Por consiguiente, su liberación podía ser una *exención del período de tiempo.*

Townsend puede concluir:

> Esto queda confirmado en Mateo 24, donde se les dice a los judíos que huyan de la persecución de aquel que profana el templo y en Apocalipsis 12 , en que vemos al dragón perseguir a la mujer y a su hijo. En Jeremías 30:7 a la nación se le promete liberación de este tiempo de dificultad. De modo que las promesas son diferentes y no comparables. A Israel se le promete un rescate de dentro del tiempo de angustia; a la Iglesia se le promete preservación de la hora de la prueba. Solo la última situación demanda el Rapto de la tierra al cielo.[76]

A mí me parece que el hecho que la Iglesia sea sacada de este período queda aún más apoyado por dos frases calificadoras: «que vendrá sobre el mundo entero» y «para poner a prueba a los que viven en la tierra» (Ap 3:10, NVI). La hora de la prueba aquí parece ser universal, en contraste con una persecución local (cp. Ap 2:10). De modo que si la ira está cayendo *por todas partes*, resulta difícil ver cómo la preservación podría ser por otro medio que no sea el Rapto o la remoción. Además, el propósito de las dificultades es probar a los que viven en la tierra. La palabra griega πειράζω, «probar», aparece tanto en el griego secular como en el bíblico como una prueba para revelar el verdadero carácter de alguien.[77] Hay por lo común una intención negativa en la expresión «quebrantar» o «demostrar fracaso». Uno de los propósitos de este período es demostrar el fracaso completo del hombre no regenerado delante de Dios. El período de la Tribulación es así la evidencia final de condenación de los malvados.

Debe notarse que este período tiene una relación especial con τούς κατοικοῦντας ἐπί τῆς γῆς («los habitantes de la tierra»). Esta designación aparece otras siete veces en Apocalipsis 6:10; 8:13; 11:10; 13:8, 14; 17:8. En 6:10 los mártires claman por venganza contra los habitantes de la tierra. En 8:13 se pronuncian tres ayes en contra de ellos a causa de las tres últimas trompetas que van a venir. Ellos son los que sienten una satisfacción maligna por la muerte de los dos testigos en 11:10 y adoran a la bestia que sale del mar en 13:8. En 13:14

ellos son los individuos engañados por la bestia que sube de la tierra para que hagan una imagen de la primera bestia.

Estos habitantes de la tierra son los que miran asombrados a la bestia escarlata en 17:8, mientras que en 13:8 y 17:8 se añade que sus nombres no están escritos en el libro de la vida.[78] Charles[79] y Johnson[80] señalan que la frase proviene de la expresión idiomática hebrea (ישבי הארץ). En Isaías 24:1-56 y 26:9 esto casi se convierte en un término técnico para referirse a los que persiguen a los santos en la tribulación. Estos perseguidores son el *objeto* de la prueba y del juicio. Son los que adoran al emperador. Esto no significa, por supuesto, que los justos o los santos no están presentes en este momento. Sin embargo, el *propósito* de este período tiene una relación especial con los malvados. Este tiempo de prueba demuestra que son incorregibles en su oposición a Dios. *Ellos* son el objeto especial de la prueba y de la ira.

Debido a su importancia, permítame resumir lo que he argumentado: (1) He tratado de mostrar que el uso externo o de afuera de ἐκ está dentro del ámbito de las posibilidades exegéticas para la preposición. En cada período del desarrollo de la lengua griega se pueden encontrar ejemplos de este uso. (2) Juan 17:15b es el otro único momento en que aparece τηρέω ἐκ dentro del griego clásico o bíblico, y apoya la posición exterior de ἐκ. (3) La función de ἐκ se relaciona con la idea del verbo, algunos verbos son más apropiados para la moción o la emisión que otros. (4) La combinación del verbo τηρέω más ἐκ más τῆς ὥρας todo apoya el concepto de quitar o proteger de fuera. (5) Las frases calificadoras «que vendrá sobre el mundo entero» y «para poner a prueba a los que viven en la tierra» muestran que el carácter universal de la prueban demanda quitar (trasladar) y que los objetos primarios de los juicios son los habitantes de la tierra, y no es necesaria la presencia de la Iglesia. Si la primera consideración arriba establece la *posibilidad* de una interpretación de pretribulación, entonces los cuatro últimos puntos confirman su *probabilidad* mayor que la de otras alternativas.

La necesidad de un intervalo entre el Rapto de la Iglesia
y la Segunda Venida de Cristo

Se han dado una serie de razones para la necesidad de un intervalo entre el Rapto y la Segunda Venida. La recompensa de los santos, la preparación de la esposa o la distinción de la venida de Cristo a *buscar* sus santos y su venida *con* sus santos. Estas han sido casi siempre pasadas por alto por los que sostienen un Rapto postribulacional en una o dos formas. O bien estos eventos en cuestión pueden ocurrir en un momento de tiempo, y hay un amplio intervalo del tipo que un meso- o pretribulacionista sugería que es innecesario, o las diferencias son armonizadas en distintos aspectos de un evento único y complejo. Hay una faceta de este argumento que no se pasa por alto con facilidad, y pienso que señala la incompatibilidad entre el premilenarismo y el postribulacionismo. Me refiero a la necesidad de un intervalo, a fin de que los santos puedan ser salvados para entrar al Milenio con cuerpos glorificados.

Permítame desarrollar este argumento con algo de detalle. Para empezar es importante que veamos la *necesidad* de que los santos tengan cuerpos físicos no glorificados. Si bien el Milenio verá una reducción radical del mal y un florecimiento de los justos, el pecado todavía existirá (cp. la necesidad de los sacrificios en Ez 43:13-27; Is 19:21; y la rebelión que cierra el reinado terrenal de Cristo en Ap 20:7-10). Habrá enfermedad y muerte (Is 65:20). Habrá edificación de casas y plantación de viñas (Is 65:21-22). Por lo general, no se piensa en nada de eso como parte de la vida de los que están glorificados.

¿Por qué causaría esto un problema para los postribulacionistas? La dificultad surge del hecho de que el Rapto y la Segunda Venida de Cristo son simples aspectos de un evento único. Los justos que estén todavía vivos serán arrebatados en la Segunda Venida de Cristo y así serán glorificados (1 Co 15:51-52). Ellos entrarán al reino junto con los que hayan sido resucitados en la parusía de Cristo en cuerpos glorificados. Al mismo tiempo a los malvados, así sigue el argumento pretribulacional, se les privará de entrar en el Reino y serán entregados para el juicio final (p. ej., Mt 25:31-46). Si todos los justos están glorificados antes del Milenio y todos los malvados excluidos del Reino, ¿de dónde salen las personas con cuerpos no glorificados para poblar el Milenio?[81]

Si bien algunos postribulacionistas no han estado conscientes de este problema, muchos han tratado de ofrecer varias soluciones para resolverlo. Una respuesta común es que numerosos judíos considerarán a su Mesías en su regreso a la tierra después del Rapto, y serán salvos y entrarán en el reino con cuerpos físicos no glorificados (Zac 12:10—13:1; Ro 11:26). Ellos poblarán el Reino con sus cuerpos naturales.[82]

Gundry propone una variación muy interesante de esta resolución. Él sugiere que una función «verosímil» para los 144 000 es que ellos pueden constituir un remanente judío que será físicamente preservado a través de la Tribulación. Ellos se resistirán a las seducciones del Anticristo y se volverán a su Mesías cuando Él regrese. Serán hombres y mujeres que poblarán y repondrán la tierra milenial. Él sostiene este punto de vista a pesar del hecho de que Apocalipsis 1 parece decir que ellos son célibes; ellos no se contaminan con mujeres. Gundry entiende que esto se refiere a un celibato espiritual, no físico. Estos son los que se resisten a la seducción espiritual de Satanás y del anticristo.[83]

Hay dos respuestas que se pueden ofrecer para esta solución. Primera, hay algunos que argumentan que el arrepentimiento de Israel *precederá* al regreso de Cristo (Os 5:15—6:13; Mt 23:29). Israel se ve a sí mismo bajo la disciplina de Dios. Es el objeto especial de la persecución satánica (Ap 12:13-17). Dos tercera partes de la nación son aniquiladas por los gentiles (Zac 13:8, 9), y todas las naciones han puesto sitio a Jerusalén (Zac 12:1-5; 14:1-3). El fin parece estar cerca. La nación se vuelve a Dios en arrepentimiento. Su Mesías regresa ahora. La visión de Aquel a quien han rechazado no lleva a la salvación, más bien es la señal para un inmenso duelo por los años de rechazo (Zac 12:11-14). El regreso de Cristo *está señalado* por una aceptación de su Mesías más bien que una *señal* de su aceptación de Jesús como el Cristo.[84]

Segundo: incluso si la salvación de la nación sucede durante el regreso de Cristo, esto en sí mismo no resolvería el problema. Despierta la pregunta de por qué estos judíos no son arrebatados de inmediato para recibir sus cuerpos glorificados.[85] Además, hay muchos pasajes que hablan de los gentiles poblando el Milenio en cuerpos no glorificados (p. ej., Is 19:18-25; Zac 14:16-21; Is 60:1-3), y la solución antes mencionada solo permite a los judíos entrar en el Reino con cuerpos naturales.

Una segunda manera de resolver este problema es negar que todos los malvados sean destruidos a la venida de Cristo a la tierra.[86] Si todos los justos son arrebatados y todos los impíos perecen, entonces habrá una enorme despoblación de la tierra. Sin embargo, las Escrituras no demandan que todos los incrédulos sean destruidos en el momento de la Segunda Venida. En su lugar, solo los incrédulos que tienen una rebeldía activa perecerán al regreso de Cristo, y así se cumplen pasajes tales Apocalipsis 19:15-18 y Jeremías 25:31. Por tanto, *muchos*, incluso la *mayoría* de los que se oponen a la verdad serán destruidos, pero no *todos*.[87]

Bell tiene razón en lo que dice; el único problema es que eso soluciona solo una parte del problema. Los pretribulacionistas pueden estar de acuerdo con él, pero nosotros respondemos de esta forma. La *eliminación completa* de los malvados para que no entren en el reino *depende no solo* de la destrucción de los malvados en el descenso de Cristo en el Segundo Advenimiento, *sino también* de la separación de las ovejas de los cabritos en el juicio que sigue (Mt 25:31-46). Si bien muchos incrédulos morirán en el regreso de Cristo, los dos juicios que siguen eliminarán a todos los restantes. Ezequiel 20:37-38 indica que cuando Israel esté establecido en su tierra al regreso del Mesías, habrá una renovación del pacto (v. 37) y la separación de los rebeldes de la nación (v. 38). Esto es, todos los malvados serán separados de Israel. Todos los restantes gentiles incrédulos serán eliminados en el juicio de las ovejas y los cabritos (Mt 25:31-46). Por tanto, *ningún* malvado entrará en el reino.

Una tercera respuesta podría ser que los malvados entren en el reino, en línea con algunos pasajes que enseñan que los malvados viven en el período del reino (p. ej., Is 37:32; 66:15-20; Joel 3:7-8; Zac 14:16-19; y Ap 20:7-9).[88] El problema de esta propuesta es que en realidad no aporta ninguna solución. Hay dos asuntos relacionados con esta cuestión que consideramos, la *entrada* de los santos no glorificados (justos o malvados) en el reino y la *existencia* de malvados en el Milenio. Todos los premilenaristasestán de acuerdo en que habrá malvados en el reino. Pero dése cuenta que eso depende de la entrada de los santos no glorificados en el Milenio. Si eso no es posible, entonces *no* hay explicación para la existencia de los malvados en este período.

Los argumentos que presentan los pretribulacionistas y los mesotribulacionistas son dados para mostrar que los postribulacionistas no pueden dar una explicación a la *entrada* de ningunas personas en cuerpos
no glorificados. Los justos son arrebatados, y los malvados son excluidos por medio de la muerte y del juicio. De modo que simplemente
decir que los malvados existen en la era del reino *no* es una respuesta a
este problema. ¿Cómo entran?

   ¿Qué se puede decir acerca de los pasajes citados arriba? Caen en
una de estas tres categorías. Primera: algunos pasajes no tienen aplicación. Isaías 37:32 tiene que ver solo con la liberación del asedio durante el tiempo de Ezequías. Joel 3:7-8 parece que habla del juicio que
vendrá *antes* que empiece el reino. Sin duda alguna, los malvados existen en el tiempo de la tribulación antes del fin.

   Segunda: determinados pasajes enseñan que habrá algunos que
sobrevivan al juicio antes que empiece el Milenio. Esto es cierto. Nadie
niega esto, pero eso no es suficiente, porque el argumento es que aquellos que sobreviven y son malvados, serán excluidos del reino como los
cabritos de Mateo 25:31-46. Sin embargo, ¿no entran algunos de los
sobrevivientes en el reino? Eso es lo que parece suceder. Pero también
parece que son justos, no malvados. En Isaías 66:19-20 van y declaran
la gloria de Dios y se reúnen con otros que son llamados «hermanos»
para adorar a Dios. Zacarías 14:16-19 nos enseña que los egipcios so-
brevivirán, y también establece un castigo si ellos dejan de celebrar la
fiesta de los Tabernáculos. Por la amenaza se podría pensar que estos
son incrédulos. Pero creo que eso es equivocado. Isaías 19:18-25 enseña que «Egipto» se convertirá en aquel día. Vendrán a ser pueblo de
Dios. La razón por la que se promete castigo es que, aunque redimidos, los que entren en el reino no estarán todavía glorificados, lo cual
hace que sean capaces de pecar. Tercero, algunos pasajes como Apocalipsis 20:7-9 muestran que al final del reino existirán personas malas y
se rebelarán contra Dios. No dice nada acerca de *entrar* en el reino.

   Como yo creo que esto es muy importante, permítame darle los
argumentos positivos por los que pienso que los malvados no entran
en el reino. Hay tres líneas de evidencia. Primera: la ya mencionada enseñanza de las Escrituras es hay juicios que preceden al Milenio
(Mt 25:31-46, gentiles; Ez 20:37-38, judíos). Segunda: hay pasajes

que enseñan que los malvados no escaparán al juicio del día del Señor en la venida de Cristo. Isaías 24:22 no solo tiene que ver con los reyes de la tierra, sino también con las huestes celestiales. Dice que serán amontonados como encarcelados en mazmorras y *encerrados*. Más tarde, después de muchos días, serán castigados. Sofonías 3:8 enseña que la ira de Dios será derramada y que «será consumida toda la tierra». 1 Tesalonicenses 5:3 dice que caerán sobre los incrédulos los ayes de la tribulación, y «no escaparán». 2 Tesalonicenses 2:12 declara que cuando Cristo venga, Él juzgara a aquellos que «no creyeron a la verdad, sino que se complacieron en la injusticia». Entre la destrucción en el regreso de Cristo y el juicio que sigue, los malvados serán juzgados. Tercera: numerosos pasajes enseñan que hay un requisito de justicia para entrar en el reino. Jesús dijo a las multitudes que si su justicia no era mayor que la de los escribas y fariseos no entrarían en el reino de los cielos (Mt 5:20). En otro lugar Jesús dijo que solo llamarle a Él «Señor» no le garantizaría la entrada a nadie en el reino. Uno tenía que hacer la voluntad de Dios (Mt 7:21). Jesús, cuando habló con Nicodemo, le dijo que si no «nacía de nuevo» no entraría en el reino de Dios (Jn 3:3, 5). Esto sin duda significaba más que el cielo para Nicodemo.

¿Pero no es esto también un problema para los pretribulacionistas, así como para los mesotribulacionistas? No si uno diferencia las condiciones que rigen en la inauguración del reino y las que van teniendo lugar según progresa el período. Solo los justos, glorificados y no glorificados, entran en el reino, pero más tarde en el período los que estén con cuerpos no glorificados procrearán de manera normal. Algunos de sus descendientes no creerán. Por tanto, los malvados o rebeldes en el reino, según avanza el período, son los hijos incrédulos de padres creyentes. Solo esto puede armonizar todo lo que dicen las Escrituras sobre el asunto.

Gundry sugiere una cuarta solución. Como buen premilenarista, sostiene que hay *dos* resurrecciones, una antes del reino para los justos y otra después del Milenio para los malvados, pero él ve solo *un juicio general*. Esto es, que los justos resucitan antes del comienzo del reino y disfrutan de sus bendiciones. Sin embargo, no todos los malvados son eliminados. Muchos morirán en los juicios que preceden inmediatamente al Segundo Advenimiento, pero no todos serán destruidos.

Además, si usted traslada el juicio de Mateo 25:31-46 al período *después* del Milenio más bien que *antes* de él, habrá injustos, aunque en un número muy reducido, que entren en el reino.[89]

El enfoque de Gundry es una solución genuina del problema si puede encajar con las Escrituras. La cuestión decisiva es si el juicio de Mateo 25 puede ser armonizado con el de Apocalipsis 20 y si son idénticos. Hay algunas diferencias evidentes. En Mateo hay ovejas y cabritos, buenos y malos, mientras que en Apocalipsis se habla de los malvados. Gundry dice que esto se puede armonizar. Además, los pasajes que enseñan que hay recompensas a la venida de Cristo no necesitan un juicio *formal*. El castigo pronunciado sobre los cabritos (castigo eterno) y las recompensas que se dan a los justos (vida eterna) concuerdan mejor con el estado eterno que con el reino milenial.[90]

A pesar de todos los razonamientos de Gundry (algunos son más convincentes que otros) hay una razón decisiva para rechazar su punto de vista. Él no menciona las frases iniciales de la escena del juicio: «Cuando el Hijo del Hombre venga en su gloria, y todos los santos ángeles con él, entonces se sentará en su trono de gloria, y serán reunidas delante de él todas las naciones» (vv. 31-32, RVR 1960). En este pasaje tenemos el orden cronológico del juicio. Sucederá cuando Cristo venga en gloria con sus ángeles.[91] ¿Cuándo será esto? El contexto está claro. Mateo 24:29 señala la gloriosa aparición como «después de la tribulación de aquellos días», y el versículo 31 asocia la venida con sus ángeles. Si bien un amilenarista puede identificar Mateo 25:31-46 con Apocalipsis 20:11-15 porque la Segunda Venida se produce al final del Milenio, un premilenarista no puede hacer eso. Un juicio que tiene lugar *en* el momento de la gloriosa venida de Cristo y otro que sucede *después* del Milenio están separados por mil años.

Hay, sin embargo, una objeción que presenta Gundry a mi posición que tengo que responder. Él piensa que la recompensa de «vida eterna», y de «castigo eterno» (Mt 25:46) se refieren a la fase eterna del reino y el juicio final de los malvados.[92]

Si bien está la mención de la «vida terna» y del «castigo eterno», eso no constituye una buena razón para poner este juicio después del Milenio en vez de antes de él. Primero, como ya hemos mencionado, Mateo 25:31 relaciona claramente estos eventos con 24:29-31, la

Segunda Venida. Segundo, un período de confinamiento y juicio seguido por el envío final de los malvados al infierno está en armonía con Isaías 24:21-22. Además, el estado intermedio de los malvados se presenta como un estado de tormento (Lc 16:19-31) y, por lo tanto, se le llama justificadamente castigo eterno, aunque sea la primera fase. Tercero, si el reino milenial es la primera fase del reino eterno o reinado de Cristo (1 Co 15:21-28), entonces la vida eterna no es un nombre inapropiado para la recompensa de los justos. Además, están aquellos que piensan que los justos que entran en la era del reino no morirán, sino que recibirán cuerpos glorificados al final de la etapa, puesto que la primera resurrección acabó al comienzo del período del reino. Por último, aun si la «vida eterna» y el «castigo eterno» deben referirse al estado *final* de los justos y de los malvados, no es por eso necesario que desechemos ese indicador cronológico. Con frecuencia en la literatura profética hay una reducción de ambos eventos a fin de que aparezcan sucesivos en el tiempo, pero que en realidad están separados por muchos años (p. ej., Is 61:1-2 trata como uno solo al Advenimiento y la Segunda Venida, aunque están separados por dos mil años; Dn 12:1-2 y Jn 5:29 se refieren los dos a la primera y segunda resurrección, que estarán separadas por mil años).

Esta es una propuesta final que deberíamos considerar. George Rose en *Tribulation Till Translation* postula un período de *cuarenta y cinco días* entre el Rapto y el comienzo del Milenio para que las personas sean salvas, y para entrar al reino en cuerpos no glorificados.[93]

Antes de comentar la viabilidad de este enfoque, debe notarse que esta solución reconoce la razón que tienen los pre- y mesotribulacionistas. Tiene que haber *un intervalo,* bien sea de cuarenta y cinco días, tres años y medio o de siete años. Después de decir eso, ¿es esta una buena propuesta? No lo creo. (1) ¿Por qué escoge Rose cuarenta y cinco días? A mí me parece que treinta o setenta y cinco hubiera tenido más apoyo bíblico dado los diferentes números de días en Daniel 12:7, 11-12. (2) La razón dada arriba en contra del punto de vista de Gundry, que el juicio de las ovejas y los cabritos ocurre cuando el Hijo del Hombre viene en gloria, no cuarenta y cinco días más tarde, se aplica con la misma fuerza aquí. (3) Hay un problema con el que tiene que habérselas cada punto de vista que solo permita un corto intervalo *al final* de la semana. Todos están de acuerdo en que la segunda parte de la semana septuagésima de Daniel verá el gobierno y la tiranía de la bestia o del Anticristo. Apocalipsis 13:16-18 deja bien en claro que una extrema presión económica caerá sobre los que estén vivos para forzarlos a adorar a la bestia y extender su dominio. Será imposible para nadie comprar o vender sin la marca de la bestia. Muchos que se resistirán morirán mártires, y, en el punto de vista de la postribulación, aquellos que se resistan y que no sean martirizados serán arrebatados justo en el momento del Segundo Advenimiento. ¿De dónde vendrán entonces los convertidos? Todos aquel que reciba la marca de la bestia *no podrá* salvarse (Ap 14:9, 11; cp. Ap 20:4 donde se dice que aquellos que reinan con Cristo «no recibieron la marca en sus frentes ni en sus manos»).

Si bien este argumento no establece un Rapto pretribulación (es un argumento tan apropiado a favor de los mesotribulacionistas como de los pretribulacionistas), sí muestra que debe haber una separación entre el Rapto y la Segunda Venida a fin de que las personas con cuerpos físicos y naturales puedan salvarse y poblar el reino milenial. Más bien que ser un problema creado por los pretribulacionistas, demuestra la incompatibilidad del punto de vista postribulacional con el premilenarismo.

Las diferencias entre los pasajes sobre el Rapto y los de la Segunda Venida

Tanto los pretribulacionistas como los mesotribulacionistas han señalado diferencias entre el Rapto y la Segunda Venida. Los pasajes principales que tienen que ver con cada evento revelan estas diferencias. Por pasajes principales quiero decir Juan 14:1-14; 1 Corintios 15:51-58; y 1 Tesalonicenses 4:13-18 para el Rapto, y Zacarías 14:1-21; Mateo 24:29-31; Marcos 13:24-27; y Apocalipsis 19 para la Segunda Venida.

Creo que nos ayuda el dividir estas diferencias en dos grupos: omisiones e inconsistencias.

A mi juicio las mayores omisiones son las siguientes: Primera, en los pasajes que tienen que ver con el Segundo Advenimiento hay señales o acontecimientos que llevan y señalan al regreso de Cristo Jesús (p. ej., Mt 24:4-28; Ap 19:11-21). En cada uno de estos pasajes de las Escrituras hay un desglose cuidadoso y extensivo de los detalles que deberían alertar a los creyentes de aquel día de que el Segundo Advenimiento está a punto de ocurrir. Mateo 24 es con mucho el más exhaustivo y a mi juicio relaciona eventos que sucederán a través de la tribulación. En Mateo 24:32-51 nuestro Señor deja en claro que estas señales son para alertar al creyente de que su venida está cerca: «Así también vosotros, cuando veáis todas estas cosas, conoced que está cerca, a las puertas» (Mt 24:33).

Por otro lado, no hay mención de señales ni eventos que precedan al Rapto de la Iglesia en *ninguno* de los pasajes sobre el Rapto. Parece ser que se quiere decir que el creyente antes de este evento debe estar atento, no a ciertas señales, sino al Señor en el cielo. Si el Rapto va a ser parte del complejo de sucesos que conforman el Segundo Advenimiento y no está separado del mismo, entonces nosotros esperaríamos que hubiera alguna mención de señales o eventos en al menos algún pasaje.

Segundo, cada pasaje que tiene que ver con la Segunda Venida aparece en el contexto de la tribulación y el juicio. Zacarías 14:1-2 nos habla de un asedio de Jerusalén inmediatamente antes del regreso de Cristo; eso resulta en la captura de la ciudad, el saqueo de la propiedad y la violación de las mujeres en la ciudad. En el discurso del monte de los Olivos el Segundo Advenimiento sigue a un tiempo de «gran tribulación, cual no la ha habido desde el principio del mundo hasta ahora, ni la habrá» (Mt 24:21). De hecho, «si aquellos días no fuesen acortados, nadie sería salvo» (v. 22). Por último, el regreso de Cristo como se enseña en Apocalipsis 19 sigue al derramamiento de los juicios de los capítulos 6—18.[94]

Compare las pruebas que constituyen el contexto de los pasajes de la Segunda Venida con el silencio acerca de alguna angustia de eses tipo en los textos sobre el Rapto. En ninguno de los pasajes del Rapto se menciona que haya pruebas antes del evento. Más bien, está nada más que la promesa del regreso de Cristo a buscar a los suyos.

Tercero: no hay ninguna referencia clara e indisputable al Rapto en ningún pasaje del Segundo Advenimiento. Todos —pre-, meso- y postribulacionistas— están de acuerdo en que las Escrituras enseñan con claridad la venida de Cristo *después* de la tribulación (p. ej., Zac 14:1-3; Mt 24:4-31), pero en ninguno de estos pasajes hay una referencia clara a un arrebatamiento de creyentes en ese tiempo.[95] Algunos de estos pasajes dan abundancia de detalles sobre el Segundo Advenimiento, pero, no obstante, no hay ninguna mención clara del Rapto. Por otra parte, parece que hay allí una diferencia de alguna importancia. En el Rapto los santos se encuentran con el Señor en las nubes (1 Ts 4:17), mientras que en el Segundo Advenimiento los santos se encuentran con Cristo en el monte de los Olivos (Zac 14:3). En realidad, parece correcto preguntar para qué va a servir el Rapto en un esquema en el que los santos acompañan inmediatamente a Cristo a la tierra. Gundry, a diferencia de muchos postribulacionistas, tiene un propósito para el Rapto. Él habla de los santos arrebatados justo antes del Armagedón y lo que él ve como el comienzo del día del Señor. El Rapto es el método que Dios usa para proteger a los santos de su ira. Es digno de notarse que ese punto de vista no es diferente del pretribulacionismo ni del mesotribulacionismo, porque se plantea un intervalo entre el Rapto y el Segundo Advenimiento, y considera al Rapto como un método de escape de la ira de Dios. El intervalo y la ira están simplemente confinados a una pequeña porción del período de la Tribulación.

Para resumir lo que se está diciendo, en pasajes como Mateo 24:29-31 y Apocalipsis 19:11-21, que tratan con gran detalle de la Segunda Venida, es sorprendente que no haya referencias indiscutibles al Rapto.

Cuarto: en ninguna parte de los textos que tienen que ver con el Segundo Advenimiento está la enseñanza sobre el arrebatamiento de los santos vivos. Gundry afirma que Mateo 24 es el texto más completo sobre la Segunda Venida. Nada se enseña en ninguna otra parte de las Escrituras que no aparezca contenido en este único pasaje.[96] No obstante, aún si reconocemos en aras del razonamiento que la reunión de los escogidos en Mateo 24:31 es una referencia al Rapto, todavía nos queda un silencio sobre el arrebatamiento de los santos vivos. Pienso que es por esta razón que Pablo llama a esto un «misterio» en su sentido más estricto (1 Co 15:51).

Quinto: no hay una mención clara e irrefutable de la resurrección de la Iglesia en el Segundo Advenimiento. Hay dos pasajes que tratan de la resurrección en conexión con la Segunda Venida. Daniel 12:1-2 es el primero. Allí se dice que *después* de un período de angustia, habrá una resurrección. A los que participan en esta resurrección se les llama «tu pueblo [Daniel]». Esta es una referencia a Israel, aunque a algunos les gustaría ampliar la referencia. En cualquier caso, esta no es una referencia clara ni indiscutible a la Iglesia.

La otra referencia aparece en el Nuevo Testamento. La encontramos en Apocalipsis 20:4. Allí la resurrección se refiere a «los que habían sido decapitados por causa del testimonio de Jesús y por la Palabra de Dios». Están bien identificados como los que habían sido martirizados durante el período de la Tribulación. Se podría argumentar que esos martirizados son solo una parte de un grupo más grande llamado la Iglesia, aunque este cuerpo más grande no aparece especificado por nombre.

Pero no podemos eliminar esa posibilidad, Sin embargo, si los mártires son una parte de la Iglesia, uno se pregunta por qué el término «iglesia» nunca aparece en Apocalipsis después del capítulo 3, y a partir de ahí la única referencia clara a este cuerpo viene en la bendición (Ap 22:17). En los primeros tres capítulos el término aparece con regularidad, pero nunca más después de 4:1. Esto es aún más sorprendente cuando estudiamos la pequeña expresión: «El que tenga oídos, que oiga lo que el Espíritu dice a las iglesias». Esta exhortación la encontramos en 2:7, 11, 17, 29; 3:6, 13, 22. Todas estas aparecen en los tres primeros capítulos de Apocalipsis. Algo similar aparece solo una vez más en el libro. En Apocalipsis 13:9 leemos: «El que tenga oídos, que oiga». Para aquellos que piensan que la Iglesia es arrebatada antes que empiece el juicio, la omisión de la palabra «Iglesias» es significativa.[97]

En justicia para con todos los que no están de acuerdo conmigo, debo indicar que ellos han dado razones para la ausencia del término «iglesia» después de Apocalipsis 3. En general, sus respuestas han tomado una de dos direcciones. Se ha argumentado que las referencias a la iglesia en los primeros tres capítulos de Apocalipsis son a asambleas locales y no al cuerpo universal. Esto puede ser. Pero todavía deja abierta la cuestión de por qué *no* hay mención de las asambleas locales en los últimos 19 capítulos de Apocalipsis. Hay referencias a los santos y a los elegidos. Sin embargo, no se dice que ellos sean la Iglesia.

Una segunda línea de respuesta la encontramos en la obra de Gundry. Él señala que ese argumento es una espada de dos filos. Si bien es cierto que no se menciona a la Iglesia en la tierra durante el período de la Tribulación, también sucede que el libro de Apocalipsis nos lleva al cielo.[98] Puede parecer como que el argumento termina en un empate. En mi juicio eso no es así. Si leemos Apocalipsis 4—22, encontraremos que la mayor parte del material tiene que ver con *la tierra*, no con el cielo. De modo que si la falta de una referencia indiscutible a la Iglesia en el cielo va en contra de la posición pretribulación o en medio de la tribulación, el daño a la posición postribulación es superior debido a la mayor cantidad de material.[99]

Sexto: parece que habrá cambios en la tierra asociados con la Segunda Venida. Por ejemplo, Zacarías 14:4 habla de que el monte de los Olivos se partirá en dos y se formará un gran valle. Además, Ezequiel 40—48, en la distribución de la tierra de Palestina en el Milenio, supone algunos cambios geológicos que podrían ser el resultado de la Segunda Venida. Por otra parte, de pasajes que tratan de la Tribulación, no parece que el Rapto de la Iglesia producirá tales cambios, al menos los pasajes que tienen que ver con el Rapto no relacionan de manera explícita los cambios geológicos con ese evento.

Me gustaría ahora considerar el segundo grupo de diferencias. Son muchas menos en número, pero más problemáticasn porque me parece a mí que hay inconsistencias. Es decir, no es posible conciliar esas diferencias.

Primero: parece que hay una inconsistencia entre el *tiempo* de la resurrección en el Rapto y la Segunda Venida. En el pasaje básico sobre el Rapto que tiene que ver con este asunto, 1 Tesalonicenses 4:13-18, se dice claramente que el tiempo de la resurrección de los santos muertos será *durante* el descenso de Cristo a la tierra. Los arrebatados, los santos vivos y muertos, serán tomados para reunirse con el Señor en las nubes. Compare esa información con la que encontramos en Apocalipsis 19—20. Allí parece que el orden será: El descenso de Cristo, la muerte de sus enemigos, el lanzamiento de la bestia y el falso profeta al lago de fuego, y la sujeción de Satanás, y *después* la resurrección de los santos.

LA POSICIÓN PRETRIBULACIÓN DEL RAPTO

Parece como que la resurrección de los muertos tendrá lugar *durante* el descenso en el Rapto, pero *después* del descenso en la Segunda Venida.[100]

Segundo: parece que hay una inconsistencia entre el destino de los que son arrebatados en el Rapto y el destino de los que participan en la Segunda Venida. En la explicación postribulacionista de los eventos que rodean la Segunda Venida, la iglesia será tomada para encontrarse con el Señor en las nubes y le acompañará inmediatamente en el descenso a la tierra. Compare eso con Juan 14:3. En el Rapto el Señor va a venir y tomará a los arrebatados para que estén con Él. La implicación clara es que los santos arrebatados serán llevados al cielo, no la tierra. Si eso es así, entonces el destino de los que son arrebatados en el Rapto será el cielo. Sin embargo, según los pasajes de la Segunda Venida, los santos involucrados se dirigen a la tierra.

Como dije al principio de este argumento, estas diferencias parece que siempre parecen ir a favor de los pretribulacionistas y los mesotribulacionistas. Eso hace surgir la pregunta, ¿por qué los postribulacionistas no encuentran convincente ese argumento? Una posible respuesta podría ser algo parecido a esto. Las diferencias son insignificantes a menos que esas diferencias constituyan una contradicción. Según la lógica, un sistema que contiene una contradicción no puede ser verdadero. Pero, por el otro lado, si las diferencias no son contradicciones pueden ser armonizadas como *aspectos* de un evento único y complejo. Por ejemplo, la distinción, oída con frecuencia, entre la venida de Cristo a *buscar* a sus santos y su venida *con* ellos puede ser armonizada en un evento complejo en el que el Rapto es seguido inmediatamente por el regreso de Cristo a la tierra.

Esa respuesta es muy interesante. A mi juicio es falsa, pero bastante instructiva. Es falsa porque somete las diferencias a un criterio demasiado alto de importancia. Los argumentos son por lo general clasificados en una de estas dos formas. Algunos son llamados argumentos *conclusivos*. Se les puede definir de la siguiente manera: A las premisas de tales argumentos se las *conoce* como verdaderas, y la conclusión surge *por necesidad* de esas premisas. Los argumentos de esta clase son decisivos, y no dejan duda en cuanto a la verdad de un punto de vista. El problema de los argumentos de este tipo es que son difíciles de conseguir. Resulta difícil encontrar premisas que los que disputan estén de acuerdo que son verdaderas, y entonces las conclusiones no siempre surgen necesariamente de esas premisas. Por esta razón, es más común una segunda clase de argumentos. A estos se los llama argumentos *confiables*. Sus conclusiones se apoyan en evidencia *buena, adecuada o apropiada*. Estos argumentos no eliminan la posibilidad de todas las posiciones alternativas. Más bien muestran que la conclusión tiene una garantía buena o adecuada. Es decir, la conclusión está justificada.

Si las diferencias mencionadas arriba son contradicciones, entonces tenemos un argumento *conclusivo* de que dos eventos *no pueden* ser aspectos de *un solo* evento más complejo. Sin embargo, si las diferencias no son contradictorias y, por tanto, no conclusivas, eso no significa que sean insignificantes. Tan solo dejan abierta la posibilidad de que el Rapto *puede ser o no* parte del mismo evento. Es en este punto que la discusión se hace instructiva en cuanto a por qué hombres y mujeres de compromisos iguales con Cristo e iguales habilidades mentales difieren en este asunto. Una persona puede pensar que las diferencias son lo suficiente numerosas e importantes como para justificar que se tomen el Rapto y la Segunda Venida como acontecimientos separados. Por otro lado, otra persona puede juzgar que las semejanzas son más numerosas que las diferencias y que las diferencias son más bien insignificantes y se pueden armonizar; esa persona tomará el Rapto y la Segunda Venida como aspectos de un solo y complejo evento.

Una última palabra sobre este asunto. Solo después del evento podemos nosotros ver por fin si las diferencias o las similitudes tenían mayor importancia. Se puede entender lo que estoy diciendo si estudiamos la expectativa de aquellos que esperaban la Primera Venida del Señor. Algunos pensaban que habría dos Mesías, un Mesías sufriente (Mesías ben José) y un Mesías reinante (Mesías ben David). Yo estoy seguro de que habría algunos que pensaban que un mismo mesías desempeñaría ambas funciones. Fue solo después del evento que nosotros pudimos saber con seguridad si habría dos mesías o un mesías con dos venidas. De manera que aunque puede parecer natural para algunos como Gundry armonizar estas diferencias en un evento único, parece que es apropiado, al menos en este punto en la historia de la redención, considerar dos eventos.

CONCLUSIÓN

Para mí al menos, la Iglesia no pasará a través de la Tribulación a causa de que el carácter de todo ese período es un tiempo de derramamiento de la ira divina penal y retributiva, así como de las promesas de Dios a la Iglesia de que estaría exenta tanto del tiempo como de la experiencia de la ira. Además, es necesario separar el Rapto de la Iglesia del Segundo Advenimiento de Cristo debido a la necesidad de un intervalo para que las personas sean salvas, a fin de que puedan entrar en la era del reino con cuerpos naturales, no glorificados. Por último, las diferencias entre los pasajes del Rapto y los pasajes de la Segunda Venida llevan a creer que son dos eventos separados referidos en las Escrituras.

Mi escrito ha tenido que ser argumentativo por necesidad porque he tenido la responsabilidad de presentar la defensa más fuerte posible de mi posición. Sin embargo, déjeme terminar con una nota conciliatoria. Si bien podríamos desear unanimidad de opinión en todas las cuestiones doctrinales, eso no es por necesidad posible ni lo mejor para nosotros. Cuando los hombres y las mujeres amantes de la Biblia están en desacuerdo, tales desacuerdos pueden servir y deberían servir para un mayor ímpetu en el estudio y la aclaración. Nuestros esfuerzos en este libro estarán bien justificados si sirven para ese propósito. Que nuestras diferencias nunca empañen el gozo y la expectativa de ver a nuestro Señor en su regreso visible y personal. Todos podemos decir con Juan: «El que da testimonio de estas cosas, dice: "Sí, vengo pronto." Amén. ¡Ven, Señor Jesús. Que la gracia del Señor Jesús sea con todos. Amén» (Ap 22:20-21).

RESPUESTA DE DOUGLAS J. MOO

En ninguna parte es más evidente la necesidad de edificar estructuras teológicas sobre el fundamento sólido de la exégesis bíblica que en el área de la escatología. Con demasiada frecuente los defensores de las diversas posiciones sobre el tiempo del Rapto argumentan solo, o principalmente, sobre la base de presuposiciones teológicas. Y si bien no podemos negar la necesidad de aportar textos para un sistema teológico completo e inteligible, nunca es admisible hacer eso sin permitir que el texto hable por sí mismo. Por esa razón elogio a mi colega Paul Feinberg por su deseo de establecer su posición por medio de una argumentación exegética sólida. Lo que nosotros vamos a examinar en mi respuesta es la validez de esa argumentación. Me voy a enfocar específicamente en tres asuntos: La extensión e importancia de la ira divina durante la Tribulación; el significado de Apocalipsis 3:10; y las diferencias entre los textos sobre el «Rapto» y los textos de la «Venida». Un cuarto argumento aducido por Feinberg, que se relaciona con la necesidad de un intervalo entre el Rapto y la parusía, será tratado en mi respuesta a Archer.

Como indica Feinberg, se está de acuerdo en general en que la Iglesia tiene la promesa de la exención de la ira divina y que la Tribulación será un período en el que la ira divina será evidente. ¿Será esa ira de tal extensión y duración que la promesa de Dios a la Iglesia solo podrá realizarse mediante el Rapto físico de la misma? Feinberg responde a esta pregunta con un sí, argumentando que todo el período de la Tribulación verá el derramamiento de la ira de Dios. Pero su argumento queda abierto a la crítica. De hecho, yo sostendría que hay buenas razones para creer que la ira divina estará limitada al *final* de la Tribulación. Como él mismo nota, las palabras ὀργή y θυμός se encuentran principalmente en las descripciones de los juicios culminantes justo antes del tiempo de la batalla de Armagedón. Y en cuanto a los cuatro versículos citados por Feinberg para probar la existencia de la ira divina antes en el período pueden ser entendidos de una forma más natural. Apocalipsis 15:1 declara con claridad que es solo con «las siete plagas, que son las últimas», no todas las plagas registradas en Apocalipsis (como sugiere Feinberg) con las que «se consumará la ira de Dios». La ira de Dios, que continuamente estará sobre los incrédulos (Ro 1:18) llega a su conclusión culminante con los juicios de las copas. Hablo de la estructura de Apocalipsis en mi trabajo, pero se puede sugerir aquí que es mejor considerar que los juicios de las copas se producen con rapidez al final de la Tribulación. Del mismo modo, argumentaría que Apocalipsis 11:1, con su mención de la ira, describe la parusía y sus eventos asociados. Por último, a mí me parece que es mejor confinar la ira mencionada con respecto al sexto sello (Ap 6:16-17) a aquel juicio y no vincularlo con los seis sellos o plagas previos. Esto es así porque los mártires que se describen en el quinto sello claman: «¿Hasta cuándo, soberano Señor, santo y veraz, seguirás sin juzgar a los habitantes de la tierra y sin vengar nuestra muerte?» (Ap 6:10). Claramente, la ira de Dios no ha sido derramada hasta ese momento puesto que el juicio sobre «los habitantes de la tierra» no ha sucedido todavía. De nuevo, el sexto sello casi con seguridad representa juicios asociados directo con la parusía, como queda indicado por el hecho que Jesús dice en específico que los desastres astronómicos relacionados con este sello ocurrirán solo *después* de la tribulación (Mt 24:29).

Saco la conclusión, entonces, de que la aparición de la palabra *ira* en Apocalipsis no apoya la opinión de Feinberg de que la ira divina está presente a lo largo de la Tribulación. En realidad, de forma reiterada, la aplicación de la ira de Dios está confinada a los últimos juicios al final de la Tribulación.

Feinberg también argumenta en base de la relación de Apocalipsis 4 y 5 con el resto del libro, para demostrar que la ira divina se aplica a lo largo de la Tribulación. Él afirma en específico que los juicios del libro proceden del Cordero que es digno, que rompe los sellos y abre el rollo (Ap 5), y que todos los juicios son, por lo tanto, expresiones de la ira retributiva de Dios. Pero eso no es así. Si bien es Jesús, el Cordero que fue sacrificado, el que inaugura los sucesos del fin, no todos estos acontecimientos son productos de la iniciativa directa de Dios ni tampoco es justo asociarlos con la ira de Dios. Estoy de acuerdo en que si Dios es, en última instancia, responsable de todo, es también cierto que Dios no puede ser directamente acusado del mal (Stg 1:13). Y algunos de los juicios de Apocalipsis se le pueden atribuir al Anticristo, que habla «con arrogancia y [profiere] blasfemias» (Ap 13:5), y toma el lugar de Dios, y demanda adoración. La persecución iniciada por este personaje no se puede atribuir en ningún sentido a Dios. Lo que hace que esto sea tan significativo es el hecho que los sufrimientos de los santos en Apocalipsis son consistentemente atribuidos a este personaje y también el hecho de que ninguno de los juicios iniciados por Dios se dice que afecte a los creyentes. Es realidad, se dice con frecuencia que los creyentes tienen la protección divina contra estos juicios. Podemos citar dos textos característicos. En Apocalipsis 14:9-10, un ángel proclama: «Si alguien adora a la bestia y a su imagen, y se deja poner en la frente o en la mano la marca de la bestia, beberá también el vino del furor de Dios [θυμός], que en la copa de su ira está puro, no diluido». La naturaleza condicional de esta advertencia («si») demuestra que la ira aquí está aplicada *sólo* a los inconversos. El hecho de que los creyentes del tiempo de la tribulación, *sean quienes sean*, serán guardados de la ira de Dios aparece indicado también en Apocalipsis 18:4, donde se le advierte al pueblo de Dios que «salgan de ella, pueblo mío» de la ramera Babilonia «para que no sean cómplices de sus pecados, *ni los alcance ninguna de sus plagas*». En otras palabras, yo argumentaría que no sólo es *posible*, sino *necesario* distinguir entre la tribulación que tiene su origen en la ira de Satanás y los juicios que conforman la ira de Dios. En este sentido, la Tribulación será más bien como la edad presente: tribulaciones severas afectan al pueblo de Dios sin involucrarlos a ellos en la ira de Dios en contra de los inconversos.

En respuesta al argumento de Feinberg sobre la ira de Dios, debemos dar una última razón, pero significativa. Él argumenta que la promesa de la exención de la ira divina está dada *sólo* a la Iglesia y que *no* descansa en la soteriología. Él debe hacer esto, por supuesto, a fin de explicar cómo es que los santos *sí* sufren y mueren durante la Tribulación; dice que estos son los santos judíos, que no son parte de la iglesia. ¿Pero es posible afirmar que la exención de la ira divina está prometida *solo* a la Iglesia y no a *cualquier* creyente en Cristo? La liberación de la

EL RAPTO

ira de Dios parece ser una parte integrante de la salvación. Estar justifi-
cado es «[estar] salvados del castigo de Dios» y el sacrificio de Cristo
hecho una vez y para siempre involucra la protección de la ira divina
(Ro 3:25). Afirmar que sólo *algunos* creyentes (la Iglesia) son librados
de la ira divina aparecería que requiere la existencia de dos formas diferentes de salvación: una para los creyentes en este tiempo (la Iglesia);
otra para los santos de la Tribulación. Si bien yo estoy seguro que Feinberg no quiere llegar tan lejos, resulta difícil evitar esta conclusión si se
permite ese argumento. Pero si la salvación en Cristo *por su propia naturaleza* saca al creyente de la alcance de la ira divina, todo el argumento de
Feinberg relacionado con la ira en la tribulación queda irrelevante.
Porque él admite, como cualquiera debe hacerlo, que los creyentes están en la tierra durante la Tribulación (vea Ap 13:7, aquí y allá). Pero si
los creyentes salvados por la sangre de Cristo están exentos de la ira divina, entonces, por supuesto, también lo estarán los santos de la Tribulación. Por tanto, la exención de la ira divina durante el tiempo de la
Tribulación no requerirá por supuesto que sea quitada físicamente, la
ira divina presente durante la tribulación no implica por lógica un
Rapto pretribulacional de la iglesia. Al mismo tiempo, por supuesto,
tampoco está por lógica en contra del Rapto. Y la *necesidad* indudable
de postular un Rapto pretribulacional la encuentra Feinberg en la promesa de Cristo a la iglesia de Filadelfia.

Apocalipsis 3:10 ha figurado siempre de forma prominente en el
debate sobre el tiempo del Rapto. Los defensores del Rapto pretribulacional han visto con frecuencia en este versículo una referencia directa
a dicho Rapto; Cristo promete que les «[guardará] de la hora de la
prueba».[1] Sin embargo, el uso del verbo τηρέω («guardar») crea una
verdadera dificultad para este punto de vista, puesto que guardar va
mucho mejor con un verbo como αἴρω (cp. Juan 17:17a). Por tanto,
Feinberg, apoyándose mucho en el razonamiento de J. Townsend,
busca establecer un significado diferente para este versículo, según el
cual una *preservación fuera* del tiempo de la prueba, más bien que *sacar*
del tiempo de la prueba, es lo que se promete. Una interpretación así
todavía demanda un Rapto pretribulacional como el evento que lleve a
la Iglesia a esta «posición exterior». La cantidad de espacio que

Feinberg dedica a este punto demuestra la importancia de su argumento; en consecuencia, nuestra evaluación también debe ser completa.

En la interpretación de Feinberg-Townsend es básico el significado de la «posición exterior» que dan a la preposición ἐκ. Si bien ἐκ generalmente conlleva el sentido de movimiento o separación de alguna clase, Liddell-Scott sí dan como una posible definición «fuera de, más allá de». Sin embargo, nos dan pocos ejemplos y declaran de forma explícita que este significado se encuentra «casi siempre en escritos tempranos».[2] Feinberg tiene conocimiento de este hecho, pero cita ejemplos de la LXX, Josefo y el Nuevo Testamento en un intento de probar que la connotación «posición exterior» permaneció en uso y era de ese modo un posibilidad real para el apóstol Juan en el primer siglo de la era cristiana.

Es muy importante determinar desde el principio qué es lo que se quiere decir por «posición exterior». Feinberg y Townsed no indican con claridad qué se quiere decir con esta frase, pero, no obstante, su definición precisa es crucial para el argumento. A fin de brindar un apoyo válido para la interpretación pretribulacional de Apocalipsis 3:10, la palabra ἐκ hay que tomarla en el sentido de separación física o espacial. Cualquier otra clase de separación no proveerá evidencia para el punto de vista pretribulacional, porque otros puntos de vista podrían acomodar otras formas de separación. Es decir, por ejemplo, si ἐκ se toma en el sentido de «separación de la influencia de» o de «separación del impacto de», no dan apoyo a ninguna de las posiciones básicas. La Iglesia podría estar separada del impacto de la tribulación mediante su retiro físico (pretribulacionismo) o por medio de una protección divina especial dentro de la esfera de la tribulación (postribulacionismo). Para decirlo de otra manera, se expresa de manera incorrecta el problema si se hace un asunto decisivo de la cuestión de si ἐκ puede significar separación sin pensar en un vínculo previo. Porque los postribulacionistas así como para los pretribulacionistas podrían afirmar que la Iglesia nunca es la verdadera esfera de la ira de Dios en la Tribulación. Por tanto, en lo que a la palabra ἐκ se refiere, el apoyo para la posición pretribulacional existirá solo si se puede mostrar que la palabra puede connotar, y lo hace en Apocalipsis 3:10 una separación física, la «posición exterior» en el sentido espacial.

No voy a discutir el hecho de que ἐκ, en el griego clásico, puede significar en ocasiones (aunque rara vez) «fuera en el sentido físico» sin la connotación de una vinculación anterior. Pero sí discuto que Townsend y Feinberg hayan mostrado que ese significado se encuentre en el griego bíblico.

Ellos citan nueve ejemplos de la LXX. Cuatro (Jos 2:13; Sal 33:19 [LXX 32:19]; Sal 56:13 [LXX 55:14]; Pr 23:14) involucran varias palabras para «librar» con ἐκ, seguido por θάνατος («muerte»). Al parecer el argumento es que puesto que los individuos involucrados no han experimentado la muerte, sus declaraciones deben referirse a que son retirados *fuera de*, pero no preservados *fuera de*. Pero esos argumentos pasan por alto el sentido metafórico que se le da a la palabra «muerte» en estos casos. Von Rad expresa de manera sucinta este sentido de la palabra en sus frecuentes apariciones en el Antiguo Testamento. «Para Israel el dominio de la muerte llega mucho más allá en la esfera de los vivos. La debilidad, la enfermedad, los encarcelamientos y la opresión de los enemigos eran una clase de muerte». Y, con directa relevancia en dos de los versículos citados por Feinberg, Von Rad sigue diciendo: «Este es el punto de vista desde el que tenemos que entender lo que se dice a menudo en los salmos cuando un suplicante testifica que él ya estaba muerto en el Seol, pero que había sido "sacado por Jehová"».[3] En otras palabras, la «muerte» en estos cuatro versículos sin duda hace referencia a situaciones difíciles en las que se encontraba metido el que hablaba o escribía; la intención de la expresión es la de *sacar* de la situación.

Feinberg y Townsed mencionan también los cuatro usos de ἐκ en el Salmo 59:1-2 (LXX 58:2-3) como posibles ejemplos del significado de la «posición exterior», pero es difícil establecer ese significado aquí. El Salmo 59 empieza con una declaración que indica el momento en que fue compuesto por David: «Cuando Saúl había ordenado que vigilaran la casa de David con el propósito de matarlo». En una situación así la oración de David para pedir liberación de sus enemigos es muy probable que signifique: «Sácame *fuera* de esta trampa», y no «Sácame al mantenerme fuera del alcance de la mano de mis enemigos que me rodean».

Pero el ejemplo más importante de la LXX, porque es el más próximo a Apocalipsis 3:10, es Proverbios 21:23: «El que guarda (διατηρέω) su boca y su lengua, su alma guarda de (ἐκ) angustias». En este caso yo estaría de acuerdo con Feinberg que la «idea de una existencia o emisión previa está ausente». Pero no estaría de acuerdo en que ἐκ aquí significa una posición exterior, en el sentido de una separación *física o espacial*. Salomón no promete una separación espacial del alma a una «posición exterior de»; se refiere a la protección espiritual de las «angustias» del mundo, «angustias» de las cuales uno *nunca está físicamente separado*. La definición de Thayer de la frase τηρεῖν τινα ἐκ encaja bien aquí: «mantenerse a distancia de».[4]

Así, pues, ocho de los versículos de la LXX citados por Feinberg emplean ἐκ en su sentido usual, «salir de dentro». En uno, Proverbios 21:23, ἐκ se usa sin connotaciones de una existencia previa «dentro», pero indica una separación metafórica o «espiritual» de peligros inminentes y siempre presentes. Ninguno de estos ejemplos provee evidencia de que ἐκ tenga un significado de «separación física».

Se citan cinco versículos del Nuevo Testamento que brindan evidencia de un significado de la «posición exterior» para ἐκ. Dos, como en la LXX, involucran la combinación de ἐκ θανάτου: Hebreos 5:7 y Santiago 5:20. En el primero, Cristo aparece orando con intensidad «al que podía salvarlo de la muerte». Si bien es casi cierto que esta es una alusión a Getsemaní y a la muerte física, sería precipitado afirmar que la intención debe ser la «posición exterior». Porque, en primer lugar, es probable que la intención mediante esta frase sea la de referirse tanto a la preservación de *entrar a* la muerte como *sacar* de la muerte (p. ej., resurrección).[5] Pero, segundo: aun si el propósito es prevenir la entrada en la muerte, «la posición exterior» en el sentido de separación física o espacial es una descripción inapropiada del significado. Como sucedió en el caso de Proverbios 21:23, una idea espacial está siendo aplicada a una situación que es sencillamente no espacial en naturaleza. El ser salvado de la muerte inminente no es lo mismo que ser puesto en una posición «fuera» de ella.

Lo mismo se puede decir de Santiago 5:20, donde volver a un pecador de su extravío es como salvarlo de la muerte. El significado normal de ἐκ («fuera de») es aceptable aquí. Si bien es posible, como

Feinberg argumenta, que se tenga en mente a la muerte física, es más probable que se esté refiriendo a la muerte *espiritual* (vea la relación que establece Santiago entre el pecado y la muerte en su sentido más amplio en 1:15). Y el Nuevo Testamento nos da amplia justificación para visualizar al pecador como *ya* «muerto» (vea Jn 5:24; Ef 2:1).

Tampoco son concluyentes los argumentos para considerar a Juan 12:27 como un ejemplo de ἐκ en su significado de «posición exterior». Cuando Jesús ora al Padre y le pide que lo libre de (ἐκ) de esa hora, debemos ver sus palabras a la luz del contexto que le precede. Y en 12:23, se afirma que Jesús declara: «Ha llegado la hora (ἐλήλυθεν) de que el Hijo del hombre sea glorificado». Si bien la palabra «hora» en el Evangelio de Juan se refiere a la muerte de Jesús, la referencia se extiende más allá de la crucifixión. Como dice Schnackenburg: «El momento en el monte de los Olivos (v. 27), la traición (13:31, νῦν), el levantamiento en la cruz (12:31) y la glorificación (v. 23) son un solo evento».[6]

Nos quedan por examinar dos textos del Nuevo Testamento; son los dos textos más importante paralelos a Apocalipsis 3:10. El primero en Hechos 15:29, que emplea el verbo διατηρέω (que significa en esencia lo mismo que τηρέω, usado en Ap 3:10) con ἐκ. Feinberg tiene razón en afirmar que la intención es la de una futura abstención cuando se exhorta a los gentiles a que se «abstengan» de ciertas prácticas específicas rituales e inmorales. Parece claro que el uso de ἐκ en Hechos 15:29 no implica ninguna idea de anterior participación. Pero, de nuevo, es un salto lógico inválido afirmar que debido a que ἐκ no indica «emerger de» debe referirse a la «posición exterior». Los gentiles, en esta vida, nunca estarán en una «posición exterior» con respecto a tales cosas como la inmoralidad sexual, porque tales vicios constituyen una amenaza y tentación perpetuas de las que hace falta «guardarse» (διατηρέω). La «posición exterior», por otro lado, sugiere que uno es llevado a una posición en la que se ha cortado todo contacto con tales tentaciones.

Por último, en Juan 17:15b, debemos considerar la oración de Jesús al Padre pidiendo que guardara a los discípulos del maligno (o posiblemente, mal). Esta es la piedra de toque del argumento sobre el significado de τηρέω ἐκ en Apocalipsis 3:10 puesto que Juan 17:15b aporta del otro único ejemplo en el griego bíblico de esta combinación de palabras. Feinberg afirma que aquí también τηρέω ἐκ debe indicar «preservación en una posición exterior». ¿Pero qué significa la «posición exterior» en este caso? El objeto de la preposición ἐκ es «el maligno». ¿En qué sentido es significativo hablar de estar en una posición exterior con respecto a un ser personal? De nuevo, a mí me parece que Feinberg está aplicando una frase espacial a un contexto que no puede ser entendido de forma espacial. Uno puede quedar separado de la influencia de, o protegido de las maquinaciones de, o incluso ser puesto fuera de, la esfera del maligno, pero no tiene sentido decir que está fuera, en sentido físico, de la *persona* de Satanás. La intención de Jesús es orar para pedir que los discípulos sean protegidos de la influencia poderosa y amplia del «príncipe de este mundo», un mundo en el que los discípulos van a continuar viviendo. Esta no es una «posición exterior» sino protección espiritual divina *dentro* de la esfera de influencia de Satanás. Gálatas 1:4 nos da un paralelo cercano en lenguaje y pensamiento: «Jesucristo dio su vida por nuestros pecados para rescatarnos (ἐξέληται) de (ἐκ) este mundo malvado». Los creyentes están indudablemente *dentro* de este «mundo malvado». Pablo nos dice que serán rescatados de su influencia.

Cuando se examinan con detalle los mencionados ejemplos del Nuevo Testamento del significado de la «posición exterior» para ἐκ, estos desaparecen. De hecho, después de verificar novecientos ejemplos de ἐκ en el Nuevo Testamento, no pude encontrar ninguna que fuera probable que tuviera ese significado. En concordancia con esta conclusión está el hecho de que ninguno de los léxicos principales del Nuevo Testamento indique que la «posición exterior» sea una definición de ἐκ. Lo que muestran *algunos* de los ejemplos citados por Townsed y Feinberg es que ἐκ puede significar una separación de algo con lo cual no tuvo una relación anterior.

Este es el caso de cada uno de los tres versículos que emplean διατηρέω o τηρέω con ἐκ. Pero en cada caso la separación no es una separación física, en la cual cese la posibilidad de contacto con aquello de lo que es separado; lo que se indica es protección o guardar en contra de un peligro real y continuo. Por tanto, estos paralelismos no dan base para afirmar que a la iglesia en Filadelfia se le promete protección de la hora de la prueba en una posición exterior. En realidad, esta interpretación va en contra del paralelismo, puesto que en cada uno de estos el objeto de ἐκ indica la cosa o persona de la que uno es protegido, no la esfera fuera de la cual uno es protegido.

Pero si ἐκ nunca indica a las claras la «posición exterior» en el Nuevo Testamento, el asunto no queda resuelto de forma concluyente, porque podría mantenerse que la idea general de «separación de, sin idea de relación previa» podría demandar una separación física en un contexto determinado. Y esto es precisamente lo que Feinberg encuentra en Apocalipsis 3:10. Él argumenta que la promesa de exención de un período de tiempo («la hora de la prueba») puede llevarse a cabo solo por medio de una retirada física. Es imposible estar separado de un período de tiempo y todavía estar vivo durante el mismo. Es este aspecto temporal de Apocalipsis 3:10 lo que podría colocar a este versículo en una categoría diferente de los textos paralelos, y justificar la aplicación de un concepto espacial tal como una «posición exterior». Dos cosas se pueden decir acerca de este argumento.

Primera, la afirmación de que «la hora de la prueba» designa esencialmente un período de tiempo debe ser cuestionado. G. Delling interpreta esta frase en particular como queriendo decir «la situación que se caracteriza por la tentación apocalíptica».[7] En otras palabras, el énfasis no está en el período de tiempo como tal, sino en el aspecto o característica esencial de la situación. Que ese es el caso está bien apoyado por el paralelo bíblico más cercano, Juan 12:27. En este versículo, como hemos visto, Jesús ora pidiendo ser salvado de «esta hora». Claramente el deseo de Jesús no es ser guardado *fuera de* un período de tiempo, sino ser librado de una experiencia *dentro de* un período de tiempo. En un paralelismo exactamente igual, es mucho mejor considerar que Apocalipsis 3:10 promete proteger de la *experiencia* de la «prueba», no ser guardado de un período de tiempo.

Segunda: la interpretación que enfatiza guardar de un período de tiempo en Apocalipsis 3:10 debe tener en cuenta el hecho de que a τηρέω se le da un significado diferente del que tiene en los tres textos paralelos. Porque si bien Feinberg quiere definir τηρέω en Apocalipsis 3:10 como «proteger» o «preservar», ese lenguaje está aplicado de forma incorrecta a un período temporal. Uno puede ser mantenido *fuera* de un período de tiempo, pero no *protegido* o *preservado* fuera de un período de tiempo. Feinberg tiene que darle a τηρέω el sentido de «guardar» o debe insertar una idea que no está presente en el texto. Es decir, «te protegeré del tiempo de la prueba *al guardarte fuera de él*». La primera alternativa demanda que a τηρέω se le dé un significado que no tiene en los textos paralelos; el segundo implica una adición injustificada en el pasaje. Si τηρέω en Apocalipsis 3:10 significa «proteger» o «preservar» como sugiere el léxico y Feinberg afirma, resulta bastante difícil darle a «la hora de la prueba» un significado primario temporal.

Feinberg encuentra más apoyo para la idea de que una retirada física del período de la prueba está prometido en Apocalipsis 3:10 en los calificativos añadidos a la frase «la hora de la prueba». Se argumenta que, puesto que el «tiempo de prueba» viene sobre «el mundo entero para poner a prueba a los que viven en la tierra», *solo* una retirada física puede proteger de verdad a la Iglesia. Sin embargo, eso es solo así si la Tribulación fuera de tal naturaleza que cayera por completo de forma indiscriminada sobre todos los hombres. Pero ya hemos argumentado que este no es el caso; muchos paralelismos bíblicos, así como textos dentro del mismo libro de Apocalipsis, demuestran la naturaleza selectiva de la ira de Dios y su capacidad para guardar a su pueblo de sus efectos. El propósito de «la hora de la prueba» es «poner a prueba a los que viven en la tierra» una caracterización que, como Feinberg indica, muestra la naturaleza selectiva de la prueba.[8] Pero, como Feinberg admite, es difícil que esto se pueda usar para negar la presencia de los creyentes durante este tiempo; y si los 144 000 pueden estar presentes durante la Tribulación, y no obstante estar protegidos («sellados») por Dios, no hay nada que evite que la Iglesia esté también allí. Es precisamente porque el período de la Tribulación tiene una referencia especial a los inconversos que Cristo promete proteger a su Iglesia de su ataque.

Concluimos nuestra respuesta al tratamiento de Feinberg de Apocalipsis 3:10 con un resumen: (1) La evidencia de que ἐκ pueda significar «posición exterior» en un sentido espacial no existe en el griego bíblico; (2) La combinación de τηρέω o διατηρέω ἐκ denota protección de, o guardar en contra de un peligro real y amenazador; (3) «La hora de la prueba» connota en primer lugar la experiencia escatológica de la Tribulación más bien que un período de tiempo; y (4) La frase calificativa «la hora de la prueba» no implica para nada la presencia o retirada de la Iglesia. El léxico y la evidencia contextual favorecen mucho la interpretación según la cual Cristo en Apocalipsis 3:10 promete a su Iglesia protección del peligro real y presente de la aflicción cuando venga «la hora de la prueba». Por tanto, rechazamos los cuatro significados diferentes que se dan por lo común a la frase τηρέω ἐκ: «retirar de» (Pentecost); «guardar fuera de» (Townsed-Feinberg); «retirar de en medio de»; y «protección dada al salir» (Gundry). La primera y la tercera se apoyan en una traducción incorrecta de τηρέω; la segunda es una definición no establecida de ἐκ; la cuarta, si bien es posible, no hace justicia a los textos paralelos. La traducción de la frase sugerida por nuestra interpretación, «protección de» (con la implicación de que el peligro del que se es protegido esté presente) concuerda mejor con la información del léxico y el sentido que la frase tiene en otras partes en el griego bíblico.

Por último, consideramos el argumento de Feinberg al efecto de que las diferencias entre las descripciones del Nuevo Testamento del Rapto y la Segunda Venida sugieren fuertemente que los eventos están separados *en el tiempo*. Hace hincapié en estas últimas palabras porque es solo una diferencia *temporal* que constituiría evidencia en contra del punto de vista postribulacional. Esto es, un postribulacionista admite con facilidad que el Rapto y la Segunda Venida en *juicio* no son idénticos en el sentido de que tienen diferentes propósitos y afectan a grupos diferentes de personas. Todo lo que el postribulacionista afirma es que estos dos eventos son parte de un acontecimiento complejo, la parusía, y que eso sucederá después de la Tribulación. Con esta importante distinción en mente, vayamos ahora al argumento de Feinberg.

Con respecto a las *omisiones*, aspectos del Rapto no mencionados en pasajes que tratan de la Segunda Venida, y *viceversa*, se puede decir lo siguiente: Primero, mucho depende de ciertos textos debatidos. Feinberg afirma, por ejemplo, que «No hay una referencia indiscutible y clara al Rapto en ningún pasaje del Segundo Advenimiento». Pero yo expongo en mi capítulo que esa referencia precisa la encontramos en Mateo 24:31. Es cierto que la referencia no es «indiscutible», ¿pero puede *algún* argumento de este debate tan complicado tener esa categoría? Del mismo modo, he sostenido que los métodos normales de exégesis demandan que la Iglesia sea incluida en el vocativo de segunda persona de plural que se usa en el discurso del monte de los Olivos. Si eso es así, se le dice a la Iglesia «sin duda alguna» que esté vigilante por las señales que precederán a su liberación. Igual de clara, me parece a mí, es 2 Tesalonicenses 2:1-10, donde se le dice a la *Iglesia* los sucesos que tiene que esperar *antes* del Rapto.

Segundo, con respecto a las omisiones, no es cierto queel Segundo Advenimiento esté representado siempre como que ocurre de inmediato después de la Tribulación. Primera a los Tesalonicenses 5:1-10 no solo no menciona la Tribulación, sino que describe el tiempo en que el juicio cae sobre los inconversos como un tiempo en que la gente estará diciendo: «Paz y seguridad» (v. 3). Repito, afirmar que no encontramos la Tribulación en textos que tienen que ver con el Rapto depende en buena medida de qué textos pone uno en esta categoría. Es decir, yo argumentaría que el «descanso» que le será dado a la iglesia tesalonicense (2 Ts 1:7) incluye la expectativa del Rapto. No obstante, este reposo viene a continuación de una severa tribulación (vv. 4-6). Asimismo, 1 Tesalonicenses 4:13-18, que describe bien claro el Rapto, está dirigido a una Iglesia que ya pasa por una severa tribulación (cp. 2:14, 3:3-4). En otras palabras, Pablo no necesita especificar en el contexto inmediato de 1 Tesalonicenses 4:13-18 que la Tribulación precede al Rapto porque él y los tesalonicenses *ya* sufren de tribulación. La tendencia persistente de parte de los pretribulacionistas de confinar la tribulación solo a un período culminante de siete años al final de la Historia, produce una seria distorsión de la perspectiva del Nuevo Testamento.

Otra omisión que Feinberg nota es la falta de mención de la resurrección de la Iglesia en relación con la Segunda Venida. Para que este punto se sostenga, hay que negar que haya una referencia a la resurrección de la Iglesia en Apocalipsis 20:4. Esto significa, sin embargo, que en el libro que describe con más detalle los eventos del fin, y cuyo propósito es consolar a las iglesias que pasan por sufrimientos, no haya mención de ninguna clase del Rapto *ni* de la resurrección de los santos. Yo encuentro improbable esta posibilidad. La gramática de 20:4, la mención específica de dos (*solo* dos) resurrecciones, y el propósito de

Apocalipsis hacen que sea en extremo probable que la resurrección de *todos* los santos esté descrita en 20:4. Si es así, la resurrección de la iglesia está vinculada de forma explícita con el Segundo Advenimiento.

Antes de ir al siguiente punto general, es importante que tengamos en mente algo fundamental con respecto a las omisiones sugeridas. Los textos del Nuevo Testamento están casi todos dirigidos a situaciones más bien específicas en la vida de la Iglesia. Esto significa, sin embargo, que el autor incluirá, por lo general, solo lo que él quiere a fin de decir lo que quiere decir y que omitirá mucho que no es necesario para su propósito inmediato. Las omisiones señaladas por Feinberg en pasajes escatológicos las entendemos mejor de esta misma forma. Cuando Pablo, digamos, en 1 Tesalonicenses 4:13-18 busca consolar a los creyentes con respecto a los hermanos que han fallecido, él claro está que se enfoca en los aspectos de la parusía que satisfacen ese propósito aquí, y habla del Rapto y la resurrección. Y cuando intenta animar a la misma Iglesia en medio de las tribulaciones, enfatiza el juicio sobre los inconversos que también acompañará a la parusía (2 Ts 1:3-10). Las Escrituras abundan en claros paralelismos de este procedimiento. Consideremos, por ejemplo, las formas tan diferentes en que se describe la muerte de Cristo en los cuatro Evangelios. Lucas y Juan omiten el «grito de abandono»; Mateo, Marcos y Juan omiten la oración de sometimiento al Padre; la espada que traspasa el costado de Jesús la encontramos solo en Juan y así sucesivamente. ¿Sacamos por eso la conclusión que Jesús fue crucificado dos veces? Lo que los evangelistas hicieron al incluir u omitir ciertos sucesos a fin de dar un mensaje específico a sus respectivas audiencias es lo mismo que sucede con los textos relacionados con la parusía.

Un problema más grande, como Feinberg señala, son las inconsistencias. Las omisiones *pueden* sugerir que se trate de diferentes sucesos; las diferencias irreconciliables casi que lo exigen. ¿Pero son «irreconciliables» las inconsistencias señaladas por Feinberg? Yo no lo creo.

Decir que hay una diferencia entre 1 Tesalonicenses 4:13-18 y Apocalipsis 19—20 en cuanto al *tiempo* preciso de la resurrección es dar por supuesto que Apocalipsis 19-20 tiene la intención de una clara progresión temporal. Pero allí no parece haber intención de una progresión tan clara. El encadenamiento de Satanás (20:1) y la resurrección (v. 4) son introducidos con una conjunción «y» muy general (¿a?), contrastan con el claro indicador temporal del versículo 7. Parece más razonable pensar que los eventos descritos en 20:1-5 ocurren de conjunto con el Segundo Advenimiento (19:11-21).

La segunda inconsistencia sugerida involucra el destino de los creyentes arrebatados. Según la interpretación postribulacional, los santos arrebatados descienden con Cristo a la tierra, pero Juan 14:3 insinúa que los santos son arrebatados *al cielo*. Pero, de hecho, la palabra *cielo* no se usa en Juan 14:1-3 y, aunque el lenguaje de Juan puede darlo a entender, el énfasis del texto está en la promesa de que «ustedes estarán donde yo esté» (v. 3b). Además, el esquema pretribulacional exige que los creyentes arrebatados pasen solo siete años en el cielo antes de descender con Cristo a la tierra. ¡Eso no es mucho mejor que el concepto postribulacional!

Lo que me parece interesante es que Feinberg puede señalar solo dos (para mí) inconsistencias insignificantes entre los textos sobre el Rapto y la Segunda Venida. Si, de verdad, estas dos se pueden disitnguir en el tiempo, uno esperaría muchas más diferencias que estas. Yo puedo mencionar varias inconsistencias aparentes en los relatos de la resurrección en los Evangelios, no obstante, *sabemos* que todos hablan del mismo evento. El hecho de que no se pueden indicar *más* inconsistencias que esas dos a mí me sugiere que no es nada difícil visualizar el Rapto y la Segunda Venida como parte de un evento único.

RESPUESTA DE GLEASON L. ARCHER

EL DOCTOR FEINBERG HA presentado el caso más erudito y persuasivo a favor de la posición de la pretribulación que yo he visto. Es admirable la combinación de una firme convicción a la luz de la evidencia bíblica y un respeto constante de las opiniones y motivación sincera de aquellos con los que no puede estar de acuerdo. La amplitud y profundidad de su investigación en el campo de posibilidades para el uso de la preposición ἐκ, tan crucial para la interpretación de Apocalipsis 3:10, lleva a un entendimiento mucho mejor de su versatilidad que lo que podemos obtener de los léxicos con los que estamos familiarizados. A mí me parece que él ha establecido con firmeza la posibilidad de que ἐκ signifique un lugar fuera, que es independiente de la connotación de «salir de dentro» que generalmente se le atribuye. Mi propia discusión hace hincapié en el significado esencial de τηρέω (sin implicaciones de movimiento) en vez de aportar una prueba detallada que ἐκ signifique una posición fuera. Siento que la riqueza de ejemplos que él ha aportado resuelve el asunto de una forma satisfactoria.

Hay algunos párrafos de la presentación sobre los que me gustaría comentar para confirmarlos o para una hacerles una crítica correctiva. No voy a intentar seguir ningún cuidadoso arreglo tópico, sino solo hacer observaciones en el orden secuencial que el mismo Feinberg sigue.

En la página 57 se plantea la interesante cuestión de ese momento durante los últimos siete años antes del Armagedón en el que comienza la «ira de Dios» (de la cual serán librados los creyentes según Apocalipsis 3:10). La posición pretribulación asume que la ira de Dios empieza en el comienzo de la semana septuagésima de Daniel (Dn 9:25-27). El aplazamiento de esta fase de la tribulación hasta cerca del final de los siete años, como mantiene Robert Gundry, necesita poner las siete copas y las siete trompetas muy tarde en el esquema, como algo preliminar al conflicto final de Armagedón. Pero la interpretación de en medio de la semana pone el derramamiento de la ira de Dios en una serie culminante de juicios destructivos después del comienzo de la segunda mitad de la «semana», no mucho después de que la Iglesia haya sido sacada del escenario de la tierra mediante el Rapto. Esto hace surgir la cuestión interesante de dónde aparece este punto de división en el Apocalipsis. Varios defensores de este enfoque del medio han ofrecido diferentes sugerencias en relación con esta bifurcación. Una de las más interesantes es la propuesta por J. Oliver Buswell hijo, de que la resurrección de los dos testigos predicha en Apocalipsis 11 es identificable con el Rapto. Pero esta sugerencia conlleva con ella una posible suposición de que los dos testigos no son en realidad individuos, sino figuras simbólicas o personificaciones de la Iglesia. En mi opinión esta teoría sufre de falta de evidencia contextual.

Para mi mente un punto de bifurcación más verosímil para Apocalipsis lo encontramos entre el final del capítulo y 7 el comienzo del 8. El capítulo 13 presenta la bestia de diez cuernos y siete cabezas en su exaltación progresiva al poder supremo. Al llegar a esta posición, procede a «hacer guerra a los santos y vencerlos» (13:7). Sobre los creyentes se ejerce la más fuerte presión económica. Tienen que recibir la «marca de la bestia» en la mano o en la frente a fin de poder comprar o vender, y todos sus súbditos deben adorar su imagen. Pero todo esto es el resultado de la ira del hombre, no de la ira de Dios.

En Apocalipsis 14 encontramos aquella intervención decisiva de Dios que ha empezado a manifestarse sobre la tierra. Los 144 000 testigos fieles, que pueden ser convertidos recientes que han llegado a una experiencia de arrepentimiento y fe personal poco después de la desaparición de sus amigos y vecinos cristianos en el Rapto, son descritos como un blanco continuo de la tiranía de la bestia. En el versículo 8 un ángel poderoso proclama la caída inminente de «Babilonia», la capital mundial, diciendo: «Teman a Dios y denle gloria, porque ha llegado la hora de su juicio» (v. 7). A esto le sigue inmediatamente la declaración: «¡Ya cayó! Ya cayó la gran Babilonia». Aquí nos encontramos con un contraataque decisivo en contra de la bestia y de su gobierno mundial: La ira de Dios ha aparecido en la escena. Entonces en los versículos 14-19 vemos al Hijo del Hombre entronizado en una nube blanca sobre la tierra y que envía su terrible hoz para segar la cosecha de la rebelión humana, con el resultado de un derramamiento de sangre que llega hasta más allá de los límites de la ciudad condenada.

En el capítulo 15 los ángeles poderosos que administran las siete plagas se unen a los santos que cantan en la esfera gloriosa del cielo, y miran con satisfacción cómo se lleva a cabo la demorada justicia de Dios que al fin se cumple sobre el mundo. El sufrimiento intenso, la devastación y la pérdida de vidas ocasionadas por las siete copas de la ira son el tema del capítulo 16. El siguiente capítulo presenta de manera dramática la caída de Babilonia, embriagada con la sangre de los santos de después del Rapto (y posiblemente con los de antes del Rapto) que fueron martirizados por su fe en Cristo. Dedica atención especial a las características del Anticristo como el señor supremo al que Babilonia adora y exalta. Cinco de las siete cabezas representan los cinco reyes (¿o reinos?) que ya han caído (Egipto, Asiria, Babilonia, Persia, Grecia) y el Imperio Romano «que está gobernando» (17:10), y seguido por la confederación de diez reinos de la nueva Roma como los que «todavía no han comenzado» (17:12). La bestia misma constituye el octavo imperio mundial como una dictadura totalitaria por completo. El capítulo 18 llama a los creyentes posteriores al Rapto a separarse del todo de la civilización condenada de Babilonia, que está a punto de ser derrocada, para angustia y dolor de todas las naciones que sirven como sus socios de negocios. El capítulo 19 describe los cantos de triunfo y gozo que provienen de los santos antes del Rapto y de los ángeles en gloria justo antes de la Segunda Venida de Cristo en gloria y poder para aplastar a las fuerzas rebeldes de los hombres en Armagedón. Vemos, pues, que los capítulos 8—19 (aparte del 13, que resume el programa de la bestia durante los primeros tres años y medio) se refieren a los terribles golpes del juicio mediante el cual la ira de Dios es derramada sobre el hombre. Esto aparece en un claro contraste con el grupo de capítulos precedente (6—7), que tiene que ver con el período de la ira del hombre contra la Iglesia fiel que confiesa a Cristo.

Hemos sugerido que los capítulos 6 y 7 corresponden a la primera mitad del período final de siete años que precede al Armagedón. Pero debemos ser cuidadosos en observar que dentro del capítulo 6 encontramos una introducción a *ambos* períodos de ira (la ira del hombre y la ira de Dios) que está decretada en el rollo sellado con siete sellos del capítulo 5 abierto por el Cordero. La serie de siete sellos contiene todo el destino señalado para los últimos siete años, y resulta, después de examinarlo con cuidado, que los primeros cuatro sellos incluyen los principales desarrollos de la primera mitad de la septena; el quinto sello nos da un vistazo del cielo (donde se les asegura a los ya martirizados santos que está a punto de cumplirle la venganza sobre sus perseguidores [ἔτι χρόνον μικρόν, 6:11], que es durante los últimos tres años y medio). El sexto sello nos lleva a la fase final de la ira de Dios sobre el Anticristo y todo su reino. El interludio celestial continúa en el capítulo 7 con su notable visión de los 144 000 santos martirizados, que al parecer pertenecen a los judíos creyentes en Cristo ya ejecutados por el Anticristo y sus esbirros. El grupo incluye las huestes innumerables de convertidos gentiles del período anterior al Rapto que también han sido muertos en esta purga sangrienta. El capítulo 8, con el rompimiento del séptimo sello, cambia el enfoque de vuelta a la tierra y a las plagas sucesivas impuestas por la ira de Dios sobre el imperio de la bestia. Cada plaga es anunciada con toques de trompetas por los ángeles de la muerte, un tema que continúa en el capítulo 9, que describe el ataque de las estrellas caídas, las langostas del infierno y la caballería con cabezas de león. El capítulo 10 nos habla del enfrentamiento personal entre Juan y el ángel, que le da un rollo del destino para que lo coma. Pero el relato de los últimos eventos lo tenemos resumido en el capítulo 11 con el episodio de los dos testigos, que al final resultan muertos, pero que vuelven a vivir a los tres días y medio, lo que resulta en gran gozo y alabanza en el cielo. Este gozo lo comparten los ángeles y los santos ya arrebatados. El capítulo 12 nos brinda un estudio diacrónico de toda la batalla entre Cristo y Satanás, que se centra en la figura dramática de una mujer que le da a luz bajo la funesta mirada del dragón satánico que intenta destruir al Mesías y a su pueblo. Puesto que esta madre del Salvador está revestida con el esplendor del sol y coronada con doce estrellas, es probable que represente al Israel creyente, unido con el Israel de Dios del Nuevo Testamento. Daniel 12:3 se refiere a estos verdaderos creyentes como estrellas, y la huida de la persecución por tres años y medio (Ap 12:6) apunta al período de la Tribulación más bien que a la estadía de la santa familia en Egipto. No hay, después de todo, ninguna constancia de que María huyera al desierto después de la resurrección de Cristo (vv. 5-6) y permaneciera escondida allí durante ese período de tiempo. Al final de esta contienda Cristo está enzarzado en combate con Satanás, que es arrojado a la tierra entre las aclamaciones del coro celestial, al tiempo que alaban la fidelidad de aquellos que perecieron por amor de Cristo. Mientras tanto, en la tierra, los santos posteriores al Rapto son sometidos a una persecución incluso más feroz que antes por la malignidad del dragón satánico, que trata en vano de destruir por completo al pueblo de Dios («la mujer»).

En la página 61 el doctor Feinberg reconoce que el «día del Señor» al que se refiere 2 Tesalonicenses 2:3-4 no comienza hasta mediados de la semana. Yo encuentro esta observación muy significativa, porque sirve para coincidir con la misma bifurcación por la que hemos estado argumentando. No hay en realidad demasiada diferencia entre sostener que la tribulación continúa a lo largo de todo el tiempo de los siete años, y que el día del Señor comienza a mitad de la semana, y sostener que la primera mitad tiene que ver con la ira del hombre (que, por supuesto, conlleva una creciente persecución y dificultades para los hijos de Dios bajo el poder de la bestia), y que la segunda mitad hay que considerarla la Gran Tribulación durante la cual se da rienda suelta a la ira del Señor sobre la civilización del Anticristo dominada por Satanás. Personalmente no veo dificultad es describir esta última mitad como el día del Señor. Los enfoques de los pretribulacionistas y los de la mitad de la semana septuagésima están de acuerdo en que la Iglesia del Nuevo Testamento ha sido ya arrebatada con seguridad y retirada de este escenario antes de que empiece este nefasto final.

En cuanto a la objeción presentada por el doctor Feinberg (p. 63), saco la impresión de que él no tiene en cuenta la distinción entre la ira del hombre y la ira de Dios. Sería un serio malentendido sacar la conclusión, de esta terminología antitética, que tenemos a Dios inactivo por completo durante los primeros tres años y medio, o que su soberanía está en alguna forma suspendida. Por el contrario, está bien claro que Dios nunca cesa en Su actividad como soberano supremo de todo el universo. Él sabe cómo usar aun a los malvados y desobedientes (como al faraón en el tiempo de Moisés) para llevar adelante Sus propósitos supremos y siempre sabios. Pero cuando hablamos de la «ira del hombre» como el elemento distintivo de la primera mitad de la «semana», queremos decir que la ira del Anticristo y sus asociados en el gobierno es el rasgo dominante en el escenario de este drama. La medida cruel y coercitiva tomada para obligar a toda la Humanidad a someterse a esta dictadura idólatra son de exclusiva responsabilidad de la bestia y del falso profeta y de todos sus colaboradores. De ninguna manera puede ser atribuida a Dios la culpa de esta brutalidad. Pero a medida que la segunda mitad de la semana empieza a desarrollarse, con la Iglesia retirada con seguridad de la escena, la indignación del Señor estalla con un poder abrumador y sobrenatural. Es Dios quien domina ahora el escenario, no el Anticristo. Por esta razón hacemos bien en referirnos a este período como la «ira de Dios». Si bien es cierto que los primeros cuatro sellos de Apocalipsis 6 son componentes del libro de los destinos abierto por el Cordero, estaría injustificado decir que estos cuatro eventos iniciales de la primera mitad de la «semana» son manifestaciones de la *ira* de Dios, como Feinberg parece implicar (p. 63) aun cuando podrían ser incluidas en el *plan* de Dios. Al caballo blanco de Apocalipsis 6:2 se le entiendepor lo general como descriptivo de la llegada del Anticristo al poder, y el caballo blanco mismo es un símbolo de victoria. El jinete del caballo rojo del que se habla en 6:4 sugiere la matanza de la guerra que marcará su progreso hacia el dominio mundial. El tercer sello presagia las condiciones cercanas a la hambruna que son el resultado del extenso conflicto y del daño que causa al suministro de alimentos. El cuarto sello (v. 8) se refiere a una terrible y extensa epidemia que ocasionará una enorme mortandad en todo el mundo. Como hemos sugerido arriba, son estos cuatro sellos los que corresponden a la primera mitad de la «semana», y no son expresión de la ira de Dios en una escala milagrosa ni apocalíptica. Ellos solo presentan en una escala un poco aumentada la misma triste historia que los siglos anteriores han presenciado con frecuencia, a lo largo de la historia de la Humanidad. No es hasta que nos movemos al sexto y séptimo sellos, como se indicó en la discusión previa, que encontramos elementos que tienen que ver en específico con la ira de Dios, que desciende sobre la tierra durante los últimos tres años y medio.

En la página 63 el doctor Feinberg plantea la cuestión de cómo la protección prometida a los santos en Apocalipsis 3:10 puede ser conciliada con los tres años y medio iniciales, durante los cuales muchos son martirizados por el gobierno de la bestia. «Uno podría preguntarse», dice él, «en qué sentido son preservados». La respuesta es que ellos van a ser preservados, según Apocalipsis 3:10, de «la hora de la prueba que ha de venir sobre el mundo entero (RVR 1960)». Y esta «prueba» debe referirse a algo más intenso, o cualitativamente diferente, de la clase de persecución que ha caracterizado toda la historia de la Iglesia cristiana durante los tiempos de gran persecución. Esto es, las aflicciones y martirios predichos para los primeros tres años y medio no son en esencia diferentes de los períodos de la severa persecución romana antes del reinado de Constantino. Pero Apocalipsis 3:10 debe referirse a un nivel de destrucción horrible y abrumador que sobrepasará a todo lo antes conocido. Como Jesús lo describió en el discurso del monte de los Olivos: «Porque habrá una gran tribulación, como no la ha habido desde el principio del mundo hasta ahora, ni la habrá jamás» (Mt 24:21, NVI). Justo antes de esta declaración, Cristo había indicado que muchas de esas persecuciones afligirían a los santos antes de la tribulación (vv. 7-11, 15-19). Sin duda alguna, la Iglesia pasó por medio de esas experiencias de pruebas mucho antes del comienzo de la semana septuagésima, el mismo tipo de pruebas que se detallan en *Apocalipsis* para la primera mitad de la semana. Por tanto, concluimos que carece de fuerza esta objeción relacionada con Apocalipsis 3:10.

El doctor Feinberg habla en la página 63 de la renovación de los sacrificios durante el período milenial como un reflejo de la necesidad de encontrar expiación por el pecado (Ez 43:13-27). Si bien esto no guarda una relación exacta con el asunto del tiempo del Rapto, me gustaría dejar constancia de mi desacuerdo de una forma enfática. A la luz de la afirmación explícita en Hebreos 10:12, de que la expiación realizada por nuestro Señor Jesucristo era, es, y será siempre suficiente para cubrir los pecados de todos los creyentes, sería necesario nada menos que la cancelación de la eficacia de la cruz durante el Milenio para que los sacrificios *expiatorios* fueran necesarios o apropiados. No obstante, el énfasis que ponen en la expiación y redención hecha por Cristo y que alaban el coro de santos y ángeles en el cielo (Ap 5:6-10) justo en el umbral del Milenio, hace que esta interpretación sea insostenible. Si bien es cierto que el término del Antiguo Testamento que se usa en Ezequiel 43 para sacrificio es por lo general עוֹלוֹת («ofrendas quemadas»), sin embargo, debemos ver en esta expresión solo el uso de un término inteligible para la audiencia del Antiguo Testamento a su nivel de entendimiento de la expiación antes de la cruz, pero interpretado en armonía con las condiciones cambiantes que van a imperar durante el tiempo del cumplimiento profético. Hay muchos ejemplos de este principio en la profecía; por ejemplo, las referencias al papel de «Asiria» en Zacarías 10:10-11 mucho después que este imperio histórico hubiera sido destruido para siempre. O la prominencia de «Babilonia» en el libro de Apocalipsis, aun cuando la Babilonia histórica estaba casi deshabitada para fines del primer siglo d. C. y estaba destinada a quedar totalmente abandonada unos pocos siglos después que su misma ubicación quedara casi olvidada. (Cp. Is 13:20, que declara que Babilonia sería de nuevo habitada después de su destrucción.) Lo mismo sucede con las ofrendas quemadas. No tendrán eficacia expiatoria —porque la expiación ya ha sido llevada a cabo en el Calvario— pero servirán como elementos de esa forma de *santa comunión* que será instituida durante el Milenio. Que la forma presente del pan y el vino será mantenida solo hasta el Segundo Advenimiento queda bien en claro por lo que Jesús mismo dijo (según 1 Corintios 11:26). Cabe esperar, por tanto, que después de la Segunda Venida algunos elementos diferentes serán preparados para la era del Reino, y con toda naturalidad también, elementos reminiscentes de aquellos señalados por Dios para su antiguo pueblo en el tiempo de Moisés.

En la página 75 el doctor Feinberg plantea un punto muy interesante en relación con el tiempo de la conversión del Israel de los últimos días a la fe en Cristo. El arrepentimiento por la culpa de la crucifixión que abrumará la conciencia de los judíos en aquel día no se menciona en Zacarías 12 hasta después que su heroica defensa de Jerusalén frente los ataques paganos, potenciada por Dios, ha sido descrita en los primeros nueve versículos. Feinberg parece dar por supuesto que su conversión no sucederá en realidad hasta que Cristo regrese en forma corporal a la tierra y ellos le vean con sus propios ojos. Si la descripción de Zacarías 12 es secuencial en el tiempo, esta sería una deducción válida, pero es imposible suponer que Dios libere de forma tan notable al pueblo judío si ellos persisten en rechazar a Cristo como Salvador hasta el mismo final de la semana septuagésima. Fue, después de todo, precisamente porque ellos rechazaron a Jesús delante del tribunal de Pilato que el Señor los condenó a una derrota total y a la destrucción de Jerusalén como ciudad al final del primer levantamiento en el año 70 d. C. Es, por tanto, inconcebible que el Señor los ponga de nuevo bajo su especial protección y favor mientras que todavía persistan en rechazar a Cristo. El mismo apóstol Pablo afirma en Romanos 11:23 en relación con sus propios compatriotas: «Y si ellos dejan de ser incrédulos, serán injertados, porque Dios tiene poder para injertarlos de nuevo». En otras palabras, la incredulidad hacia Jesús impide que los judíos sean restaurados a la protección y el favor de Dios.

A mí me parece que podemos escoger una de dos opciones al tratar con esta aparente dificultad. O bien debemos entender Zacarías 12:10-14 como que se refiere a una experiencia de conversión anterior a la resistencia exitosa frente al ataque contra Jerusalén, que se describe en los versículos 1-9 (y esto es del todo posible, puesto que Zacarías no siempre observa una pauta estricta cronológica; cp. Zac 13:7 y Mt 26:31) o podemos entender estos versículos como que se refieren a una experiencia de avivamiento entre ellos cuando ellos de verdad contemplan al Señor en su cuerpo glorificado, al tiempo de su regreso a la tierra para aplastar toda rebelión contra Dios. Un examen detenido de esos versículos no demuestra de por sí una primera experiencia de conversión. Puede que los versículos indiquen una experiencia que estremece al alma con un profundo horror ante el crimen de la cruz, tal como en ocasiones cae aun sobre aquellos que han sido verdaderos creyentes durante muchos años.

En la página 74 el doctor Feinberg aborda la interesante cuestión de la aparición de ciudadanos no regenerados en la era del Reino. En teoría no debe haber personas no regeneradas en el Milenio. Como dice la promesa de Dios en Isaías 60:21: «Entonces todo tu pueblo será justo». No obstante, encontramos en Zacarías 14:17-19 que Dios impondrá ciertas sanciones severas contra cualquiera de las «familias de la tierra» que deje de subir regularmente a Jerusalén para la fiesta de los Tabernáculos; ellos experimentarán graves sequías y enfermedades mortales. Tales medidas disciplinarias son un fuerte indicador de que algunos de los seguidores terrenales de Cristo durante el Milenio no serán verdaderos creyentes. Eso queda bien confirmado por el éxito de Satanás después de ser soltado de su encarcelamiento de mil años al final del Milenio; él logrará organizar una rebelión final contra el reinado de Cristo (Ap 20:7-9). Esto sugiere que algunos que crezcan durante el Milenio se rebelarán contra el Señor, aun cuando puede que sus padres puedan ser verdaderos creyentes regenerados. Es probable que la sugerencia de Paul Feinberg sea la mejor explicación: Aun cuando a ningún incrédulo se le permitirá entrar en el Reino después que Cristo se establezca sobre el trono de David, es posible que sus hijos puedan, de manera encubierta, por lo menos volverse en contra del Señor en sus corazones, y de esa forma estén listos para ser reclutados en el ejército terrenal de Satanás en contra del Señor y su Reino. Eso dará como resultado un segundo conflicto como el del Armagedón mil años antes (Ap 20:8-9).

3

ARGUMENTOS A FAVOR DE LA POSICIÓN DEL RAPTO EN MEDIO DE LA SEMANA SEPTUAGÉSIMA

Gleason L. Archer

3

ARGUMENTOS A FAVOR DE LA POSICIÓN DEL RAPTO EN MEDIO DE LA SEMANA SEPTUAGÉSIMA

Gleason L. Archer

Gleason L. Archer es profesor de Antiguo Testamento en el Trinity Evangelical Divinity School. Obtuvo su licenciatura en teología en el Seminario Teológico Princeton, su licenciatura en leyes en el Suffolk University Law School, y su doctorado en filosofía en Harvard Graduate School. El doctor Archer ha escrito, entre otros libros, *In the Shadow of the Cross*, *Survey of Old Testament Introduction*, y *Encyclopedia of Bible Difficulties*. Ha fungido como presidente de la Asociación de Escuelas Cristianas de la Nueva Inglaterra y como miembro de la junta del Concilio Internacional de Inerrancia Bíblica.

INTRODUCCIÓN

A la luz de los actuales acontecimientos mundiales es natural que se preste una seria atención a la enseñanza de las Escrituras concernientes al regreso del Señor Jesús para el Rapto de su Iglesia. Esta doctrina la encontramos establecida en 1 Tesalonicenses 4 y otros pasajes relacionados. ¿Enseña la Biblia que este evento trascendental tendrá lugar en el umbral de la semana septuagésima de la visión de Daniel (Dn 9), que es el punto de vista pretribulacionista, o sucederá al final de ese período de siete años, justo antes de la batalla de Armagedón, que es la teoría postribulacionista? Dentro de las filas de los evangélicos sinceros que creen en la inerrancia de las Santas Escrituras y en el cumplimiento de toda la profecía bíblica, hay una diferencia de opiniones. Nos encontramos con defensores apasionados de cada interpretación. Entre estos dos puntos de vista hay un tercero, el punto de vista de que el Rapto sucederá en el punto medio entre el comienzo del último período de siete años y su final. Este enfoque medianero tiene éxito en evitar las dificultades de cada una de las otras dos teorías y también hace justicia a los dos períodos de tres años y medio que aparecen mencionados en Daniel 7:25; 9:27; 12:7, 11; y también en Apocalipsis 11:2. Ni los pretribulacionistas ni los postribulacionistas han sido capaces de aportar una explicación convincente para este énfasis sobre el punto medio de la semana septuagésima de Daniel.

EL RAPTO PRECEDERÁ EL SEGUNDO ADVENIMIENTO DE CRISTO

La teoría postribulacionista sostiene que la Iglesia tendrá que sufrir todas las persecuciones y plagas que afligirán al mundo antes del regreso de Cristo. El Rapto (1 Ts 4:14-18) será un fase preliminar a la aparición del Señor Jesús que vendrá para imponer su juicio justo sobre toda la Humanidad rebelde. No habrá un intervalo significativo entre la venida de Cristo en las nubes para recibir a su Iglesia y su regreso a la tierra para el castigo de la bestia y todos sus ejércitos en Armagedón. La Iglesia habrá sido purgada y purificada en las llamas de la persecución. Los santos deben estar preparados para enfrentar sus pruebas con tanto valor y nobleza como lo hicieron sus antecesores antes del reinado de Constantino el Grande.

Parece que hay al menos cinco objeciones al punto de vista postribulacionista: (1) No da explicación de la actitud de anhelante expectativa personal que caracterizó a los apóstoles y santos del primer siglo al esperar con deseo el regreso del Señor. (2) Es difícil que haga justicia a la secuencia de eventos en el pasaje sobre el Rapto (1 Ts 4) y el pasaje sobre el día del Señor (1 Ts 5). (3) No da el suficiente peso a aquellos pasajes del Nuevo Testamento que hablan de la Iglesia como que es librada de la ira de Dios que experimentará el mundo incrédulo. (4) No aporta ninguna explicación satisfactoria para los santos en vestiduras blancas que acompañan al jinete del caballo blanco descrito en Apocalipsis 19, que regresa a la tierra con el fin de aplastar la rebelión y castigar el pecado. (5) Varios pasajes de Isaías se refieren a la población del reino milenial formada por creyentes de carne y hueso que disfrutarán de una larga vida de prosperidad y paz. Pero si *todos* los creyentes van a estar incluidos en el Rapto justo antes de la batalla de Armagedón, y si *todos* los santos que son arrebatados estarán revestidos de sus cuerpos resucitados (1 Ts 4; 1 Co 15), ¿de dónde van a venir estos habitantes de la tierra no transformados que formarán la ciudadanía del reino terrenal de Cristo? Vamos a examinar estas dificultades en el orden mencionado arriba.

La actitud de expectativa del primer siglo

El punto de vista postribulacionista da por cierto un intervalo de siete años entre el comienzo de la semana septuagésima de la profecía de Daniel y el Rapto de la Iglesia. Aun cuando puede haber señales de la venida del Señor que tienen que cumplirse antes que la Iglesia sea llevada a la gloria, resulta difícil conciliar un período de siete años con el sentido de emoción y expectativa transmitido por pasajes como 1 Tesalonicenses 4 y 1 Corintios 15. Pablo parece incluirse a sí mismo entre los participantes potenciales de ese gran acontecimiento. 1 Tesalonicenses 4:17 declara: «Luego los que estemos vivos, los que hayamos quedado, seremos arrebatados junto con ellos en las nubes para encontrarnos con el Señor en el aire. Y así estaremos con el Señor para siempre». Una vez más, en 1 Corintios 15:51, encontramos esa expresión de una manera más vívida: «Fíjense bien en el misterio que les voy a revelar: No todos moriremos, pero todos seremos transformados, al toque final de la trompeta. Pues sonará la trompeta y los muertos resucitarán con un cuerpo incorruptible, y nosotros seremos transformados». Es concebible que Pablo usara el pronombre personal plural para transmitir su solidaridad con el resto de la Iglesia cristiana, incluidos aquellos que serían convertidos en el futuro lejano; pero la impresión particular que nos da es que Pablo pensaba en sí mismo como un posible candidato para esta emocionante experiencia. Una deducción similar la podemos sacar de Romanos 13:11-12: «Hagan todo esto estando conscientes del tiempo en que vivimos. Ya es hora de que despierten del sueño, pues nuestra salvación está ahora más cerca que cuando inicialmente creímos. La noche está muy avanzada y ya se acerca el día. Por eso, dejemos a un lado las obras de la oscuridad y pongámonos la armadura de la luz». Para estar seguros, no hay una referencia específica al Rapto, pero la cercanía potencial del regreso del Señor parece estar implícita mediante el uso del término *salvación* en este contexto particular. Estos pasajes apuntan en la dirección de una expectativa «en cualquier momento» de parte del apóstol. Pero aun si el cumplimiento de las señales debe preceder al Rapto, el intervalo de tres años y medio se ajusta mejor a la idea de inminencia que el período completo de siete años postulado por los postribulacionistas.

La secuencia de eventos de 1 Tesalonicenses 4—5

Primera Tesalonicenses 4:14-18 presenta una predicción del Rapto de la Iglesia, y 5:1-9 describe el «día del Señor» como un evento separado y subsiguiente: «Ahora bien, hermanos, ustedes no necesitan que se les escriba acerca de tiempos y fechas, porque ya saben que el día del Señor llegará como ladrón en la noche. Cuando estén diciendo: "Paz y seguridad", vendrá de improviso sobre ellos la destrucción, como le llegan a la mujer encinta los dolores de parto. De ninguna manera podrán escapar». Si bien es cierto que no se especifica aquí un lapso claro entre el Rapto y la ira de Dios sobre la Humanidad incrédula, no obstante, la mención de «tiempos y fechas» en el versículo 1 es una fuerte alusión a que hay involucrado un intervalo significativo. El Rapto y el día del Señor es difícil que puedan ser parte del mismo acontecimiento en la manera supuesta por la interpretación postribulacionista.

La iglesia será librada de la ira de Dios

Aunque no hay ningún pasaje que afirme esto explícitamente, encontramos varias declaraciones en el Nuevo Testamento que sugieren que los creyentes nacidos de nuevo serán librados del derramamiento de la ira de Dios en los últimos años antes de Armagedón. 1 Tesalonicenses 5:9 declara: «Pues Dios no nos destinó a sufrir el castigo sino a recibir la salvación por medio de nuestro Señor Jesucristo». Esto se puede tomar como una referencia a la ira de Dios en general en contra del pecado y que culmina en la condenación al infierno de los que no se arrepientan. Lo mismo se puede decir de Romanos 5:9: «Y ahora que hemos sido justificados por su sangre, ¡con cuánta más razón, por medio de él, seremos salvados del castigo de Dios!». Quizá 1 Tesalonicenses es también general: «... y esperar del cielo a Jesús, su Hijo a quien resucitó, que nos libra del castigo venidero». Pero la promesa dada en Apocalipsis 3:10 a la iglesia en Filadelfia difícilmente pueda ser interpretada en esa forma tan general: «Por cuanto has guardado la palabra de mi paciencia, yo también te guardaré de la hora de la prueba que ha de venir sobre el mundo entero, para probar a los que moran sobre la tierra (RVR 1960)». Si estos versículos quieren en realidad decir algo, garantizan que los creyentes fieles y verdaderos serán rescatados de un período de gran prueba y dificultad que vendrá sobre todo el mundo en general. Pero en base de la presuposición postribulacional no habrá ninguna diferenciación para nada; lo que venga sobre el mundo en general vendrá sobre la Iglesia, que todavía vivirá en el mundo. Parece que no hay forma de conciliar este versículo con el enfoque postribulacional.

Este pasaje nos invita a un comentario especial en relación con una interpretación diacrónica que se da por lo común a las siete iglesias de Asia. En esta interpretación, cada iglesia sucesiva, desde Éfeso a Laodicea, representa una fase sucesiva en la historia del cristianismo desde los tiempos apostólicos hasta los últimos días. Según ese esquema, la iglesia de Filadelfia representaría al movimiento misionero moderno del siglo 19 y principios del 20, y la iglesia de Laodicea simbolizaría la etapa final de la tibieza y la apostasía que precederá al regreso de Cristo. Pero puesto que la promesa de liberación de la hora de la prueba (Ap 3:10) está dirigida a la iglesia de Filadelfia en vez de a la de Laodicea, la interpretación diacrónica no puede sostenerse. Solo podemos inferir que en los últimos días habrá iglesias fieles y basadas en la Biblia, como la iglesia de Filadelfia en Asia, y que los cristianos con ese firme compromiso con la Palabra de Dios serán rescatados por la intervención divina de esa «hora de la prueba» que va a probar al resto del mundo. Es más razonable identificar este rescate con el Rapto, que precederá al derramamiento de la ira penal de Dios sobre la tierra maldita por el pecado, como se indica en Apocalipsis 6:9-19.

El jinete montado en el caballo blanco

En Apocalipsis 19:11-15 se nos presenta la magnífica escena del regreso triunfal del Señor Jesucristo, que viene a someter a la tierra rebelde y a establecer su gobierno sobre los reinos de la Humanidad. En el versículo 14 leemos: «Lo siguen los ejércitos del cielo, montados en caballos blancos y vestidos de lino fino, blanco y limpio» ¿Quiénes serán estos jinetes vestidos de lino? Es indudable que incluirán a los ángeles del cielo, puesto que Jesús mismo se refiere a su regreso en Marcos 8:38 al decir: «Cuando venga en la gloria de su Padre con sus santos ángeles» (cp. también Judas 14). Pero en este contexto el énfasis está puesto sobre el hecho de que los santos redimidos esartán vestidos de lino blanco como un símbolo de su fe sincera y de su vida santa. Apocalipsis 19:7-8 deja esto bien en claro, porque es a la esposa del Cordero a quien se le ha concedido ir vestida de lino blanco, y «El lino fino representa las acciones justas de los santos». Por lo tanto, debemos llegar a la conclusión de que la referencia primaria en el versículo 14 es a la multitud de creyentes redimidos que siguen a Cristo en comitiva al descender Él del cielo para someter a la tierra.

En este momento tenemos que tratar con la cuestión de dónde proceden estos santos vestidos de lino blanco. Es obvio que del cielo, ¿pero cómo llegaron allí? Según el punto de vista postribulacional los únicos santos que están en la gloria son aquellos que han muerto en la fe y que están esperando el día de la resurrección, en que serán revestidos de sus cuerpos resucitados (2 Co 5:2). No obstante, a este poderoso ejército de santos se le ha concedido el ir vestido con vestiduras blancas como Cristo mismo. Es difícil evitar la deducción de que ellos ya han visto al Señor, como leemos en 1 Juan 3:2: «Sabemos, sin embargo, que cuando Cristo venga seremos semejantes a él, porque lo veremos tal como él es». Al parecer, se encuentran entre aquellos que fueron «arrebatados junto con ellos en las nubes para encontrarnos con el Señor en el aire», según la promesa de 1 Tesalonicenses 4:17. Pero esto solo puede ser verdad si esos santos en vestiduras blancas han sido ya arrebatados y se han unido a las huestes celestiales en algún momento antes del regreso triunfante de Cristo a la tierra. Estas consideraciones parecen eliminar en efecto la posibilidad de un Rapto postribulacional.

Creyentes de carne y hueso en el Milenio

Isaías 65:17-25 describe el nuevo orden del reino milenial: «Presten atención, que estoy por crear un cielo nuevo y una tierra nueva… Estoy por crear una Jerusalén feliz, un pueblo lleno de alegría. Me regocijaré por Jerusalén y me alegraré en mi pueblo; no volverán a oírse en ella voces de llanto ni gritos de clamor». Esto tiene paralelismo con lo que se describe en Apocalipsis 21:1-4: «Él les enjugará toda lágrima de los ojos. Ya no habrá muerte, ni llanto, ni lamento, ni dolor, porque las primeras cosas han dejado de existir». Es evidente que Apocalipsis describe un nuevo orden, el cual comenzará después de la supresión de la rebelión final de la humanidad que rechaza a Cristo *al cierre* del Milenio más bien que a su comienzo. Apocalipsis 20:7-10 especifica:

«Cuando se cumplan los mil años, Satanás será liberado de su prisión, y saldrá para engañar a las naciones que están en los cuatro ángulos de la tierra —a Gog y a Magog—, a fin de reunirlas para la batalla. Su número será como el de las arenas del mar. Marcharán a lo largo y a lo ancho de la tierra, y rodearán el campamento del pueblo de Dios, la ciudad que él ama. Pero caerá fuego del cielo y los consumirá por completo». Entonces los últimos versículos de este capítulo anticipan el juicio final del «gran trono blanco», el cual sellará el destino de la población del Milenio que se ha unido a Satanás en su rebelión contra Dios. Pero concluyo que Isaías 65 no se refiere a la fase postmilenial como tal, porque Apocalipsis 21:4 claramente afirma que «ya no habrá muerte», mientras que Isaías se refiere a: «ancianos que no completen sus años. El que muera a los cien años será considerado joven». Por tanto, debemos concluir que en esta ciudad de Dios de los últimos días en la tierra todavía habrá muerte física mientras que en el cielo ya no la habrá.

Así pues, si el reino milenial va a estar habitado solo por creyentes («Entonces todo tu pueblo será justo y poseerá la tierra para siempre», Is 60:21), ¿de dónde vendrán estos santos? Con toda seguridad habrá muchos santos resucitados que vivirán y reinarán con Cristo durante el Milenio (Ap 20:4), pero ¿quiénes serán los ciudadanos del reino que no morirán hasta que no tengan al menos cien años? Según las presuposiciones de la postribulación *todos* los verdaderos creyentes serán arrebatados para encontrarse con el Señor en el aire *al final* de la Tribulación. Como tales recibirán sus cuerpos inmortales de resurrección («Pues sonará la trompeta y los muertos resucitarán con un cuerpo incorruptible, y nosotros seremos transformados. Porque lo corruptible tiene que revestirse de lo incorruptible, y lo mortal, de inmortalidad [1 Co 15:52-53]»). No habrá un intervalo de tiempo en el cual nuevos creyentes puedan ser ganados para el Señor después del Rapto, y que vivan para poblar la tierra durante el Milenio. Este factor habla de forma decisiva a favor de un período de tiempo importante entre el Rapto y el regreso del Señor Jesús para imponer juicio sobre la tierra. Si el Rapto tiene lugar siete años antes o incluso tres años y medio antes de la batalla de Armagedón, habrá una oportunidad adecuada para que el impacto de la desaparición repentina de todos los creyentes regenerados se haga sentir. Es casi inevitable que el gran número de amigos, familiares y compañeros de trabajo a los que estos creyentes habían dado testimonio se convenzan de la verdad del Evangelio y se vuelvan al Señor en gran número, a pesar de la feroz oposición de la bestia y de todos sus secuaces. Estos convertidos formarán una base sustancial sobre la cual edificar la población del reino milenial. Pero ese desarrollo se hace imposible sobre la base de las presuposiciones postribulacionalistas.

CIERTAS SEÑALES PRECEDERÁN AL RAPTO

Bajo este encabezamiento general examinaremos siete áreas problemáticas en relación con la teoría del Rapto antes de la semana septuagésima. (Usamos esta expresión a fin de distinguir el punto de vista de la pretribulación de la forma de pretribulacionismo en-medio-de-la-semana septuagésima.)

El discurso del monte de los Olivos predice el Rapto

Los defensores de este punto de vista sostienen por lo general que el discurso del monte de los Olivos de Mateo 24 y Marcos 13 se refiere solo a la Segunda Venida de Cristo y no tiene nada que ver con el Rapto. Mediante esta interpretación, las varias referencias a señales que indican el Segundo Advenimiento no tienen ninguna relación con el tiempo o circunstancias del regreso previo del Señor a buscar a su Iglesia. El Rapto, entonces, no será anunciado por ninguna indicación de advertencia. Puede venir en cualquier momento, sin esperarlo, como ladrón en la noche (1 Ts 5:2; 2 P 3:10). Pero una vez que el Rapto ha sucedido, entonces empezarán a aparecer todas las otras señales predichas en el discurso del monte de los Olivos y pasajes similares (tales como 2 Ts 2), y después que haan acabado los siete años, todo explotará como una bomba de tiempo y las potencias mundiales serán aplastadas en Armagedón. El Rapto en sí no será observado por los inconversos; solamente los verdaderos creyentes verán que acontece y participarán en sus benditos resultados. Lo único que el mundo verá será la desaparición repentina e inexplicable de todos los cristianos.

A fin de sostener esta tesis que el discurso del monte de los Olivos no contiene ninguna referencia al Rapto es del todo esencial demostrar que los discípulos a quienes Él les revela esta profecía no fueron tratados como miembros de la Iglesia del Nuevo Testamento, sino solo como representantes del Israel convertido de los últimos días. Como tales, ellos podían ser animados a esperar el cumplimiento de las señales predichas por nuestro Señor y resumidas por el florecimiento de la higuera (Mt 24:42). Pero mantener una posición como esa parece ir en contra del postulado más básico de la hermenéutica evangélica, esto es, la perspicuidad de las Escrituras.

Si los apóstoles y los discípulos que constituyeron la Iglesia cristiana con el descenso del Espíritu Santo en el día de Pentecostés no eran verdaderos miembros o representantes de la Iglesia cristiana, ¿quiénes podrían serlo alguna vez? Aparte de los dos libros compuestos por Lucas, todo el resto del Nuevo Testamento fue escrito por judíos creyentes. Durante los primeros cinco años de la existencia de la Iglesia cristiana, durante los cuales se añadieron varios miles de nuevos creyentes, apenas se podían encontrar no judíos en todo el conjunto. Todas las otras amonestaciones y advertencias dirigidas a los Doce tuvieron sin duda una intención personal y encontraron su cumplimiento o aplicación en sus vidas posteriores. ¿Cómo podría ser que el discurso del monte de los Olivos, y solo ese, fuera una excepción de este principio? ¿Cómo podemos imaginarnos que cuando Cristo dijo a sus discípulos: «Estas son las señales que vosotros buscáis», Él quería en realidad quería decir, «Vosotros nunca veréis estas señales para nada, pero en 1900 años algunos lejanos descendientes estarán esperando estas señales»? Una interpretación como esta parece violar por completo el principio de interpretación literal o normal que subyace en la exégesis gramática-histórica de las Escrituras. Nosotros debemos, por supuesto, comparar otros pasajes que tienen que ver con este mismo tema como una ayuda para entender este capítulo de forma correcta, pero no podemos ir al extremo de decir que Cristo quiere decir lo opuesto de lo que dijo. No obstante, si Él dirige sus comentarios a personas no existentes que ni siquiera nacerían hasta diecinueve siglos después, entonces el discurso del monte de los Olivos se reduce a: «Estas son las señales que estáis buscando; pero cuando digo "vosotros" no me refiero exactamente a *vosotros* sino a una generación de unos 2000 años en el futuro. Y cuando digo que "esperéis estas señales, no tenéis que buscarlas, porque vosotros no vais a vivir lo suficiente como para llegar a verlas"». Esta clase de interpretación equivale a una seria violación de la perspicuidad de las Escrituras. Estamos obligados a creer que cuando Jesús dio una predicción o un mandamiento, había que creerlo y obedecerlo tal como fue expresado, en vez de pensar en una forma misteriosa solo para poder descubrirla por los que estuvieran iniciados o mediante alguna forma especial de interpretación no derivada del texto mismo.

Así pues, si vamos a seguir el uso normal del lenguaje y tomar las palabras del discurso del monte de los Olivos en su sentido ordinario y obvio, no tenemos más opción que entenderlo como dirigido a los representantes de la Iglesia cristiana, esto es, a los apóstoles mismos. Y si la Iglesia cristiana va a dedicarse a esperar las señales de la venida de Cristo, entonces apenas podemos hablar de un Rapto en cualquier momento como una enseñanza de Cristo ni de sus apóstoles. Hay que reconocer que resulta difícil encontrar algún punto cierto en el discurso del monte de los Olivos que indique la desaparición de la iglesia a mediados de los últimos siete años. Quizá lo encontremos después del versículo 14, que declara: «Y este Evangelio del reino se predicará en todo el mundo como testimonio a todas las naciones, y entonces vendrá el fin». En vista del alcance mundial de las misiones cristianas dentro del último siglo y medio y todo eso mucho antes del Rapto de la Iglesia, esta sería una tesis atractiva para mantener. Si es así, hay entonces al menos ocho señales que precederán al Rapto, y que la iglesia cristiana debe esperar. Son, según Mateo 24:4-14, como sigue: (1) falsos Cristos (tales como aparecieron en las eras apostólica y posapostólica); (2) guerras y rumores de guerras (de lo cual la historia reciente de Europa y del Cercano Oriente dan abundante confirmación); (3) hambrunas; (4) terremotos; (5) odios, persecuciones y martirios dirigidos contra los verdaderos creyentes en Cristo: (6) apostasía y traición dentro de las filas de la Iglesia profesante; (7) la supervivencia triunfante de un remanente de verdaderos creyentes hasta el mismo final; (8) la extensión mundial del Evangelio. Después de todo esto, llegará el *fin* (τέλος), mediante lo cual nuestro Señor pudo haberse referido el horror final de los tres años y medio durante los cuales la ira de Dios será derramada sobre la tierra.

No obstante, hay que admitir que el punto de ruptura después del versículo 14 es sólo una de las varias interpretaciones posibles. Es interesante que no se mencione la Gran Tribulación como tal hasta el versículo 21, lo que lo haría específicamente pertinente para la última mitad de la «semana» más bien para todo el período de siete años antes del Armagedón. En el versículo 27 se menciona específicamente la parusía del Hijo del Hombre, y este es el mismo término que se usa en 1 Tesalonicenses 4:15 en relación con el Rapto («los que hayamos quedado hasta la *venida* del Señor». Pero esta parusía parece estar relacionada de una manera más definida con una asombrosa manifestación pública, como el resplandor del relámpago, seguida de una escena de matanza a la cual están invitadas las aves de rapiña (v. 28). Al final de la tribulación (v. 29) aparecerán algunas señales aterradoras en el cielo, tales como el oscurecimiento del sol y de la luna y la caída de las estrellas. Después que la Humanidad haya caído en un estado de desesperación y pánico, entonces el Cristo triunfante enviará a sus ángeles para reunir a todos los escogidos de todos los rincones de la tierra (lo que puede referirse a los santos del Rapto o a los santos convertidos durante la Tribulación) en respuesta al sonido de una trompeta celestial (que también figura en el pasaje de 1 Tesalonicenses 4 y en 1 Corintios 15:52). Quizá ese toque de trompeta podría ser apropiado para ambas ocasiones, tanto el Rapto como la Segunda Venida para juicio.

Pero si el tiempo preciso del Rapto no puede ser establecido con claridad mediante el texto del discurso del monte de los Olivos —aparte de la sugerencia basada en conjeturas del versículo 14 que ofrecimos arriba— hay muy poco que debatir en cuanto a 2 Tesalonicenses 2:1-4, que especifica las señales que precederán al Rapto:

> Ahora bien, hermanos, en cuanto a la venida [*parusía*] de nuestro Señor Jesucristo y a nuestra reunión con él [sin duda una referencia al Rapto], les pedimos que no pierdan la cabeza ni se alarmen por ciertas profecías, ni por mensajes orales o escritos supuestamente nuestros, que digan: «¡Ya llegó el día del Señor!» No se dejen engañar de ninguna manera, porque [ese día no vendrá]

primero tiene que llegar la rebelión [la palabra *apostasia* debería en realidad traducirse aquí como *la apostasía*] contra Dios y manifestarse el hombre de maldad [*anomias*], el destructor por naturaleza.

En realidad la expresión traducida «Ya llegó» es la palabra griega ἐνέστηκεν, que en 2 Timoteo 3:1 y 1 Corintios 7:26 a las claras significa «latente, inminente», y puede que tenga también ese significado aquí. La versión RVR 1960 traduce «el día del Señor está cerca». Si eso es así, parece claro que la enseñanza que Pablo corregía como errónea era la del Rapto en cualquier momento. Algunos argumentaban que el día de Cristo, que implicaba la reunión de todos los cristianos creyentes con Cristo, era ya inminente. Pero el apóstol aquí responde con una negativa firme. Él dice: No, no está cerca, no puede estarlo hasta que ciertas señales sean cumplidas primero, esto es, el comienzo de la apostasía en la Iglesia y la aparición de la bestia («el hombre de maldad»). Luego continúa y especifica cómo este agente de Satanás se manifestará a sí mismo: «Éste se opone y se levanta contra todo lo que lleva el nombre de Dios o es objeto de adoración, hasta el punto de adueñarse del templo de Dios y pretender ser Dios» (v. 4).

De este pasaje de 2 Tesalonicenses 2:3-4 deducimos que hay dos señales más que deben cumplirse antes del Rapto: la edificación del templo de Dios —se presume que sea en el sitio del templo de Salomón en Jerusalén— y la entronización del Anticristo en ese templo como una personificación de lo divino. Pablo a las claras notifica a sus contemporáneos de la Iglesia cristiana de su tiempo (una Iglesia predominantemente gentil en la ciudad griega de Tesalónica) que ellos no pueden esperar el Rapto hasta que tenga lugar la apostasía (ya anticipada en el discurso del monte de los Olivos), y con ella la profanación del templo del Señor reedificado por la arrogancia del Anticristo, que se exhibirá a sí mismo como si fuera Dios. Así pues, tenemos ahora un total de diez posibles señales que tienen que cumplirse antes que el Señor venga a recibir en el aire a su iglesia. Tenemos también una clara negación de la doctrina del Rapto en-cualquier- momento, porque Pablo sin lugar a equivocación niega que el día del Señor esté cerca (ἐνέστηκεν).

La retirada del poder restrictivo del Espíritu Santo

La mayoría de los defensores de la teoría del Rapto de la pre-septuagésima semana argumentan que la referencia en 2 Tesalonicenses 2:6-7 a la retirada del poder restrictivo del Espíritu Santo del imperio mundial de la bestia señala también a la completa retirada de la Iglesia. Es decir, el Espíritu Santo reside dentro de la Iglesia como el templo espiritual del Señor (1 P 2:5), un estado que corresponde también a cada creyente individual (1 Co 6:9). Por tanto, si el Espíritu Santo es quitado del escenario terrenal, se infiere por necesidad que la Iglesia también lo será. Pero un examen más cuidadoso del texto y de los pasajes relacionados deja bien en claro que ese no era el significado que el autor bíblico tenía intención de transmitir.

En primer lugar, 2 Tesalonicenses 2:7-8 no dice en realidad que el Espíritu Santo será quitado del escenario del mundo durante la semana septuagésima. Lo que sí dice es que Su influencia restrictiva será quitada. «Es cierto que el misterio de la maldad ya está ejerciendo su poder; pero falta que sea quitado de en medio el que ahora lo detiene. Entonces se manifestará aquel malvado, a quien el Señor Jesús derrocará con el soplo de su boca y destruirá con el esplendor de su venida». La frase griega aquí es ἕωσ ἐκ μέσου γένηται, que en un sentido más literal significa «hasta que él sea quitado de en medio». En otras palabras, el Espíritu Santo, que opera por medio de la gracia común (para usar el término teológico técnico) para detener a la sociedad humana no redimida de menospreciar por completo la ley moral, retirará Su influencia restrictiva al comienzo de los últimos siete años, con el resultado de que la sociedad y gobierno humanos se degenerarán cada vez más a la profundidad de la depravación que caracterizó a la generación de Noé (cuando el Espíritu cesó de contender con aquella sociedad caída y completamente corrompida, Gn 6:3). Él suspenderá Sus esfuerzos por restringir el estallido de la inmoralidad y de la depravación que caracterizarán el reinado del Anticristo, y eso le dará a la bestia mano libre para alardear de ser Dios en el templo del Señor. Pero esto no quiere decir, ni puede significar, que el Espíritu Santo se haya retirado a Sí mismo del mundo, porque aparte de la influencia del Espíritu Santo no puede haber ese fenómeno que conocemos como conversión. El relato de Apocalipsis indica que los judíos convertidos, y sin duda también los gentiles convertidos, tendrán un éxito asombroso en el alcance evangelizador durante la tribulación. Pablo sugiere en Romanos 11:15, cuando habla de un regreso nacional a Cristo de parte de la raza judía durante los últimos días: «Pues si el haberlos rechazado [durante la presente era apostólica] dio como resultado la reconciliación entre Dios y el mundo [esto es, la extensión de la invitación del Evangelio a todas las naciones de la tierra], ¿no será su restitución una vuelta a la vida?» En este contexto esto solo puede implicar una asombrosa explosión de energía y poder evangelizador que lleva al enriquecimiento del mundo en su totalidad. Compare el versículo 12: «Pero si su transgresión ha enriquecido el mundo… ¡cuánto mayor será la riqueza que su plena restauración producirá!». También en Apocalipsis 7:9 hay una referencia a «una multitud tomada de todas las naciones, tribus, pueblos y lenguas; era tan grande que nadie podía contarla. Estaban de pie delante del trono y del Cordero». Un poco más tarde, en el versículo 14, esta multitud es identificada como «los que están saliendo de la gran tribulación; han lavado y blanqueado sus túnicas en la sangre del Cordero». En otras palabras, durante la Tribulación habrá un extraordinario movimiento evangelizador como nunca antes ha sucedido en la historia de la Iglesia. Puesto que ningún pecador puede ser llevado al arrepentimiento, la fe y la entrega al señorío de Cristo, excepto por el poder del Espíritu Santo, es por completo inconcebible que durante una era de retirada total del Espíritu Santo del escenario del mundo pueda haber ni una sola conversión, ¡para no hablar de una compañía tan numerosa como esta!

Si entonces tenemos que llegar a la conclusión, como sin duda debemos hacerlo, que el Espíritu Santo en persona no será quitado de la sociedad humana durante el reinado de la bestia, sino solo su influencia restrictiva para con el mal, entonces no se puede sacar ninguna conclusión con respecto a la retirada de la Iglesia. Aunque Él retire Su mano restrictiva al comienzo de la semana septuagésima, estará todavía muy presente para dar fortaleza a los santos a fin de que mantengan firme su fe frente a toda la presión satánica. Él estará también presente durante la Tribulación de la última parte de la semana, y una gran multitud de personas de cada raza y tribu será convertida. Eso será cierto aun depués de que la misma Iglesia haya sido arrebatada, ya sea al principio o a la mitad de los últimos siete años.

La actitud apostólica en relación con la inminencia del Rapto

Ya hemos visto que el apóstol Pablo rechazó la idea del Rapto en-cualquier-momento en su especificación de las señales previas en 2 Tesalonicenses 2:2-3. No obstante, él también alimentó la esperanza de que él mismo participara en el Rapto como un creyente que todavía no había fallecido. «Conforme a lo dicho por el Señor, afirmamos que nosotros, los que estemos vivos y hayamos quedado hasta la venida del Señor, de ninguna manera nos adelantaremos a los que hayan muerto» (1 Ts 4:15). Parece que se incluye a sí mismo como un posible actor en esa dramática escena. Lo mismo sucede en 1 Corintios 15:51: «Fíjense bien en el misterio que les voy a revelar: No todos moriremos, pero todos seremos transformados, en un instante, en un abrir y cerrar de ojos, al toque final de la trompeta». Si bien es posible argumentar que Pablo usa el pronombre personal plural solo con el fin de ilustrar que cuando el Señor venga, Él arrebatará hacia Él a personas que todavía estarán vivas (como Pablo y sus lectores en este tiempo de la composición de la epístola) y que todavía no han pasado por la muerte física, con todo, otros pasajes como Romanos 13:12 («La noche está muy avanzada y ya se acerca el día») y el versículo precedente («nuestra salvación está ahora más cerca que cuando inicialmente creímos») sugieren con mucha fuerza el mismo anhelo acerca del posible regreso del Señor en el propio tiempo de su vida.

¿Cómo tenemos que entender esta actitud de parte de los apóstoles (porque Juan parece reflejar la misma esperanza en 1 Juan 2:8)? ¿Era esto sólo una actitud subjetiva de una gozosa anticipación de su parte? ¿O tenían ellos alguna base objetiva para ese optimismo? Dado que este es un factor muy enfatizado por los pretribulacionistas, merece que le prestemos una cuidadosa atención. ¿Puede una explicación así ser conciliada con una conciencia del cumplimiento de señales previas? Sí se puede, en base de que la situación mundial en los tiempos apostólicos presentaba una serie de factores semejantes a los descritos en el discurso del monte de los Olivos. ¿Había falsos Mesías a mano?

Si, ya había algunos a mano entre los patriotas judíos durante la formación de la resistencia a la tiranía romana, que culminó en el primer levantamiento (años 66-70 d.C.). Durante el segundo levantamiento, que sucedió durante el reinado de Adriano, el rabino Akiba proclamó a Simon Barcochba como el Mesías del Señor. ¿Había guerras y rumores de guerras? Incluso en los reinados de Claudio y Nerón hubo frecuentes invasiones y revoluciones que perturbaron al Imperio Romano. ¿Hubo hambrunas? Sí, hubo una tan severa en Judea, que Pablo apeló a sus nuevos convertidos de Macedonia y Acaya para que recogieran una ofrenda a fin de ayudar a los cristianos judíos hambrientos de Palestina. ¿Hubo terremotos? L. E. Toombs en *Interpreter's Dictionary of the Bible* 3:4 declara: «Los autores clásicos y modernos registran al menos diecisiete terremotos importantes en el área de Palestina durante la era cristiana». La inestabilidad geológica de la falla del Jordán y de la cuenca del Mediterráneo fueron ilustradas por el terremoto que acompañó a la crucifixión y resurrección de Jesús (Mt 27:54; 28:2) y el que tuvo lugar en Filipos cuando el carcelero de Pablo fue convertido (Hch 16:26). En cuanto al odio, persecución y martirio de los santos, ya se desarrollaba durante el ministerio del apóstol Pablo, incluso antes de su ejecución en Roma bajo Nerón. Hubo serías divisiones en la iglesia en Corinto y amargas disputas entre los líderes de otros varios centros. Himeneo y Alejandro enseñaban herejías (1 Ti 1:20), y un gnosticismo incipiente dio origen a la Epístola a los Colosenses. El Evangelio se extendía con gran rapidez por todo el Imperio Romano e incluso en los dominios de los partos. Todos estos eventos estaban dentro de un patrón que se asemejaba a las señales indicadas en el discurso del monte de los Olivos, de modo que era bastante razonable que los mismos apóstoles consideraran el regreso del Señor como una auténtica posibilidad incluso durante el curso de sus vidas.

Acontecimientos predichos que precederán al Rapto

Llegamos ahora a la consideración de los eventos predichos por Cristo mismo que por necesidad tenían que preceder al Rapto de la iglesia. Estas predicciones excluían la posibilidad de un Rapto en cualquier momento. Hay al menos tres ejemplos de dichas predicciones.

1. En Juan 21:18-19 Jesús le dijo a Pedro: «De veras te aseguro que cuando eras más joven te vestías tú mismo e ibas adonde querías; pero cuando seas viejo, extenderás las manos y otro te vestirá y te llevará adonde no quieras ir. Esto dijo Jesús para dar a entender la clase de muerte con que Pedro glorificaría a Dios». Tanto Pedro como Juan y los demás discípulos que participaron en esta reunión de pesca sabían que Pedro viviría para llegar a ser un anciano, que Pedro no estaría involucrado en el Rapto como una persona viva, y que Pedro llegaría a morir mediante crucifixión (alrededor del 67 a. C.). Esto necesariamente excluía a Pedro de la esperanza de que él estuviera incluido en un Rapto en cualquier momento y era un aviso para todos los demás de que no podían esperar el Rapto hasta después de que Pedro muriera mártir en la edad anciana.

2. En Hechos 23:11 se nos dice que el Cristo resucitado le habló a Pablo en una visión en Jerusalén después de su arresto en el templo: «A la noche siguiente el Señor se apareció a Pablo, y le dijo: "¡Ánimo! Así como has dado testimonio de mí en Jerusalén, es necesario que lo des también en Roma"». Esta predicción no dejaba ninguna duda de que Pablo sobreviviría a todo el viaje hasta Roma y sería un testigo de Cristo en la capital del Imperio. No había, por tanto, ninguna posibilidad de que el Rapto tuviera lugar antes de que Pablo llegara a Roma. De aquí inferimos que no podía haber ninguna expectativa justificable de un Rapto en cualquier momento hasta que ese evento, el cual con toda probabilidad aconteció en el año 63 a. C. El mismo principio general lo encontramos en Hechos 18:10, aunque aquí se trata de un período de tiempo más corto, donde el Señor se le apareció a Pablo en una visión y le dijo: «Pues estoy contigo. Aunque te ataquen, no voy a dejar que nadie te haga daño porque tengo mucha gente en esta ciudad [esto es, en la ciudad de Corinto]». Esto quiere decir que no habría Rapto hasta que se formara un grupo numeroso de nuevos creyentes en Corinto. De nuevo, en relación con la tormenta que amenazó con hacer naufragar la nave en la que iban Pablo y sus compañeros de viaje, un ángel del Señor se le apareció y le dijo: «No tengas miedo, Pablo. Tienes que comparecer ante el emperador; y Dios te ha concedido la vida de todos los que navegan contigo» (Hch 27:24). Pablo, por tanto, sabía que el Rapto no podía suceder hasta que él llegara a Roma y fuera

presentando ante el tribunal de César Nerón en base de su apelación hecha ante el tribunal en Cesarea. Hasta que eso no ocurriera, no había posibilidad de un Rapto en cualquier momento.

3. En la versión de Lucas del discurso en el monte de los Olivos, Jesús predijo la destrucción de Jerusalén por los romanos en el año 79 d. C. Lucas 21:24 termina ese párrafo con esta predicción: «Caerán a filo de espada y los llevarán cautivos a todas las naciones. Los gentiles pisotearán a Jerusalén, hasta que se cumplan los tiempos señalados para ellos». Los acontecimientos que siguieron a la destrucción de Jerusalén y la subsiguiente venta de sus 97 000 supervivientes en un mercado de esclavos están de cierto incluidos en esta profecía. La declaración que sigue deja bien en claro que la subyugación de Jerusalén por los gentiles continuaría hasta el final de esa era, esto es, «los tiempos señalados para ellos [para los gentiles]». Esta predicción no se cumplió hasta nuestra propia generación, porque no fue hasta 1967 que el Estado de Israel obtuvo el control completo de la ciudad amurallada de Jerusalén. Tenemos aquí, pues, una profecía que se extendía hasta el año 70 d. C. y los siglos que siguieron a ese desastre incluso hasta el siglo 20. Se deduce, entonces por necesidad, que no había posibilidad de que ocurriera el Rapto antes de 1960, o siete años antes de la Guerra de los Seis Días. ¿En qué sentido podría haber alguna base objetiva para un Rapto en cualquier momento antes de 1960? Solamente si nuestro Señor Jesucristo hubiera sido un profeta falible del futuro podía haber un Rapto en cualquier momento esperado legítimamente por un creyente hasta nuestra propia generación. Puesto que la falibilidad de Cristo es un precio demasiado alto para pagarlo, no tenemos otra alternativa que abandonar por completo la doctrina del Rapto en cualquier momento. La esperanza del Rapto en cualquier momento solo puede ser justificada en base de una actitud de anhelante deseo por el regreso cuanto antes de Cristo, como sugiere Apocalipsis 22:20.

Por otro lado, a la luz de la presente situación en el Cercano Oriente, debiera observarse que ahora contamos con una base buena y suficiente para esperar el regreso de nuestro Señor en nuestro propio tiempo. A finales de 1940 hubo una reunión de judíos de la diáspora de todo el mundo en aparente conformidad con la promesa divina de

Isaías 11:11. Todas las ocho señales especificadas en el discurso del monte de los Olivos, e incluyendo Mateo 24:14, se han cumplido. La siguiente señal significativa que espera su cumplimiento —quizás durante la primera mitad de la semana septuagésima— es la reedificación del templo del Señor sobre el monte Moriah en Jerusalén junto con la conversión nacional de Israel a Cristo como su Salvador y Señor en la manera predicha en Zacarías 12:10. No habrá, por supuesto, otorgamiento de bendiciones del reino sobre la base de una relación de pacto con Dios hasta que la nación de Israel acepte a Jesús como su Redentor y Rey. Pero el punto importante a observar es que todos estos eventos podrían tener lugar con facilidad dentro del tiempo de nuestra vida. En ese sentido nosotros podemos ahora declarar nuestra fe en la posibilidad en la pronta venida del Señor y afirmar que el Rapto es en verdad inminente.

La naturaleza del consuelo que se deriva del Rapto

Uno de los factores más relevantes enfatizados por los defensores de la teoría del Rapto en cualquier momento consiste en el consuelo que la doctrina otorga al creyente que la abraza. James M. Boice argumenta:

El punto de vista de un Rapto postribulacional es imposible por la simple razón de que deja sin sentido el argumento que Pablo estaba presentando en las cartas a los tesalonicenses. Pablo estaba argumentando por la inminencia del regreso del Señor. Esa tiene que ser la fuente principal de consuelo para los cristianos sufrientes. Si Cristo no va a venir hasta después de la Gran Tribulación (esto es, un período de inusual e intenso sufrimiento todavía en el futuro), entonces el regreso del Señor no es inminente y la tribulación, y no la liberación, es lo que debemos esperar (*The Last and Future World* [Zondervan, Grand Rapids, 1974], pp. 41-42).

Esta declaración plantea algunas cuestiones básicas en relación con el consuelo proporcionado por la doctrina del Rapto, y estos son asuntos que requieren un examen cuidadoso.

EL RAPTO

Los proponentes del Rapto en la pre-septuagésima semana argumentan que la venida del Señor para recibir en el aire a Su Iglesia carece de verdadero consuelo para la última generación de cristianos si no conlleva un escape de la Tribulación misma. Walvoord dice que 1 Tesalonicenses 4:18 («Por tanto, anímense unos a otros con estas palabras») carece de un «verdadero significado si ellos tenían que pasar primero por la gran tribulación. Aunque muchas generaciones de cristianos han muerto antes del Rapto, es evidente que la exhortación que se da a los tesalonicenses se aplica a cada generación sucesiva que tiene la bendita esperanza de un regreso inminente del Señor a buscar a los suyos» (*The Blessed Hope and the Tribulation* [Grand Rapids: Zondervan, 1976], p. 165). Añade que la exhortación de 1 Corintios 15:51-58 concerniente al Rapto tiene implicaciones similares. Allí no aparece ninguna palabra de advertencia en cuanto a la Gran Tribulación, pero «son exhortados a vivir a la luz del regreso inminente de Cristo». No se puede negar que esta línea de razonamiento tiene mucho atractivo, porque parece reafirmar la garantía de que serán eximidos de los dolores y horrores de la tribulación que se describe en el discurso del monte de los Olivos (Mt 24:15-22) y en Apocalipsis 6—18. Este elemento de consuelo lo encontramos también en la teoría de en medio de la semana septuagésima, en la que la Iglesia arrebatada no estará presente en la tierra para experimentar el desastre y aflicciones sin precedentes de los tres años y medio mientras que la ira de Dios es derramada en sucesivos juicios sobre la tierra culpable.

Sin embargo, es muy cuestionable si las Escrituras están hablando de un escape personal de las agonías de la tribulación cuando se refieren al consuelo y ánimo producidos por el Rapto. Incluso en nuestro propio tiempo, antes del comienzo de la semana septuagésima, hay muchos de los santos amados de Dios a los que se les permite pasar por las agonías de un cáncer maligno o de una enfermedad del corazón. Estas cosas implican una terrible angustia como aquella que se describe para los que pasan por la Tribulación. Aquellos cientos de ministros cristianos coreanos que fueron obligados por sus captores comunistas a marchar por las carreteras por días hasta que al fin caían por agotamiento y uno a uno fueron golpeado o pasados a bayoneta por sus torturadores, aquellos nobles mártires de la fe pasaron sin duda por un sufrimiento tan cruel como los sufrimientos que se describen para los que vivan a través de la tribulación. Según la tradición, como mínimo, la mayoría de los apóstoles mismos pasaron por medio de una forma de muerte agonizante, Pablo mediante estrangulamiento y Pedro por medio de crucifixión. El evitar el sufrimiento y la angustia en la tierra es difícilmente el más alto nivel de consuelo que las Escrituras nos han prometido. Por el contrario, nos enseña que «los sufrimientos ligeros y efímeros que ahora padecemos producen una gloria eterna que vale muchísimo más que todo sufrimiento» (2 Co 4:17). Pero sin duda alguna el nivel más elevado y verdadero de consuelo y ánimo para el cristiano es la posibilidad de ir a estar con Cristo. Jesús dijo: «No se angustien....Y si me voy y se lo preparo, vendré para llevármelos conmigo. Así ustedes estarán donde yo esté» (Jn 14:1-3). A esta palabra de seguridad el verdadero amante de Cristo responde como lo hizo Pablo en Filipenses 1:23: «Deseo partir y estar con Cristo, que es muchísimo mejor». ¿No debiéramos, por tanto, entender el consuelo del Rapto como consistiendo en encontrarnos con Cristo y regocijarnos en la gloria de su amor y ver su rostro? ¿No es esto mucho más significativo que escapar a unos pocos años de agonía terrenal a través de los cuales debe pasar el resto de nuestra generación? Incluso si los postribulacionistas estuvieran en lo correcto, ¿podemos nosotros condenar las promesas del Rapto en 1 Tesalonicenses 4, 1 Corintios 15 y Tito 2 a «estar carentes de consuelo» cuando ellas nos aseguran que nuestro Redentor resucitado va a regresar a la tierra para vindicar Su justicia, para aplastar a los malvados y establecer Su justa autoridad sobre toda la tierra durante mil años? Un período temporal de lucha y dolor no descarta por necesidad el gozo de la suprema victoria después de que haya terminado la prueba. Con respecto al mismo Señor Jesús, leemos en Hebreos 12:2: «Fijemos la mirada en Jesús, el iniciador y perfeccionador de nuestra fe, quien por el gozo que le esperaba, soportó la cruz, menospreciando la vergüenza que ella significaba, y ahora está sentado a la derecha del trono de Dios». Entonces, desde este punto de vista, la vindicación y triunfo gloriosos de nuestro Salvador sería sin medida consolador para nosotros, ya sea que escapemos o no de pasar por medio de la tribulación. Por tanto, debemos descartar este argumento para un Rapto pretribulación como de muy poco peso. Otras consideraciones de una naturaleza mucho más convincente han sido ya citadas a su favor.

«No se menciona a la iglesia en Apocalipsis 4—18»

Los pretribulacionistas se apoyan mucho en un argumento sobre el silencio respecto a la Iglesia en esos capítulos de Apocalipsis que describen el curso de la Tribulación, es decir, 4—18. Es absolutamente cierto que ἐκκλησία aparece en Apocalipsis 1—3 al menos diecisiete veces (siempre en el sentido de las congregaciones individuales de las siete ciudades de Asia), pero nunca de nuevo hasta 22:16, cuando se refiere a estas mismas iglesias locales. No obstante, debe notarse que Juan nunca usa ἐκκλησία en el sentido colectivo de templo del Espíritu Santo o del cuerpo de Cristo en ninguna parte en todo el libro. Por tanto, esa falta de mención mediante ese término específico en los capítulos 4—18 es de gran importancia para la cuestión de su existencia en la tierra durante el período de la Tribulación. Pero también debiera observarse que el término *iglesia* nunca aparece en ninguno de los pasajes principales sobre el Rapto (1 Co 15:51-57; 1 Ts 4:14-18; Tit 2:11-14). Dado que todos están de acuerdo en que, no obstante, la Iglesia es el tema implicado en todos estos pasajes, aun cuando la palabra ἐκκλησία no aparece en ninguno de ellos, este argumento del silencio queda privado de toda posible validez. Por el contrario, debemos determinar sobre bases contextuales si la Iglesia está presente en la tierra durante la tribulación, así como determinamos su participación en los tres pasajes sobre el Rapto citados arriba, sobre la base del contexto. Consideremos Apocalipsis 6:9, donde «las almas de los que habían sufrido el martirio por causa de la palabra de Dios y por mantenerse fieles en su testimonio» son descritos como clamando a Dios para que vengue su muerte y juzgue a sus asesinos; esto nos suena como un grupo de cristianos martirizados que están a la par con aquellos que fueron ejecutados en las persecuciones romanas antes del emperador Constantino. Los mismo es cierto de «sus consiervos y hermanos que iban a sufrir el martirio como ellos». Estas víctimas de la persecución desatada por la bestia durante la primera mitad de la semana septuagésima aparecerían como miembros de la Iglesia del

Nuevo Testamento, a falta de toda evidencia indudable en contrario. Pero después de la apertura del sexto sello en Apocalipsis 6:12, la escena cambia de forma muy drástica, y los que componen el liderazgo empiezan a sentir el peso de la ira de Dios que desciende sobre ellos. Llenos de terror y angustia gritan a los montes y a las rocas: «¡Caigan sobre nosotros y escóndanos de la mirada del que está sentado en el trono y de la ira del Cordero¡» Parece como que la primera fase, la ira del hombre (esto es, del Anticristo), hubiera dado ahora paso a la segunda fase, la ira de Dios. Si este cambio sucede en medio de la «semana» final, entonces podemos concluir que la Iglesia ha sido arrebatada en algún momento entre los versículos 11 y 12, esto es, entre la apertura del quinto sello y la del sexto sello.

La distinción radical entre Israel y la iglesia

Terminamos nuestra discusión de un Rapto en la semana pre-septuagésima con unos pocos comentarios concernientes a la distinción radical entre la Iglesia e Israel establecida por los defensores de esta teoría. Que existe una distinción queda bien claro por varios pasajes de ambos Testamentos. Así pues, en Isaías 11:10-12, leemos sobre el impacto del Cristo crucificado y resucitado sobre (1) los gentiles que llegan a convertirse a la fe en Él, y (2) el remanente de judíos, que serán reunidos en Israel de todas las partes de la tierra en las que habían sido dispersados. Pero el versículo 12 parece sugerir que estos dos grupos serán fusionados en un solo pueblo del pacto. «Izará una bandera para las naciones (גוים), reunirá a los desterrados de Israel, y de los cuatro puntos cardinales juntará al pueblo esparcido de Judá». Isaías 49:6-7 hace una impresión similar, el cual presenta al Siervo mesiánico del Señor como el restaurador de las tribus de Jacob y también una luz de salvación para los gentiles, «a fin de que lleves mi salvación hasta los confines de la tierra».

En Romanos 11:16-24 los gentiles y judíos que constituyen la nación del pacto de Dios aparecen referidos bajo la analogía de la higuera. Primero las ramas de los judíos que rechazaron a Cristo son podadas del árbol, y ramas de olivos silvestres (que representan a los gentiles convertidos) son injertadas en el tronco mismo del olivo bueno (v. 17). Pablo luego comenta que las ramas originales del olivo fueron «desgajadas por su falta de fe» (v. 20), y que las ramas recién injertadas pueden permanecer como parte del olivo sobre la base de su fe evangélica. Pablo cierra este párrafo sugiriendo que si las ramas podadas de los judíos que rechazaron a Cristo «dejan de ser incrédulos» ellos también pueden volver a ser injertados en el olivo original del cual fueron antes desgajados (v. 23). El párrafo final dice: «Después de todo, si tú fuiste cortado de un olivo silvestre, al que por naturaleza pertenecías, y contra tu condición natural fuiste injertado en un olivo cultivado, ¡con cuánta mayor facilidad las ramas naturales de ese olivo serán injertadas de nuevo en él» (v.24). De manera que este pasaje nos enseña dos principios: (1) que la restauración nacional está en reserva para Israel en los últimos días, y (2) que las ramas gentiles y las judías le pertenecen al mismo organismo, la Iglesia del Dios viviente. Ambas pertenecen al pueblo del pacto de Dios por la fe (más que por la descendencia humana) y, por tanto, son partes la una de la otra. De esto deducimos que este principio todavía prevalece durante los últimos siete años antes de Armagedón. No hay un evento especial para acomodar a la nación judía que rechaza la expiación y el señorío de Cristo, incluso durante la Tribulación, y ciertamente no durante la Era del Reino. Israel solo puede recibir el beneficio personal de las promesas de amor y salvación de Dios por medio de la fe en el Mesías Jesús, a quien ellos una vez rechazaron en la presencia de Poncio Pilato. Zacarías 12:10 declara que ellos lo harán en los últimos días. Esta observación tiene implicaciones para la condición política actual de Israel. La preservación y victoria militar que Dios les ha concedido hasta el tiempo presente no les ha sido otorgada porque ellos ahora sean agradables a los ojos de Dios solo por ser descendientes de Abraham, sino nada más que en previsión de lo que ellos llegarán a ser después que respondan al llamado del Evangelio y se arrepientan de la muerte de su único y verdadero Mesías en la cruz. Entonces, desde este punto de vista, es muy cuestionable que nosotros podamos hablar de la Iglesia como que está completa y retirada de la tierra de manera permanente en el tiempo del Rapto. Aquellos que son convertidos en un número tan grande durante la tribulación serán salvados por fe en la misma manera que la iglesia del Nuevo Testamento siempre lo ha sido. Ellos confiarán en el mismo Señor y estarán llenos del mismo Espíritu Santo que lo estaban los creyentes antes del Rapto. Ya sea que ellos prefieran llamarse a sí mismos judíos mesiánicos más bien que «cristianos», ellos con todo serán salvos en la misma forma y pertenecerán al mismo Señor, y no habrá ninguna diferencia esencial entre los dos. Si bien es muy cierto que las pautas del Antiguo Testamento se mantendrán durante la Era del Reino (según las indicaciones de Ezequiel 40—48; Salmo 72:8-11; Zacarías 14:9-11, 16-18) con la restauración de territorios específicos para cada una de las doce tribus y la reinstitución de las ofrendas de sacrificios memoriales en el templo reconstruido en Jerusalén, sin embargo, los mismos principios básicos regirán durante el Milenio y en la Era de la Iglesia: la salvación por gracia mediante la fe; unidad en Cristo sin tener cuenta trasfondos raciales o culturales, y una adherencia a las normas de las Santas Escrituras para el mantenimiento de un caminar santo. No habrá ninguna distinción esencial entre la Iglesia judía-gentil y el reino mesiánico judío-gentil a lo largo del período milenial. Y al parecer, también los santos que llegaron a ser ciudadanos del cielo antes del Milenio tendrán una parte importante en la administración del mismo reino mesiánico. Así como los ángeles fueron enviados por el Señor a la tierra en misiones especiales durante el período bíblico, también los doce apóstoles, los santos mártires de la tribulación y sin duda también muchos otros creyentes cristianos (cp. Ap 1:6; 20:4), tendrán un papel importante en el mantenimiento del gobierno del Señor Jesús cuando Él se siente en el trono de David.

EL RAPTO DE LA IGLESIA QUE OCURRE EN MEDIO DE LA SEMANA

Después de examinar las dificultades implícitas en la teoría de la postribulación y las de la semana pre-septuagésima, llegamos a la opción más viable de todas, la teoría del Rapto a mediados de la semana septuagésima. Esta es conocida popularmente como la teoría mesotribulacionista, pero ese término se presta a un malentendido. Si a la Gran Tribulación hay que identificarla con la segunda mitad de los últimos siete años antes del Armagedón, durante las copas de la ira divina que serán derramadas sobre la tierra, entonces el punto de vista que estamos a punto de defender es en realidad una forma del Rapto pretribulación. Simplemente considera los primeros tres años y medio, durante los cuales el Anticristo incrementa su poder y monta su persecución en contra de la Iglesia, como una tribulación menor, para nada tan espantosa o destructiva de la vida como aquellas plagas aterradoras que dominarán los últimos tres años y medio. En otras palabras, esta interpretación establece una clara división entre la primera mitad como el período de la ira del hombre, y la segunda mitad como el período de la ira de Dios. Por las razones aducidas en las páginas 117-118 de este capítulo, nosotros entendemos que la última generación de la Iglesia pre-Rapto será sometida a la ira del hombre, pero librada de la ira de Dios. Procederemos ahora al examen de evidencias más específicas de las Escrituras que apoyan esta interpretación.

El énfasis en los tres meses y medio en Daniel y Apocalipsis

En Daniel 9:27 leemos del prototipo del príncipe que vendrá para destruir la ciudad y el santuario: «Durante una semana [esto es, una septena de años] ese gobernante hará un pacto con muchos, pero a media semana pondrá fin a los sacrificios y ofrendas. Sobre una de las alas del templo cometerá horribles sacrilegios, hasta que le sobrevenga el desastroso fin que le ha sido decretado». En otras palabras, el Anticristo aplacará, por razones estratégicas, los temores concernientes a su futura tiranía al entrar en pacto solemne con la comunidad de creyentes (a las que se refiere aquí como הָרַבִּים, «los muchos», un término derivado de Isaías 53:11). El pacto garantiza libertad de religión para los siguientes siete años. Después de un lapso de tres años y medio, el anticristo se sentirá lo suficientee seguro de su poder dictatorial como para abrogar este pacto y terminar con los servicios de adoración que la comunidad creyente judía lleva a cabo en el templo recién reconstruido. En ese momento él mismo se involucra en una horrenda apostasía que pronto es seguida por el sacrilegio. Se supone que este sacrilegio sea el mismo que se predice en 2 Tesalonicenses 2:4 (como consideramos arriba), que declara que él se entronizará a sí mismo en el templo como el propio Dios encarnado. Muy a la semejanza de Adolfo Hitler, intentará obligar a sus súbditos a que le adoren a él solo como la divinidad encarnada en la tierra.

Un pasaje anterior, Daniel 7:25, nos proporciona más detalles sobre este *programa* del Anticristo en su intento de rehacer el mundo para acomodarlo a su gusto: «Y hablará palabras contra el Altísimo, y a los santos del Altísimo quebrantará, y pensará en cambiar los tiempos y las leyes; y serán entregados en su mano hasta tiempo, y tiempos, y medio tiempo (RVR 1960)». Este término «tiempo», del arameo "*iddan*", se usa para indicar «año», como en el relato de la locura de Nabucodonosor en Daniel 4:16. Si el plural, «tiempos» ("*iddanin*") se usa para indicar dos años, entonces tenemos aquí la mención de un intervalo de tres años y medio, que se supone que sea la segunda mitad de la semana septuagésima (aunque la primera mitad podría ser también una alternativa). Ya sea que esto indica que los santos hayan sido arrebatados del dominio de la bestia por medio del Rapto, o que esta fase de este gobierno tiránico prevalecerá durante la segunda mitad de la semana, y afectará a la comunidad judía hasta el Segundo Advenimiento el punto a la mitad de la semana septuagésima recibe una gran prominencia.

En Daniel 12:7 el ángel le explica a Daniel el plan del Señor para los últimos días en los siguientes términos: «Será por tiempo, tiempos, y la mitad de un tiempo. Y cuando se acabe la dispersión del poder del pueblo santo, todas estas cosas serán cumplidas». En otras palabras, en el período de tres años y medio el poder de los santos quedará deshecho por completo por las fuerzas del Anticristo, y él logrará imponer a mitad de la semana septuagésima su dictadura absoluta sobre el mundo, y en ese momento se manifestará a sí mismo como Dios en la carne, buscando ser entronizado como tal en el templo del Señor.

Daniel 12:11 revela la cronología de los sucesos como sigue: «A partir del momento en que se suspenda el sacrificio diario y se imponga el horrible sacrilegio, transcurrirán mil doscientos noventa días», o un total de doce días más que tres años y medio. Esto parece indicar que la segunda mitad de la semana septuagésima será dedicada al culto de la bestia, después que la adoración del Señor haya quedado suspendida por completo.

Pasando ahora al libro de Apocalipsis, encontramos que 12:14: «Pero a la mujer se le dieron las dos alas de la gran águila, para que volara al desierto, al lugar donde sería sustentada durante un tiempo y tiempos y medio tiempo, lejos de la vista de la serpiente». La «mujer» en este caso parece ser la comunidad fiel de Israel, en la cual (racialmente hablando) nació el «hijo» (Cristo Jesús) (12:5). Después que este Hijo, quien estaba destinado a gobernar todas las naciones con puño de hierro, «fue arrebatado y llevado hasta Dios, que está en su trono (en su ascensión)» (Ap 12:5), se declara que la «mujer» —la comunidad creyente y fiel de Israel (más bien que la nación de Israel como un todo)— escapará a su refugio en el desierto, «a un lugar que Dios le había preparado». Y ahora se nos dice que allí será sustentada durante un período de «mil doscientos sesenta días», aproximadamente tres años y medio. Esto parece que se refiere a la última mitad de la semana septuagésima, durante la cual los santos de la Tribulación (muchos de los cuales serán judíos que se habrán vuelto al Señor después del Rapto) se esconderán de la persecución del Anticristo al refugiarse en el desierto.

Apocalipsis 14 es más satisfactorio que Apocalipsis 4 como tiempo para el Rapto

El lugar usual que le asignan al Rapto en el libro de Apocalipsis los partidarios de la semana pre-septuagésima es Apocalipsis 4:1, en que Juan nos dice que oyó una voz del cielo que le decía: «Sube acá: voy a mostrarte lo que tiene que suceder después de esto». Esto está identificado con la reunión de todos los santos, los vivos y los resucitados, para encontrarse con el Señor Jesús en las nubes cuando Él desciende del cielo a la tierra (1 Ts 4:16-17). Pero en Apocalipsis 4:2 se nos dice que Juan mismo, en persona y solo, es llevado por el Espíritu para ver el glorioso salón del trono de Dios en el cielo, rodeado por los ángeles y por veinticuatro ancianos. No se menciona para nada que Cristo descienda a la tierra como un preludio para el traslado de Juan al cielo, y no hay ninguna sugerencia de que nadie acompañe a Juan del mismo modo que le sucedió a Ezequiel cuando fue transportado por el Espíritu para ver lo que estaba sucediendo en el templo de Jerusalén (Ez 8:3; 11:1). Por tanto, debemos concluir que Apocalipsis 4:1 no tiene relación con el Rapto de la Iglesia.

Un punto de identificación mucho más probable lo encontramos en Apocalipsis 14:14: «Miré, y apareció una nube blanca, sobre la cual estaba sentado alguien "semejante al Hijo del hombre". En la cabeza tenía una corona de oro, y en la mano una hoz afilada». Al revisar 14:1-5 encontramos que el Señor Jesús está acompañado por 144 000 de sus santos que se aparecen con Él en el monte Sión (que probablemente es la réplica en el cielo del monte Sión como el templo celestial del Señor). El versículo 13 nos habla de una «voz del cielo» que decía: «Escribe: Dichosos los que de ahora en adelante mueren en el Señor. Sí —dice el Espíritu—, ellos descansarán de sus fatigosas tareas, pues sus obras los acompañan». Aunque no hay una mención explícita de que hayan sido resucitados de sus tumbas, el llamar bendita a la condición de los creyentes muertos sugiere el cumplimiento inmediato de esa bendición mediante el evento del Rapto. Además, en el versículo 6, Jesús es representado como que envía aquí a sus ángeles para notificar a los verdaderos creyentes de toda nación, raza, lengua y pueblo que le den gloria y alabanza a Dios, porque Él muy pronto va a imponer su justo juicio sobre el mundo malvado. Ese juicio lo encontramos descrito por vía de anticipación en los últimos versículos (16-20), que apuntan hacia el conflicto final en Armagedón. En relación con esto es importante notar que Juan aquí anticipa el descenso de Cristo a la tierra, montado sobre un caballo blanco y seguido por las huestes celestiales, como nos lo indica en Apocalipsis 19:11-21. Esto debe alertarnos al hecho que Juan no sigue una secuencia cronológica bien definida en esta serie de visiones que le fueron reveladas, sino que en ocasiones se traslapan entre sí o hay anticipaciones preliminares de vez en cuando, que se retoman después y se llevan a su conclusión más tarde en el libro. Pero en relación con la primera parte de Apocalipsis 14, que puede vincularse con el Rapto con más facilidad que Apocalipsis 4:1, debe señalarse que los «ciento cuarenta y cuatro mil que habían sido rescatados *de la tierra*» puede ser la compañía de verdaderos creyentes arrebatados de la tierra para encontrarse con el Señor en el aire. Otras interpretaciones de los 144 000, aquí y en Apocalipsis 7:4-8 han sido propuestas, y se justifica una discusión más completa de esta identificación, pero es algo que no podemos hacer en los límites de este capítulo. Debemos añadir en relación con esto que Apocalipsis 14 tampoco puede ser tomado como representando la *primera* mención de los eventos de la segunda mitad de la semana septuagésima, porque el rompimiento del sexto sello descrito en 6:14 introduce episodios que sin duda alguna pertenecen a los últimos tres años y medio más bien que a la primera mitad de la semana. Estos incluyen el gran terremoto (cp. Zac 14:4), las manifestaciones meteóricas de Joel 2:30-31 y Mateo 24:29, y el completo aplastamiento del poder y del valor de los gobernantes y moradores de la tierra en el día de la ira de Jehová. Aquí de nuevo el apóstol Juan registra una pauta de sucesivas visiones entretejidas que le fueron dadas, y es solo por medio de la comparación cuidadosa de un texto con otro que podemos descubrir una secuencia y línea cronológica.

J. Oliver Buswell, hijo, identifica el Rapto en medio de la semana septuagésima con la séptima trompeta, referida en Apocalipsis 11:15-19 (*A Systematic Theology of the Christian Religion* [Grand Rapids: Zondervan, 1962], 2:397). Este pasaje anuncia recompensas para los justos muertos (v. 18) así como la llegada de la ira del Dios Todopoderoso, que está a punto de caer sobre la tierra. Esto sucede después del episodio en que la ciudad de Jerusalén es pisoteada durante cuarenta y dos meses (tres años y medio) y del ferviente testimonio de los dos testigos enviados desde el cielo, que advierten y exhortan al mundo desobediente durante un período de 1260 días antes de morir bajo el poder de Satanás y del Anticristo. Pero después que sus cadáveres han sido expuestos a la burla pública durante tres días y medio (v. 9), se levantan de nuevo sobre sus pies (v. 11), y son llevados al cielo por mandato de Dios (v. 12). No hay ni que decir, que estos dos testigos (que es probable que puedan ser identificados con Moisés y Elías), es difícil que puedan ser representativos de los santos que son arrebatados en el tiempo del Rapto (como Buswell sugiere). Pero los acontecimientos que siguen al toque de la séptima trompeta podrían ser entendidos como que se relacionan con el arrebatamiento de la Iglesia, en especial si la huida de Israel al desierto (12:13-17) es puesta en correlación con el clímax de la mitad de la semana. Pero en mi opinión hay tantas oscuridades y dificultades para presentar un caso convincente para esta identificación, que es mejor abandonarlo por completo.

Observaciones finales concernientes al tiempo del Rapto

Al concluir todo este estudio, tenemos que confesar que la información que aportan las Escrituras no se presta para llegar a una pauta clara e inequívoca que esté completamente libre de dificultades. Lo más que podemos decir es que los problemas relacionados con la posición de en medio de la semana septuagésima son en general menos serios que los que enfrentan la teoría postribulacional y los de la interpretación de la semana pre-septuagésima. A mí me parece que cualquiera de esos enfoques implica violaciones básicas de los principios hermenéuticos y conllevan el olvido de la perspicuidad de las Escrituras a un nivel que es inaceptable. El punto de vista del Rapto a mitad de la semana ofrece a las claras una solución mucho más compatible con el sentido pleno y ordinario de los términos empleados por el texto bíblico que la que puede ser ofrecida por cualquiera de las otras alternativas. Nosotros, por tanto, ofrecemos esta posición para que que tenga una consideración favorable, no como un asunto de dogma establecido que obligue a las conciencias de todos los evangélicos premilenaristas, sino como la mejor solución disponible para un asunto que es difícil y muy controversial. Que el Señor nos dé a todos la gracia de vivir y obrar en la viña de Cristo como obreros que no tienen de qué avergonzarse. Y como siervos que le amamos con todo nuestro corazón, esperemos con anhelo y expectativa su pronto regreso, en cualquier momento de los últimos siete años que Él se presente. Gracias a Dios por la clara seguridad que nos dan todas las Escrituras de que nuestro Redentor volverá a esta tierra maldita por el pecado como el completo Vencedor y Soberano absoluto sobre toda la tierra. Entonces toda rodilla se doblara y toda lengua confesará que Cristo Jesús es Señor, para la gloria de Dios Padre. Entonces todo coro quedará apagado por el aleluya del coro grande y poderoso de la tierra y el cielo. Y nosotros los que seamos levantados de la tierra para encontrarnos con el Señor en el aire tendremos una sección especial del coro celestial asignada para nosotros. De todo esto podemos estar absolutamente seguros. ¡Gracias, Señor, por ello!

RESPUESTA DE PAUL D. FEINBERG

La DEFENSA DE ARCHER del Rapto a mitad de la semana septuagésima platea dos cuestiones para los pretribulacionistas. Primera, ¿ha
presentado él un caso convincente para poner el Rapto a mitad de la
semana septuagésima de Daniel? Segunda, ¿son sus críticas al pretribulacionismo de consecuencias funestas para ese punto de vista? En la
respuesta que sigue examinaré cada una de esas preguntas.

Primero, ¿hay razones convincentes para situar el Rapto a mediados de la semana septuagésima de Daniel? Archer piensa que ni los pretribulacionistas ni los postribulacionistas explican de forma adecuada
el énfasis bíblico en medio de la semana y su bifurcación. Pienso que
Archer tiene razón al notar que las Escrituras hacen un énfasis en la mitad de la semana septuagésima, pero dudo que sea debido al Rapto de
la iglesia.

Vamos a examinar los pasajes que Archer cita que tienen que ver
con mediados de la semana septuagésima. Él empieza con Daniel 9:27
y nos ayuda a ver que mediados de la semana es importante. Ciertamente lo es, ¿pero está su importancia relacionada con el Rapto? Daniel nos dice que un líder futuro hará un pacto con muchos de la
nación de Israel por siete años. Parece ser que el resultado principal de
este acuerdo es que la nación será libre para practicar su propia forma
de adoración religiosa. A mediados de la semana se verán privados de
esa libertad. A mediados de la semana es importante porque este pacto
será quebrantado. Los judíos ya no tendrán libertad para sacrificar, debido a que se establecerá un sistema idolátrico de adoración. Daniel
7:25 y 12:7, 11 tratan con los tres años y medio últimos de la semana
septuagésima, o siete años. Daniel 12:11 confirma la enseñanza de la
última parte de 9:27. Los sacrificios diarios serán eliminados, y se establecerá la idolatría. Por otro lado, Daniel 7:25 y 12:7 nos hablan de
uno que perseguirá a los *santos* y quebrantará su poder. De manera que

más bien que los santos sean arrebatados al cielo, vemos que serán perseguidos en la tierra. Si bien es cierto que el Rapto podría ocurrir a mediados de la semana y explica la importancia dada a los últimos tres años y medio, estos pasajes del Antiguo Testamento no dan ninguna indicación del Rapto.

Es posible que el Nuevo Testamento sitúe el Rapto de la Iglesia a mediados de la semana septuagésima. Archer sugiere tres pasajes de Apocalipsis que podrían apoyar su punto de vista: Apocalipsis 11:15-19; 12:14; 14:14. Con frecuencia se toma Apocalipsis 11 como el punto en el libro donde sucede el Rapto de la iglesia. Dos razones se suelen citar, ya sea por separado o juntas. Primera: se ve al Rapto enseñado de forma simbólica en la resurrección de los dos testigos (11:13). Los dos testigos son simbólicos de un grupo más numeroso de testigos. Entonces, su resurrección y ascensión al cielo simbolizan las de la Iglesia. Segunda: la «séptima trompeta» de 11:15 se identifica con la «trompeta de Dios» (1 Ts 4:16) y el «toque final de la trompeta» (1 Co 15:52). Esto encuentra un apoyo adicional en el hecho de que 11:18 asocia la séptima trompeta con recompensas para los justos y el anuncio de la ira de Dios contra los incrédulos. Esta trompeta suena después que la ciudad de Jerusalén ha sido entregada a las naciones paganas por tres años y medio (11:1-2).[1]

Aunque no podemos descartar la posibilidad de que esa interpretación sea correcta, hay algunas razones para rechazarla. Los dos testigos parecen ser individuos, más que representantes de todos los santos vivos y muertos. Los testigos realizan milagros; ellos testifican. Estas acciones las hacen más bien los individuos, no los grupos. Además, ambos testigos mueren a manos de la bestia. Si ellos son simbólicos de *todos* los santos, entonces parece como si todos los santos fueran martirizados antes del Rapto. Además, también parece que todos los santos tendrán a los hombres contemplando sus cadáveres y burlándose de ellos.

La identificación de la «final trompeta» y la «séptima trompeta» tiene también poco fundamento. Si la identificación descansa en el hecho endeble de que en ambos pasajes tenemos trompetas finales, entonces hay un problema. Gundry señala que si la séptima trompeta suena a mediados de la semana septuagésima, hay todavía otra trompeta. Es la trompeta con la cual los ángeles llamarán a los escogidos de Dios de los cuatro vientos después del regreso de Cristo (Mt 24:31).[2] Por otro lado, si la identificación se basa en el hecho de que ambas trompetas son las trompetas finales para la Iglesia, entonces pienso que el argumento es dudoso. No se discute que 1 Corintios 15:52 y 1 Tesalonicenses 4:16 tengan que ver con la Iglesia. El problema tiene que ver con la séptima trompeta de Apocalipsis 11:15. Aquí tenemos la trompeta final de una serie de juicios. ¿Sobre qué base debe esta trompeta tomarse como idéntica a la trompeta final de 1 Corintios 15:52?

Sin embargo, en aras del argumento, supongamos que las trompetas mencionadas en los tres pasajes arriba sean las mismas. ¿Mostraría eso que el Rapto a mediados de la semana septuagésima es correcto? Yo no lo creo. Debemos además mostrar que la séptima trompeta de Apocalipsis 11:15 viene a mediados de la semana. Robert Gundry piensa que el último de cada serie de juicios nos lleva al final de la semana.[3] Por tanto, la identificación de las trompetas una con otra podría también apoyar de igual forma un Rapto postribulación. En justicia para Archer, él no defiende este argumento porque piensa que hay problemas con él.

Archer sí cita Apocalipsis 12:14. Aquí de nuevo encontramos la mención de los tres años y medio o 1.260 días. Sin embargo, como él indica, de lo que aquí se habla es de la protección del remanente de judíos justos de la ira satánica. ¿Podría el Rapto de la iglesia suceder antes de la huida de los creyentes judíos? Claro que sí. El problema de nuevo es que no hay ninguna declaración aquí de un hecho así.

Por último, llegamos a Apocalipsis 14, donde Archer piensa que es más probable que ocurra el Rapto que en ninguna otra parte del libro. En los versículos 1-5 tenemos a los 144 000 en la Sión celestial. Apocalipsis 14:13 pronuncia una bendición sobre los que han muerto. Archer piensa que esa bendición sugiere la cercanía del Rapto, y 14:14-20 describe al Hijo del Hombre que se prepara para imponer sus justos juicios en el conflicto final de Armagedón.

Lo esencial del argumento de Archer descansa en la identificación de los 144 000 con los santos arrebatados. Él dice que la argumentación para esta posición está más allá de los límites de su presentación, de modo que resulta imposible saber por qué piensa él como lo hace. Sin embargo, pienso que hay buenas razones para rechazar este punto de vista. La primera mención de los 144 000 en el libro de Apocalipsis la encontramos en 7:4-8. Allí se dice explícitamente que son 12 000 por cada una de las tribus de Israel. Además, no hay ninguna pista de si han sido resucitados o esperan la glorificación. Además, son comparados con la multitud de gentiles en 7:9-12, lo que me lleva a pensar que son parte de la multitud de judíos. Si bien la bienaventuranza puede haberse pronunciado sobre los que estaban muertos debido a que el Rapto está a punto de suceder, como Archer piensa, es al menos muy probable que sean bendecidos porque se perderán el último ay (el más severo y final de los juicios divinos).

En resumen, estoy muy de acuerdo con Archer sobre la importancia de el medio de la semana septuagésima. Sin embargo, no veo ningún texto convincente que ponga el Rapto en ese punto y haga de él una parte de esa importancia.

Me gustaría ahora examinar algunas de las críticas que hace Archer al pretribulacionismo. Quisiera decir algo del discurso del monte de los Olivos, y después tratar en detalle la cuestión de la inminencia.

Archer objeta la interpretación pretribulacionista del discurso del monte de los Olivos porque viola un principio hermenéutico importante, la perspicuidad o inteligibilidad de las Escrituras. El problema es este: Jesús habló de señales, sin embargo, si estas señales se aplican a la edad judía, entonces los discípulos no estarían vivos. De modo que Jesús estaría diciendo algo así: Esperad estas señales, pero vosotros nunca las veréis. Esa es una crítica seria.

Primero: pienso que nos ayuda a ver que estas no son señales que caracterizarán toda la edad, ya sea judía o cristiana, sino que preceden a la venida de Cristo. Si estas ocho señales son ciertas de todos los 1900 y tantos años que han pasado desde que Cristo las reveló, resulta difícil para mí ver cómo son *señales* en el sentido bíblico del término.

Segundo: si, por otra parte, el carácter de señal de estos sucesos es en realidad que aumentarán en número según nos acerquemos a la venida del Señor, entonces solo la última generación verá las *señales* de las que se habla en el texto. Si eso es así, entonces sea cual sea la interpretación que uno tenga, la generación que verá las señales no es la generación que escuchó el discurso de Jesús. De modo que el problema, si es decisivo, es el mismo para cualquier interpretación, incluida la de Archer.

Tercero, hay al menos una señal que ninguno vio en ninguna de las interpretaciones. En Mateo 24:15 nuestro Señor habló de la «abominación desoladora» (RVR 1960). Esa es una referencia a Daniel (9:27 y 12:11). Si bien la destrucción del templo y la caída de Jerusalén en el año 70 d. C. pueden haber sido una prefiguración de lo que vendría, este pasaje encuentra su cumplimiento en los tiempos escatológicos. Nadie vio su cumplimiento, no obstante, lo predijo para ellos.

Déjenme expresarlo de esta manera. El Nuevo Testamento manda a los creyentes a esperar la venida de Cristo. Durante todos estos años los santos han esperado por ella, pero Él no ha venido. Solo una generación le verá a Él. ¿Pone esto en duda la perspicuidad de las Escrituras? Yo no lo creo. El problema surge cuando nos dicen que miremos porque *nosotros* le veremos venir, y Él no viene. Ni en el caso de la Segunda Venida ni el del discurso del monte de los Olivos veo una promesa de que los eventos de los que se habla vayan a suceder durante la vida de los oyentes.

Veamos ahora la cuestión de la inminencia. Archer y Moo critican el punto de vista pretribulacionista, y me gustaría examinar sus objeciones. Los pretribulacionistas argumentan que la venida de Cristo en el Rapto puede ocurrir en *cualquier momento*. Esto significa que no hay sucesos profetizados que *deban* tener lugar antes que Cristo pueda venir. En su expresión más fuerte, los pretribulacionistas afirman que esto ha sido siempre así. Otros simplemente afirmarían que esto es cierto ahora sin referencias al pasado, en especial al pasado distante.

Permítanme resumir los argumentos de Archer y Moo en contra del Rapto en cualquier momento. Primero: ninguna de las palabras usadas para indicar la cercanía del regreso de Cristo y la actitud del creyente requiere inminencia en cualquier momento. Segundo: los contextos en los cuales se usan estos términos no requieren un Rapto en cualquier momento. Tercero: hay algunas profecías que necesitan una demora antes del regreso de Cristo. Hay pasajes de una naturaleza general que sugieren una demora en su regreso (Mt 24:25-51; 25:5, 19;

Lc 19:11-27). Lo que es más importante, hay predicciones *específicas* que hacen que sea imposible el regreso en cualquier momento. Hay pasajes que enseñan la predicación del evangelio en todo el mundo (Mt 24:14; Hch 1:8). Además, hay predicciones relativas a acontecimientos en la vida de Pedro (muerte a una edad avanzada, Juan 21:18-19), y Pablo (proclamación del evangelio en Roma y Corinto, Hechos 23:11, 27:24, 18:10). Por último, están las profecías sobre la caída de Jerusalén en el año 70 d. C. y la culminación del tiempo de los gentiles con el regreso de la ciudad de Jerusalén al control judío en 1967.

Dos comentarios preliminares son apropiados aquí. Primero: debe notarse que la palabra *inminencia* es un término teológico más bien que un término bíblico. Esto solo quiere decir que no hay una palabra hebrea, aramea ni griega traducida como «inminencia». Podemos mirar en una concordancia y ver que no aparece. «Inminencia» es una palabra que usan los teólogos para expresar la enseñanza de las Escrituras sobre la expectativa de los creyentes con respecto a la cercanía de la venida de Cristo. Esto no significa que sea una palabra mala. Los teólogos usan palabras que no aparecen en el texto de las Escrituras tales como «inerrable o infalible», «trinidad» o «sustancia». Lo que es distintivo acerca de un término teológico en comparación con las palabras bíblicas es que no podemos establecer su significado por medio del estudio de palabras. La justificación para usar términos teológicos será, entonces, su suficiencia para expresar la información bíblica.[4]

Un segundo comentario tiene que ver con la relación entre la doctrina de la inminencia y el pretribulacionismo. No hay duda de que el pretribulacionismo ha hecho y hace todavía mucho uso de la inminencia en cualquier momento y sus consecuencias prácticas. Sin embargo, pienso que es importante ver que una inminencia en cualquier momento puede estar equivocada y el pretribulacionismo puede de todas formas estar en lo correcto. El requisito mínimo para la verdad del pretribulacionismo es solo que el Rapto de la iglesia debe *preceder* a la Tribulación. Eso es todo. De manera que los problemas con un Rapto en cualquier momento no son *de por sí* una base suficiente para rechazar el pretribulacionismo.

Veamos ahora las objeciones mencionadas arriba. El primer argumento tiene que ver con la terminología del Nuevo Testamento para la expectativa. Yo encuentro la declaración de este asunto un poco curiosa. Gundry argumenta que la inminencia de un tipo de pretribulación está solo establecida si esos términos muestran que Cristo debe venir sin que se interponga ningún evento ni tiempo de demora.[5] Moo lo expresa un poco diferente. Él pregunta si estas palabras *requieren* un Rapto en cualquier momento. Ambos siguen luego adelante para mostrar que al menos en algunos casos las palabras que se usan para indicar expectativa pueden mostrar que se requiere un acontecimiento intermedio o una demora en el tiempo. Pienso que lo que ha sido dicho al respecto es cierto. Pero sería una deducción no válida sacar la conclusión, en base de lo que se ha mostrado, que la *no* incidencia de los términos *podría* ser sin sucesos intermedios ni demora en el tiempo. Además, lo que hace que la discusión sea más desconcertante es que, como pretribulacionista, yo quiero ver que ocurra uno de los términos en un pasaje que yo entiendo que se relaciona con el Rapto (p. ej, Juan 14:1-3 o 1 Tesalonicenses 4:13-18) que requiere un suceso intermedio o demora en el tiempo. Apelar nada más que a pasajes que no sean escatológicos o relacionados con la Segunda Venida no me va a convencer. Estoy de acuerdo con los meso- y postribulacionistas en que señales y tiempo preceden al Segundo Advenimiento, *pero* no creo que el Rapto y la Segunda Venida sean el mismo acontecimiento.

¿Es el contexto de alguna forma más decisivo en este asunto? El argumento de Gundry partiendo de los contextos de pasajes escatológicos es como sigue. Primero: algunos pasajes que tienen que ver con la Segunda Venida sí hacen mención de señales (p. ej., Mt 24:32—25:13; Lc 21:28). Esto también muestra que las señales no son incompatibles con la espera de Cristo, pues a los santos de la Tribulación se les exhorta a buscarlo *por medio* de señales. Segundo: algunos pasajes carecen de referencias a las señales, pero esta ausencia es explicable sobre esta base: (1) El texto no es una exhortación a velar (p. ej., 1 Ts 4:13-18). Sin embargo, en un contexto más general hay señales que son dadas para el comienzo del día del Señor (1 Ts 5; 2 Ts 2:2-4). (2) La señales no están ausentes fuera de los Evangelios en el Nuevo Testamento (p. ej., 1 Ti 4:1-2; 2 Ti 3:1-7; Judas 17-18). (3) Con frecuencia las referencias a la Segunda

Venida fuera de los Evangelios son versículos aislados o cláusulas dentro de un versículo donde la brevedad o el material que le rodea hacen que sea inapropiada una referencia a las señales (p. ej., 1 Ts 1:10; Tit 2:13). (4) Algunos pasajes que no mencionan señales también hacen imposible la inminencia (p. ej., Ro 8:18-25; 1 Co 1:7).[6]

Mi respuesta al tratamiento de Gundry de los contextos es como sigue. Estos pasajes que enseñan que hay señales que preceden a la venida de Cristo tienen que ver con el regreso de Cristo al final de la Tribulación; no se refieren al Rapto de la Iglesia. He tratado de argumentar en otra parte que hay una diferencia entre estos dos eventos. No creo que estos pasajes que carecen de señales sean importantes. Si Gundry solo quiere mostrar que es *posible* que haya explicaciones alternativas a la ausencia de señales, entonces estoy de acuerdo pero esto no sorprende para nada. Parece ser significativo que en la gran mayoría de los pasajes que tratan de la Segunda Venida las señales estén presentes. ¿Por qué es entonces el caso de que no hay señales en ningún pasaje referente al Rapto en la opinión de todos? Si hubiera tales señales, eso sería una argumento decisivo en contra de un Rapto en cualquier momento.

En los casos donde hay señales en el contexto más general, el tema en estudio ha cambiado del Rapto (1 Ts 4:13-18) a la Segunda Venida (1 Ts 5; 2 Ts 2:2-4). Si bien esto no se argumenta aquí, sí se hace en otras partes. Pero notemos aquí que, aunque 1 Tesalonicenses 5:6 no exhorta al creyente a velar, no hay sujeto para el verbo. No dice, por ejemplo: Velad por el día del Señor. De hecho, lo que sí dice es que ese día pillará al incrédulo por sorpresa, pero el creyente es distinguido del incrédulo, y se plantea al menos la posibilidad de que el creyente no esté allí.

Por último, no pienso que las «señales» que Gundry cita en las epístolas (1 Ti 4:1-3; 2 Ti 3:1-7; Judas 17-18) sean en realidad señales; en ninguna parte se les llama señales. Son solo condiciones que imperarán al acercarse el final de la era de la Iglesia. Además, en ninguna parte se nos dice que cuando veamos que se dan esas condiciones, podremos conocer que la venida de Cristo está cerca, incluso a la puerta (Mt 24:33). Para mí al menos, éstas no son diferencias insignificantes.

De modo que no me siento convencido por las afirmaciones de Gundry.

La línea final de argumentación en contra de la inminencia en cualquier momento se relaciona con las predicciones que hizo Jesús, que tendrían que ocurrir antes que el Rapto pudiera suceder. Cualquier respuesta a este punto debería empezar señalando que no todas las predicciones constituyen un problema. Por ejemplo, la mayoría de los pretribulacionistas, incluido yo, sostendrán que la profecía de Mateo 24:14 de que el Evangelio será predicado a todas las naciones antes que llegue el fin, se relaciona con la Tribulación, cuando la Iglesia ha desaparecido. No obstante, Hechos 1:8 es aplicable y puede ser usado para argumentar algo muy pareceido; por tanto, debemos tenerlo en cuenta.

Las profecías que Archer saca a colación relacionadas con la nación de Israel, la destrucción del templo en el año 70 d. C. y el fin de los tiempos de los gentiles en 1967 (si uno acepta su interpretación de este asunto), no tienen nada que ver con la cuestión de la inminencia. Si bien las Escrituras predicen estos eventos como *que ocurren*, no se da ninguna fecha en la que ocurren. Además, estos son sucesos que están relacionados con la nación de *Israel*, no con la Iglesia. Supongamos que el Rapto hubiera ocurrido en el año 40 d. C. El templo podría haber caído en el año 40 o 41 d. C., y los tiempos de los gentiles podrían haberse completado en el 47 o 48 d. C. sin que fuera falsificada ninguna profecía.

Lo que resulta desconcertante en cuanto al argumento de Archer en contra de la inminencia es esto. Él argumenta que los apóstoles pensaban que ellos podrían ver el regreso del Señor durante sus vidas. Él dice que una expectativa así es compatible con una tribulación de tres años y medio, pero no con una tribulación de siete años. Y, no obstante, él critica a los pretribulacionistas por su creencia en un Rapto en cualquier momento porque el Rapto no podía haber ocurrido hasta 1967. Uno se pregunta cómo un argumento así es compatible con cualquier entendimiento de inminencia (incluso un punto de vista que sostiene que Cristo no puede venir en cualquier momento porque algunos sucesos tienen que suceder primero). Si uno quiere defender la inminencia en algún sentido significativo (y yo entiendo que Archer y

Moo lo hacen), uno no puede sostener que los eventos que sucedieron cien o incluso mil años después del tiempo de Cristo, requerían cumplimiento antes de que Él pudiera volver. Si uno lo hace, entonces esas predicciones se convierten en un problema para la inminencia en una escatología mesotribulacionista y también para la postribulacionista.

Después de demostrar que no todas las predicciones son problemáticas, o si lo son, son problemas también para otras posiciones, no hemos descartado todas las dificultades. Solo hemos reducido los problemas a esas declaraciones generales acerca de la demora en el regreso de Cristo, y predicciones específicas que se relacionan con la Iglesia (p. ej. Hechos 1:8) o con miembros individuales de ella (p. ej., Juan 21:18-19). Trataré ahora de responder a estas dificultades de un Rapto en cualquier momento.

Pienso que la creencia en una inminencia en cualquier momento surge de una de estas líneas de argumentación: La inclusión de Pablo de sí mismo y de sus lectores entre los participantes potenciales en el Rapto, pasajes en las epístolas que enseñan la cercanía del regreso de Cristo y la ausencia de señales en cualquier texto innegable sobre el Rapto.

Primero: en un cierto número de lugares Pablo escribe como si él y sus lectores pudieran participar en el Rapto. En 1 Corintios 15:51-53 él usa la primera persona de plural al hablar de un misterio. Él dice: «No todos *moriremos*, pero todos seremos transformados» a la venida de Cristo». No solo los muertos serán resucitados sino que aquellos que estén todavía vivos recibirán cuerpos glorificados en un instante, en un abrir y cerrar de ojos. Un uso similar de la primera persona plural lo podemos encontrar en 1 Tesalonicenses cuando Pablo habla del regreso de Cristo. En 1 Tesalonicenses 1 Pablo caracteriza la conducta ejemplar de la iglesia. Formaban una iglesia con expectativa que esperaban «de los cielos a su Hijo, al cual resucitó de los muertos, a Jesús, quien nos libra de la ira venidera» (1:10, RVR-60). Si la ira de la que se habla no es solo la condenación eterna (un punto razonado en «Argumentos a favor de la posición pretribulación»), entonces parece que Pablo habla de la posibilidad de que Cristo pueda venir y tomarlos del mundo, y los salve de la ira del día del Señor que se acerca. En otro pasaje importante sobre el Rapto, 1 Tesalonicenses 4:13-14, Pablo no solo enseña la resurrección de aquellos que han muerto, sino que dice: «Luego los que estemos vivos, los que hayamos quedado, seremos arrebatados junto con ellos en las nubes para encontrarnos con el Señor en el aire» (vv. 15-17). Puede que el uso que Pablo hace del pronombre de primera persona en plural sea su manera de identificarse con la Iglesia como un todo, pero no podemos evitar la impresión de que Pablo pensó que él y la iglesia tesalonicense podrían ser participantes en el Rapto. Esta impresión queda aún más sustanciada por ciertos problemas que propiciaron que la carta misma fuera escrita.

Segundo: hay algunos pasajes que enseñan que la venida de Cristo está a la mano. Los pasajes que forman esta línea de evidencia podemos dividirlos más todavía. Están aquellos versículos que declaran de manera explícita que el regreso de Cristo está a la mano. Romanos 13:12 dice: «La noche está muy avanzada y ya se acerca el día». Santiago enseña: «Aguarden con paciencia la venida del Señor, que ya está cerca» (5:8-9). Juan está de acuerdo cuando escribe: «Ésta es la hora final» (1 Jn 2:18) y «el tiempo de su cumplimiento está cerca» (Ap 1:3). Además, al llegar al último capítulo de la Biblia, tres veces encontramos la promesa: «¡Miren que vengo pronto!» (Ap 22:7, 12, 20). Por otra parte, hay un grupo de pasajes que exhortan al creyente del tiempo del Nuevo Testamento a esperar con ansia o estar atento a la venida de Cristo (1 Co 1:7-8; Fil 3:20; Tit 2:13. Mas tarde, Juan usa dos veces ἐάν con el subjuntivo para expresar lo impredecible de la aparición de Cristo (1 Jn 2:28; 3:2). Por último, la cercanía del Rapto está implícita en la cercanía de los sucesos que tienen que ocurrir después que la Iglesia se haya ido. El fin de todas las cosas está cerca (1 P 4:7), y el juicio está a punto de empezar (1 P 4:5, 17).

Moo y Gundry objetan el uso de muchos de los pasajes que acabamos de citar (p. ej., «esperar con ansia» (NVI) no *requiere* un Rapto en cualquier momento, y ἐάν con el subjuntivo no requiere incertidumbre); sin embargo, no veo nada que excluya la inminencia en estos textos. No se requiere la inminencia, pero tampoco se excluye por nada de lo que se ha dicho.

Estamos ahora listos para regresar a las predicciones que causan problemas para la doctrina de la inminencia. ¿Qué hay acerca de la predicación del evangelio hasta lo último de la tierra y la muerte de

Pedro como un anciano? Las dificultades dejan de existir cuando nos damos cuenta que la doctrina de la inminencia no descansa sobre las enseñanzas de Jesús, sino en las epístolas. Las epístolas empezaron a escribirse a finales de la década de los años 40 y principio de los 50. Para ese tiempo la predicación del evangelio a lo largo del mundo entonces conocido era inminente, como también la muerte de Pedro. La doctrina del regreso de Cristo en cualquier momento empezó a enseñarse en algún momento durante el período apostólico de la historia de la Iglesia. El problema para un Rapto en cualquier momento solo surge cuando se hace de la enseñanza de Jesús la base de esa doctrina. Sin embargo, ¿qué sentido puede tener un Rapto inminente de la Iglesia *antes* de que ni siquiera se haya formado? Lo que se está diciendo aquí es muy importante, pero no debería sorprendernos.

Tercero: hay una ausencia de señales o de sucesos intermedios en cualquier pasaje indiscutible sobre el Rapto. En cada uno de los textos principales sobre el Segundo Advenimiento, Zacarías 14:1-5; Mateo 24:29-31; y Apocalipsis 19:11-21, el regreso de Cristo está precedido por grandes convulsiones, angustia y señales que alertan de que va a ocurrir. Ni las pruebas ni las señales las encontramos en los textos sobre el Rapto, Juan 14:1-3; 1 Corintios 15:51-58; y 1 Tesalonicenses 4:13-18. Puede parecer al principio que esta tercera línea de argumentación es un ejemplo del conocido argumento del silencio. Sin embargo, una reflexión cuidadosa nos convencerá que este no es el caso. No pido que se llegue a una conclusión definitiva a causa de la falta de datos. Más bien, hago la *comparación* de dos grupos de textos. En un grupo hay señales y una venida que tiene lugar en el contexto de la Tribulación; en el otro grupo no encontramos ni señales ni angustia. Mi argumento es que la presencia de cierta información en un grupo y la falta en el otro son hechos significativos.

Si bien es cierto que algunos sucesos podrían preceder a la venida de Cristo y que la venida podría ser pretribulacional, no veo nada en contra y sí mucho que habla a favor en cuanto a un Rapto en-cualquier-momento.

RESPUESTA DE DOUGLAS J. MOO

GLEASON ARCHER PRESENTA su argumentación a favor de un Rapto a mitad de la semana septuagésima por medio de tres argumentos, dos negativos y uno positivo. Un argumento negativo contra el punto de vista postribulacional es que un intervalo de tiempo significativo debe separar el Rapto de la parusía. Por otro lado, en contra de un enfoque pretribulacional, él encuentra razones para pensar que la Iglesia estará en la tierra durante al menos una parte de la semana septuagésima de Daniel. En el argumento positivo de su conclusión, Archer afirma que solo la posición de un Rapto a mitad de la semana septuagésima es capaz de integrar estas dos líneas de evidencia.

No sorprende, pues, que yo tenga una reacción de verdad mixta a la posición de Archer. A mí me parece que sus argumentos en contra del punto de vista pretribulacional son sólidos, y yo sostengo algunos de los mismos puntos. Pero pienso que sus objeciones al punto de vista postribulacional son refutables. Explicaré por qué pienso de esa manera mediante mi respuesta a cada uno de los cinco puntos que él presenta. Entonces, después de señalar algunas de las implicaciones del propio caso de Archer en contra del pretribulacionismo, examinaré sus argumentos a favor de un Rapto a mediados de la semana septuagésima.

En su primer argumento contra el postribulacionismo, Archer afirma que la actitud de expectativa en el Nuevo Testamento es difícil de entender si creemos que un período de siete años de tribulación tiene que preceder al Rapto. Es importante que notemos que la objeción de Archer no está basada en la creencia de que el Rapto tiene que ser un evento de «en cualquier instante», no anunciado por señales, pues él mismo apunta a textos en el Nuevo Testamento que indican claramente que ciertos sucesos deben preceder al Rapto. Más bien, su punto es que un intervalo de *siete* años es más difícil de reconciliar que un intervalo de *tres años y medio*. ¿Pero es eso de verdad cierto? Ya sea que la Iglesia primitiva creyera que una tribulación de tres años y medio o de siete años tenía que preceder al Rapto parece que eso tendría muy poca diferencia con respecto a su actitud de expectativa. Y debemos recordar que la expectativa del Nuevo Testamento *siempre* estuvo caracterizada por la creencia de que la Tribulación precedería a la liberación. Como Pablo les advirtió a sus nuevos convertidos de Asia Menor: «Es necesario pasar por muchas dificultades para entrar en el reino de Dios» (Hch 14:22). Esto es, la convicción de los creyentes del Nuevo Testamento de que todo el período entre la resurrección de Cristo y su venida en gloria estaría caracterizado por una tribulación hubiera hecho que fuera irrelevante la extensión exacta de tiempo que esperaban pasar en la final y culminante tribulación.

La segunda objeción de Archer al punto de vista postribulacional es que ignora el «intervalo significativo» entre la descripción del Rapto en 1 Tesalonicenses 4:13-18 y la ira del juicio asociada con el día del Señor en 1 Tesalonicenses 5:1-10. Pero la evidencia para insertar un intervalo temporal entre 1 Tesalonicenses 4 y 5 es bastante inadecuada. El δέ con que empieza el capítulo cinco no necesita, en primer lugar, connotar un contraste[1] y, segundo, no necesita indicar un contraste temporal aun si tiene fuerza adversativa. La construcción περὶ δὲ, usada nueve veces por Pablo en 1 Tesalonicenses y 1 Corintios denota un cambio en el tema, pero la naturaleza del cambio debe ser inferida por el contexto.[2] En el caso de 1 Tesalonicenses 5:1 la transición del tema de la esperanza del creyente en el capítulo 4 a los «tiempos y fechas» de los eventos escatológicos en el capítulo 5 es suficiente para explicar la construcción. En verdad, la manera en que es introducida la frase «tiempos y fechas», sin calificaciones («tiempos y fechas», ¿de qué?) sugiere que el tema es el tiempo del Rapto ya considerado.

Puesto que ya he tratado con amplitud Apocalipsis 3:10 en mi respuesta a Paul Feinberg, podemos ir ahora directo al cuarto punto de Archer, de que la presencia de las figuras vestidas de lino fino, limpio y blanco, con Jesús cuando Él asciende en gloria (Ap 19:11-15) puede ser solo explicado si los cristianos han sido arrebatados antes. De hecho, estoy de acuerdo con él en este punto. Si bien a veces se afirma que estos individuos que acompañan a Cristo en su regreso son ángeles, la asociación de ropas blancas con los santos de Apocalipsis implica con fuerza que los cristianos están presentes. Pero la cuestión que debe preguntarse es: ¿Cuánto tiempo antes de la escena descrita en Apocalipsis 19:11-15 tiene que ocurrir el Rapto? ¿No puede ser unos pocos momentos antes que tres años y medio o siete? Archer no da ninguna razón para rechazar la interpretación postribulacional, según la cual los santos que son arrebatados al descenso de Cristo (1 Ts 4:17) le acompañarán de regreso a la tierra (Ap 19:11-15). En ninguna parte implica el texto que estos individuos hayan venido del cielo. Y, de hecho, Apocalipsis provee un apoyo concluyente para el punto de vista de que proceden de la tierra, puesto que aquellos a los que les son concedidas vestiduras blancas en 7:14 son los que han salido de la «gran tribulación».

La afirmación de que el esquema postribulacional no puede explicar cómo individuos no glorificados entran en el Milenio, la quinta y última objeción de Archer, también la plantea Feinberg. Encuentro que este argumento es el más difícil de manejar, no solo porque el argumento presenta una dificultad para el punto de vista postribulacional, sino también porque la evidencia relevante es escasa y compleja. Por eso ofrezco las siguientes sugerencias.

Que la existencia de los procesos naturales, el mal y la rebelión contra Dios en el Milenio (Ap 20:7-10) constituye una dificultad para todos los premilenaristas está sugerida por el intento de Arthur Lewis de refutar el premilenarismo sobre esa base.[3] Él sugiere que es mucho más fácil dar razón de estos factores si el Milenio es considerado como una descripción de la edad presente. Pero si, como yo pienso, la alternativa amilenarista es inaceptable debido a su incapacidad para proveer una exégesis satisfactoria de Apocalipsis 20:1-6, el problema permanece en serio. Sin embargo, Feinberg y Archer mantienen que sus puntos de vistas tienen una señalada ventaja sobre el enfoque postribulacional en el manejo del problema, puesto que sus esquemas permiten un período de tiempo entre el Rapto y la parusía durante la cual los individuos serán convertidos y así entrarán en el Milenio con cuerpos naturales. Estas personas, por supuesto, están sometidas al proceso natural y algunos de sus descendientes serán incrédulos y compondrán el gran ejército que se juntará contra Dios al final del Milenio. Por el otro lado, se argumenta que un escenario postribulacional no puede dar razón del origen de estas personas, dado que en este punto de vista, todos los seres vivos son arrebatados o destruidos inmediatamente antes de la inauguración del Milenio.

Antes de enzarzarnos en una discusión de este problema, debemos examinar la base bíblica para el problema en sí. Esto es, ¿cuán probable es que santos en cuerpos naturales y el mal existan durante el Milenio? La realidad del mal en el Milenio es imposible de refutar; Apocalipsis 20:7-10 puede ser solo interpretado de ese modo. Pero la presencia de los santos en cuerpos naturales encuentra un apoyo mucho más débil. El texto clave es Isaías 65:20, que parece implicar la existencia de muerte física. Sin embargo, algunos, al señalar que este versículo es una descripción de un «cielo nuevo y una tierra nueva» (v. 17) y que ya no habrá más llanto ni clamor en este tiempo (v. 19), argumentan que todo lo que el profeta está indicando es que los creyentes vivirán «vidas incalculablemente largas».[4] Apocalipsis proporciona cierto apoyo a este punto de vista porque encontramos paralelismo con Isaías 65 en la descripción de la nueva Jerusalén más bien que en el Milenio: «un cielo nuevo y una tierra nueva» (Ap 21:1) y la ausencia de muerte, llanto y dolor (21:4). Sin embargo, es probable que Archer y Feinberg tengan razón al rechazar esta identificación, puesto que es solo con dificultad que puede ser eliminada la implicación de muerte física de Isaías 65:20. Quizá, igual que Delitzsch, debamos pensar en una combinación de descripciones del Milenio y del estado eterno.[5]

De manera que no se puede evitar el problema; un esquema premilenial debe proveer una explicación para la presencia de santos no glorificados y de incrédulos en el Milenio. ¿Es posible que un premilenarismo postribulacional haga eso? Pienso que dos sugerencias mostrarán que lo es.

Primera: es del todo posible que algunos incrédulos entren en el Milenio en sus cuerpos naturales. Feinberg y Archer refutan esto, de modo que será necesario dar alguna justificación para esta posibilidad. Feinberg indica algunos textos en los que el juicio sobre los incrédulos en el regreso de Cristo parece ser universal. Pero estas referencias no especifican con claridad que el juicio involucrado suceda al comienzo del Milenio. Todos los premilenaristas reconocen que las Escrituras con frecuencia combinan sucesos que preceden y siguen al Milenio (cp. Juan 5:29; Judas 14-15). Yo sugiero que los versículos que especifican la universalidad del juicio también involucran tal «resumen» de sucesos. Que este es un enfoque verosímil está sugerido por el problema de los incrédulos en el Milenio si es que vamos a ver estos textos como hablando del juicio de *todos* los malvados antes del Milenio. Parecería que, a fin de incluir a estos incrédulos del Milenio, las descripciones de juicio universal en el Nuevo Testamento *tendrían* que incluir juicios premileniales y postmileniales. Es a la luz que se debiera ver Mateo 25:31-46. Feinberg argumenta, en contra de Gundry, que este juicio debe preceder al Milenio a causa de la declaración explícita en el versículo 31 a efectos de que eso ocurrirá «cuando el Hijo del Hombre venga en su gloria». No obstante, la razón de Gundry para apoyar una referencia al juicio final es también válida: el asunto del juicio es «vida eterna» y «castigo eterno».[6] Por tanto, este pasaje, como los otros mencionados arriba, debe entenderse como que muestra una fusión del juicio premilenial (a la venida de Cristo) y el juicio postmilenial (el juicio final). De modo que los pasajes que describen un juicio universal junto con el regreso de Cristo tienen como propósito especificar los efectos últimos universales de la victoria de Cristo; ellos no requieren que *todos* sean juzgados *al mismo tiempo* (a la parusía). Por tanto, estos textos no constituyen una dificultad para el punto de vista de que algunos incrédulos entren en el Milenio.

Tampoco Apocalipsis 19 implica por necesidad que todos los incrédulos sean aniquilados en la parusía. El vidente en este texto se concentra en la derrota final de la coalición impía de naciones; su propósito no es incluir a cada ser humano viviente en la destrucción de esa batalla.[7] Por tanto, dado que nada en las Escrituras contradice tal punto de vista, se puede sugerir de forma verosímil que algunos de los malvados en el Milenio proceden de los incrédulos que sobrevivieron al Armagedón para entrar en el Milenio con cuerpos naturales.

¿Pero qué puede decirse desde una perspectiva postribulacional acerca de los santos del Milenio que viven en cuerpos naturales? Si bien la evidencia no es muy conclusiva, a mí me parece probable que la conversión de la nación judía no tendrá lugar hasta la parusía. Estos santos judíos que, por supuesto, no habrán participado en el Rapto, entrarán en el Milenio en sus cuerpos naturales. La evidencia para pensar que esta conversión nacional tendrá lugar en el tiempo de la parusía proviene de varios textos. Primero, Zacarías 12:10 predice que el Señor «[derramará] un espíritu de gracia y de súplica» sobre la nación judía cuando «[pongan] sus ojos en mí... el que traspasaron». Este versículo aparece citado en Apocalipsis 1:7 y también en Mateo 24:30, con una clara referencia a la parusía postribulacional. Así que el don divino de gracia que estimula la conversión viene solo al final de la tribulación. El texto al que acabamos de aludir, Mateo 24:30, provee más evidencia para el punto de vista de que la conversión de Israel ocurre solo después de la tribulación. Después de la descripción del glorioso regreso de Cristo en el versículo 20, se dice en el versículo 31 que el Hijo del Hombre «al sonido de la gran trompeta mandará a sus ángeles, y reunirá de los cuatro vientos a los elegidos, de un extremo del cielo al otro». Yo sostendría que esta es una referencia a la reunión de *todos* los escogidos en el tiempo de la parusía: los muertos por medio de la resurrección, los vivos por medio del Rapto, y la nación de Israel por medio de la conversión. La inclusión de Israel está sugerida por la semejanza de este versículo con Isaías 11:12, que describe la reunión de los «desterrados de Israel, y de los cuatro puntos cardinales juntará al pueblo esparcido de Judá». Tercero, Pablo vincula la salvación de «todo Israel» con la venida del Redentor a Sión en Romanos 11:25-26 (citando Is 59:20). Se pueden citar también otros textos, pero estos parecen ser los más claros.

Sin embargo, hay que admitir que otros versículos han sido entendidos como implicando que la conversión de Israel *precederá* a la parusía. Feinberg, por ejemplo, apela a Oseas 5:15—6:3 y a Zacarías 13:8-9, pero es probable que el primero se refiera a los sucesos del exilio más bien que a los últimos días y no se dice nada en Zacarías 13 acerca de que los *gentiles* guerreen contra Israel; parece más natural encontrar en estos versículos una referencia a la decisión electiva de Dios que discrimina entre las personas. En cualquier caso, el hecho de la opresión de Israel por los gentiles (Zac 12:1-5; 14:1-3) no implica nada acerca de la conversión de la nación. Tampoco Apocalipsis 12:13-17 muestra claramente que Israel es el sujeto de la opresión satánica, puesto que es al menos igual de probable que la referencia allí sea a la Iglesia. Por contraste, por tanto, la posición que sostiene que Israel como nación es convertida solo en la parusía tiene el mejor apoyo en los textos más directamente relevantes.

Concluimos, entonces, reafirmado que el esquema postribulacional *puede* explicar de manera satisfactoria la existencia de santos no glorificados y de hombres malvados en el Milenio. Los judíos convertidos en el tiempo de la parusía serán incluidos entre los santos, y habrá incrédulos que queden vivos después de la batalla de Armagedón.[8] Dijimos al principio, y lo repetimos ahora, que estas opciones pueden ser fomentadas solo como sugerencias. Las Escrituras no son para nada claras en estos asuntos y quizás lo mejor sea no dedicarse demasiado a consideraciones problemáticas como estas, ya sea *a favor* o en contra de la posición postribulacional.

Después que llegamos a la conclusión de que ninguno de los argumentos planteados en contra de la posición postribulacional por Archer es convincente, podemos ahora enfocar nuestra atención en la argumentación positiva de la posición a mediados de la semana septuagésima. Pero antes de hacerlo, corresponde hacer algunos comentarios sobre su respuesta a la posición pretribulacional.

Por supuesto, estoy de acuerdo con los razonamientos que Archer hace en contra de la perspectiva pretribulacional, pero una implicación de uno de estos razonamientos por su propio punto de vista debe explicarse en detalle. Él mantiene, de forma correcta en mi opinión, que la Iglesia debe ser incluida entre aquellos a los que va dirigido el discurso en el monte de los Olivos. Pero si esto es así, se hace difícil mantener a la Iglesia fuera de toda la semana septuagésima. Esto es así porque Mateo 24:15-28 describe con claridad la *segunda mitad* de la semana de Daniel: el Anticristo se ha instalado en el templo (v. 15), se experimentará la más grande tribulación de toda la historia del mundo (v. 21) y la venida de Cristo tendrá lugar de forma repentina (vv. 26-28). Pero la segunda persona del plural («vosotros») es usada a lo largo de estos versículos. En otras palabras, si la Iglesia debe ser incluida en la primera parte del discurso a causa del pronombre en segunda persona plural, es difícil que pueda ser excluida de la segunda parte.

Nos centramos por último en los puntos positivos hechos por Archer a favor de su posición.

Puedo estar de acuerdo con Archer en que es necesario distinguir la ira del hombre y la ira de Dios durante la Tribulación. Pero no creo que es posible separar las dos en dos períodos temporales claros en la forma que Archer sugiere. En verdad, la evidencia que él mismo presenta demuestra cuán difícil es ver la primera mitad de la tribulación como el tiempo de la «ira del hombre». Porque Daniel 9:27, el texto que con más claridad delinea la secuencia de los eventos en la semana septuagésima, declara de forma explícita que es solo a mitad de la semana que el Anticristo empieza su persecución de los santos, pues durante la primera mitad de la semana, él estará en una relación de pacto con Israel. Del mismo modo, Pablo indica que la maldad del Anticristo está restringida en el tiempo presente, pero que esa restricción un día será quitada, y en ese tiempo el Anticristo se exaltará a sí mismo por encima de Dios y demandará ser adorado en el templo (2 Ts 2:1-10). Una comparación de estos textos revela con claridad que este es el mismo evento predicho por Daniel para mediados de la semana septuagésima. Apocalipsis está en completo acuerdo con este cuadro; el capítulo 13 presenta al Anticristo como el iniciador activo de la persecución en contra de los santos. Incluso el discurso del monte de los Olivos apunta a esto al mandar a los santos a huir de Jerusalén solo después que «la abominación desoladora» se establezca en el templo. Entonces, lo que decimos es que las Escrituras son consistentes al presentar la primera parte de la semana septuagésima de Daniel como un tiempo de relativa tranquilidad para los santos; es solo a mediados de la semana, cuando el Anticristo reafirma su autoridad, que la «ira del hombre» en contra de los santos se hace evidente. Es este estallido de actividad satánica lo que hace que sea significativo el punto medio de la semana septuagésima.

Repito, puedo estar de acuerdo con Archer en encontrar una referencia al Rapto en Apocalipsis 14:14-16. Pero mientras que él ubicaría esta escena a mediados de la semana septuagésima de Daniel, yo argumentaría que debiera ser ubicada al final de esa semana. Esto está sugerido por el hecho que los versículos que siguen de inmediato (17-20) parecen describir la batalla de Armagedón. Archer sugiere que esta es una visión anticipadora, pero parece más fácil pensar que esto tiene lugar al mismo tiempo que la escena descrita en los versículos 14-16. Del mismo modo, puedo estar de acuerdo en que el Rapto tiene lugar entre el quinto y el sexto sellos. Pero está claro que el sexto sello describe sucesos que *siguen* a la tribulación, como muestra la comparación de Apocalipsis 6:12-17 con Mateo 24:29.

En resumen, pues, no estoy convencido por la presentación de Archer de la posición de mediados de la semana septuagésima: sus argumentos en contra de la posición postribulacional son refutables; al menos uno de sus argumentos en contra del punto de vista pretribulacional socava su propia posición; y la evidencia concluyente para su propio enfoque no es decisiva. En verdad, es importante notar que Archer aporta muy poco apoyo *concluyente* para la perspectiva de mediados de la semana septuagésima. Si bien no está mal suministrar evidencia para el propio punto de vista de uno al señalar las dificultades que enfrentan los otros puntos de vista, una argumentación negativa tal nunca constituye un testimonio que por lógica sea convincente para asumir la otra perspectiva. El simple hecho es que cada uno de los puntos de vista confronta algunos problemas, y lo que será decisivo en un final es la cuestión de cuál punto de vista puede manejar de una manera más satisfactoria los textos que tienen una mayor relevancia directa.

4

ARGUMENTOS A FAVOR DE LA POSICIÓN POSTRIBULACIÓN DEL RAPTO

Douglas J. Moo

Douglas J. Moo es profesor asistente de Nuevo Testamento en el Trinity Evangelical Divinity School. Recibió su maestría en divinidades en el Trinity Evangelical Divinity School y el doctorado en filosofía en la Universidad de San Andrés. Ha escrito *The Old Testament in the Gospel Passion Narratives* [El Antiguo Testamento en las narraciones de la pasión en los Evangelios] y ha contribuido con artículos a la *Trinity Journal, Westminster Theological Journal, Journal for the Study of the New Testament, y Journal of the Evangelical Theological Society.* Es miembro de la Sociedad Teológica Evangélica, del Instituto de Investigación Bíblica, la Sociedad de Investigación Bíblica de Chicago, y la Sociedad de Literatura Bíblica.

PROPÓSITO, SUPOSICIONES Y ENFOQUE

Mi propósito es presentar un razonamiento exegético y teológico a favor del punto de vista de que la Iglesia, o los santos de la presente dispensación, serán arrebatados *después* de la Gran Tribulación. Este razonamiento plantea varias suposiciones. Primera: el argumento da por supuesto, aunque no está por necesidad basado en ello, el punto de vista de que el regreso de Cristo en gloria ocurrirá antes del Milenio (Ap 20:4-6). Una segunda suposición es que las Escrituras predicen un período de angustia sin precedentes, llamado en Apocalipsis 7:14 «la gran tribulación», que será de inmediato anterior a la Segunda Venida. Tercera, está aceptado que la semana septuagésima de Daniel (cp. Dn 9:24-27) no ha tenido todavía su cumplimiento completo y está relacionada con el tiempo de tribulación nunca antes visto.[1]

Al abordar el tema bajo consideración, es en especial importante que quede bien en claro la incidencia de la eclesiología en la investigación. Si se asume una disyunción radical entre Israel y la iglesia, existe una cierta presuposición en contra de la postura pretribulacional, dado que sería inconsistente para la Iglesia estar involucrada en un período de tiempo que, según el Antiguo Testamento, tiene que ver con Israel. Sin embargo, es importante que notemos desde el principio que un Rapto postribulacional *no* está por necesidad excluido por un punto de vista que mantiene a Israel y a la Iglesia separados. De modo que si las Escrituras indican que Israel y la Iglesia van a experimentar la Gran Tribulación, cada uno de ellos puede permanecer en la tierra durante ese tiempo como una entidad separada. Aun si se concluye que la Gran Tribulación es *solo* para Israel, no es a priori imposible pensar que la

Iglesia permanecerá en la tierra durante ese período sin pasar por la culminante aflicción.[2]

En otras palabras, una separación total y consistente de Israel y la iglesia no conlleva *por necesidad* algún punto de vista específico del tiempo del Rapto. Dado que este es el caso, un enfoque del tema que no asume un punto de vista particular en esta cuestión eclesiológica no puede ser considerado ilegítimo. Además, un enfoque es preferible porque prepara el camino para una exégesis más objetiva de los textos relevantes. Empezar con un punto de vista particular de la relación de Israel y la Iglesia puede llevar con demasiada facilidad a un razonamiento en círculos. Uno argumenta que tal y tal texto no puede referirse a la Iglesia porque describe la Gran Tribulación, que es sólo para Israel, pero uno no puede saber lo que es nada más que para Israel sólo sobre la base de un tratamiento exegético de cada pasaje relevante, incluyendo el que está bajo escrutinio. Por cierto que es preferible sacar conclusiones tentativas sobre el tema teológico más amplio (Israel y la Iglesia) solo después de haber realizado la exégesis.

Puesto que el Rapto aparece revelado bien claro en el Nuevo Testamento, la evidencia decisiva para su momento oportuno con relación a la tribulación debe venir también del Nuevo Testamento. Además, es un procedimiento hermenéutico sólido establecer una doctrina sobre la base de los textos que hablan más directo sobre el asunto. Así, pues, la mayor parte de este trabajo estará dedicado a una exégesis de estos textos. Sin embargo, algunas cuestiones básicas deben ser tratadas primero antes de empezar esa importante tarea.

LA TRIBULACIÓN Y EL SEGUNDO ADVENIMIENTO

La naturaleza de la Tribulación

Aunque el mensaje tanto del Antiguo como del Nuevo Testamento es que los santos experimentan tribulación a lo largo de la Historia, ambos también hablan con claridad de un tiempo culminante de tribulación que será justo antes del Segundo Advenimiento. El propósito de esta sección es definir la naturaleza de este período, en particular con respecto a la ira de Dios. Cuando vamos al Antiguo Testamento, la situación se complica por el hecho de que con frecuencia es difícil discernir si una descripción particular de «tribulación» se relaciona con el Exilio, el juicio final o la «Gran Tribulación» como tal. La distinción entre las dos últimas no siempre se reconoce, pero parece que será algo importante al examinar los pasajes proféticos del Antiguo Testamento. Porque los pasajes que describen el horror del fin mismo (p. ej., lo que el Nuevo Testamento describe como la batalla de Armagedón, etc.), que, según los tres puntos de vista, *sigue* a la Tribulación, no pueden ser usados como evidencia por la naturaleza de la Gran Tribulación, la cual *precede* al fin. Puesto que muchos de los textos proféticos relevantes incluyen descripciones del «día del Señor», y no indican con claridad si lo que se prevé es la Tribulación o el fin mismo, tenemos un auténtico problema, por lo que se requiere cautela al aplicar estas descripciones a la Tribulación.[3]

Con esto en mente, debemos concluir que sólo en Daniel encontramos pasajes que *deben* referirse a la Gran Tribulación (cp. especialmente 7:7-8, 23-25; 8:9-12, 23-25; 9:26-27; 11:36—12:1). Sin duda otros pueden describir la tribulación, como Deuteronomio 4:29-30; Isaías 26:20-21; Jeremías 30:4-9; Joel 2:30-32; y Sofonías 1—2, para mencionar unos pocos. Pero ninguna de las descripciones de aflicción es estos pasajes es claramente distintiva del derramamiento final del juicio de la ira de Dios que ocurre sólo *después* de la Tribulación. Entonces, en interés de la exactitud, es importante usar los textos en Daniel como la evidencia primaria al desarrollar el concepto de la Tribulación en el Antiguo Testamento y emplear otros textos sólo en la medida que estos corroboren el cuadro de Daniel.

Dos puntos de relevancia para nuestro tema surgen de los textos de Daniel. Primero: el sufrimiento de los santos durante este período es atribuido siempre a un supremo oponente y usurpador de Dios (7:7-8, 20-25; 11:35-48). Es el «cuerno más pequeño» el que libra «una guerra contra los santos y los venció» (7:21; cp. 8:25).

Segundo: Daniel 11:36 y (quizás) 8:19 da testimonio de la existencia de la ira divina (זעם) durante este período de intensa persecución. Pero nada se dice acerca de la extensión o duración de esta ira, ni tampoco se declara que esta ira caiga sobre los santos. Pero, si bien

Daniel guarda silencio acerca de la extensión y objetos de la tribulación de esta ira, es significativo que un texto relacionado, Isaías 26:20-21, describe específicamente la naturaleza *selectiva* de la ira de Dios: «¡Anda, pueblo mío, entra en tus habitaciones y cierra tus puertas tras de ti; escóndete por un momento hasta que pase la ira[עַם]! ¡Estén alerta!, que el Señor va a salir de su morada para castigar la maldad de los habitantes del país…»

Si este pasaje se refiere a la Tribulación, poseemos una clara evidencia de que los santos *en la tierra* están protegidos de la ira divina. Incluso si uno argumenta que esta situación rige *solo* para Israel, es todavía importante reconocer que el pueblo de Dios puede permanecer en la tierra y escapar de la ira. Por otro lado, puede que este texto no esté relacionado para nada con la Tribulación, en cuyo caso permanece el *principio* de selectividad en el ejercicio de la ira de Dios. Al menos, entonces, Isaías 26:20-21 establece la *posibilidad* de que el pueblo de Dios pueda escapar de la ira divina aunque esté presente durante su derramamiento.

Llegamos a la conclusión de que la descripción de la Tribulación en el Antiguo Testamento incluye una severa persecución de los santos por instigación de un líder poderoso junto con una revelación de la ira divina, indeterminada en su extensión y objetos.

De las cuarenta y cinco veces que el sustantivo θλιψις («tribulación») aparece en el Nuevo Testamento, solo cinco es probable que estén relacionadas con el período final de aflicción (Mr 13:19, 24; Mt 24:21, 29; y Ap 7:14), mientras que otras dos *puede* que se refieran a ello (Ro 2:9 y 2 Ts 1:6). Descripciones bastante completas de la Tribulación las encontramos en Marcos 13:14-23 y en pasajes paralelos como 2 Tesalonicenses 2:3-8 y Apocalipsis 6—16. Antes de examinar estos pasajes a fin de delinear el concepto del Nuevo Testamento sobre la Gran Tribulación, es digno de observar que el uso normal de «tribulación» ocurre en descripciones de aflicciones y sufrimientos que la Iglesia experimenta en el tiempo presente. Si se sostiene que la Iglesia estará exenta de la Gran Tribulación, se debe mostrar que hay algo *distintivo* en *calidad* (no solo en cantidad) acerca de aquel período en comparación con la era presente.

En armonía con la evidencia del Antiguo Testamento, en la descripción del Nuevo Testamento de la Gran Tribulación se hace hincapié en la persecución de los santos por un gran líder muy impío, caracterizado de forma diversa como «la abominación desoladora» (Mr 13:14),[4] «el hombre de pecado» (2 Ts 2:3), y «la bestia» (Ap 13:1-8).[4]

Apocalipsis también representa la Tribulación como un tiempo durante el cual Dios juzgará a los incrédulos y derramará su ira sobre ellos. Dos aspectos de esta presentación en Apocalipsis merecen nuestra atención. Primero: la ira parece que está concentrada en la última parte del período de la Tribulación. Se menciona en Apocalipsis 6:16-17, donde el contexto (desastres cósmico en distintas partes que Jesús dijo que sucederían «*después* de aquella tribulación» (Mr 13:24) donde se indica a las claras que se ha llegado al final; en 11:18, que de nuevo ocurre en un contexto que describe el fin; en 14:7, 10, 19, que describen el juicio que viene; tres veces en conjunción con las copas, que preceden de inmediato al Advenimiento (15:1, 7; 16:1) y dos veces en descripciones de la misma parusía (16:19; 19:15). Después, en segundo lugar, los juicios de la ira de Dios son claramente selectivos. A las langostas demoníacas de la quinta trompeta se les ordena que dañen «sólo a las personas que no llevaran en la frente el sello de Dios» (Ap 9:4), mientras que la primera copa es derramada sólo sobre «la gente que tenía la marca de la bestia y que adoraba su imagen» (Ap 16:2). Y se dice que un cierto número de receptores de las plagas rehúsan arrepentirse (9:20-21; 16:9, 11), una indicación de que sólo los incrédulos estarán afectados por ellas. En otras palabras, no hay ningún lugar donde el juicio o la ira de Dios aparezca como afligiendo a los santos, y por el contrario hay indicaciones de que Dios a propósito exime a los santos de sus efectos.

De manera que la imagen del Nuevo Testamento es similar a la del Antiguo Testamento. La Gran Tribulación es presentada como un período de severa persecución de los santos que estén entonces en la tierra y como un tiempo de juicio lleno de la ira de Dios. Pero el Nuevo Testamento es más claro al sugerir que la ira estará confinada a la última parte de la Tribulación y al indicar en específico la protección de la ira divina concedida al pueblo de Dios que viva en ese tiempo. Pero debemos preguntarnos: ¿cómo pueden ser ellos protegidos de tales juicios universales como, por ejemplo, la muerte de toda criatura del mar (16:3)? En respuesta, podemos dar dos explicaciones. Primera: esto constituye un problema para *todos* los intérpretes porque todos están de acuerdo en que los santos tendrán alguna clase de protección divina y serán preservados vivos hasta la parusía, ya sea que formen parte de la Iglesia o del remanente judío representado por los 144 000 (Ap 7). Segunda: la historia del Israel del Antiguo Testamento sugeriría que, aunque los juicios de Dios nunca son dirigidos directo hacia aquellos que de verdad le pertenecen a Él, los juicios pueden afectarlos de manera indirecta. En este sentido el diluvio le causó muchos inconvenientes a Noé y su familia, para decir lo mínimo. ¿Y es que Jeremías y otros verdaderos siervos de Dios no experimentaron sufrimiento, incluso muerte, como resultado del justo juicio de Dios contra Judá por medio de los babilonios?

Una conclusión importante surge de toda esta consideración de la naturaleza de la Gran Tribulación: No hay nada inherente a ella que haga imposible que la Iglesia esté presente durante la misma. Todos están de acuerdo en que ningún verdadero creyente experimentará la ira de Dios (1 Ts 5:9), pero ninguna descripción de la Tribulación la presenta como un tiempo de ira sobre el pueblo de Dios. Todos están de acuerdo en que la Iglesia experimenta tribulación —en ocasiones, severa tribulación— a lo largo de su existencia, pero ninguna descripción de la Tribulación indica que involucrará mayor sufrimiento que el que los creyentes ya han experimentado.

El vocabulario del Segundo Advenimiento

Tres palabras se usan con frecuencia en el Nuevo Testamento para describir el regreso de Cristo: ἀποκάλυψις («revelación», ἐπιφανεία («manifestación»), y παρουσία («llegada» o «presencia». Παρουσία, que aparece con más frecuencia (15 veces), debiera ser probablemente traducida como «llegada», pero sus asociaciones con el concepto de «presencia» con toda probabilidad no se pierden de vista. Es evidente lo apropiada que es como una caracterización del regreso de Cristo, por el hecho de que se usa en el papiro para designar las visitas especiales de los reyes. Ἐπιφανεία (5 veces con referencias a la Segunda Venida) connota una aparición divina decisiva para el beneficio del pueblo de Dios, mientras que el término ἀποκάλυψις (5 veces) sugiere una alusión a la finalización de los propósitos de Dios.[5]

Lo que importa notar en cuanto a estos términos es, primero: que cada uno es usado a las claras para describir el regreso *postribulacional* de Cristo y, segundo: que los tres también designan un objeto de la esperanza y expectativa del creyente. La parusía es, sin discusión, postribulacional en Mateo 24:3, 27, 37, 39 y en 2 Tesalonicenses 2:8; ἀποκάλυψις tiene el mismo margen de tiempo en 2 Tesalonicenses 1:7, como lo hace ἐπιφανεία en 2 Tesalonicenses 2:8. Por el otro lado, la parusía de Cristo está declarada de forma explícita como un objeto de la expectativa del creyente en 1 Tesalonicenses 2:19; 3:13; Santiago 5:7-8; y 1 Juan 2:28. La palabra ἀποκάλυψις es presentada como una expectativa en 1 Corintios 1:7; 1 Pedro 1:7, 13; 4:13, mientras que las cuatro referencias a ἐπιφανεία en las epístolas pastorales (1 Ti 6:14; 2 Ti 4:1; 4:8; Tit 2:13) la emplean con este significado. Entonces, si se exhorta a los creyentes a esperar la venida de Cristo, y esta venida es presentada como postribulacional, es natural concluir que los creyentes estarán presentes a lo largo de la Tribulación.[6]

Sin embargo, esto sería proceder con demasiada rapidez. *Puede* ser que la Segunda Venida tengamos que dividirla en dos etapas: una «venida» de Cristo *a buscar* a su Iglesia antes o un poco antes de la Tribulación y una «venida» *con* Su Iglesia después de eso. Una llegada así en dos etapas no puede ser descartada a priori, pero por otro lado, no puede ser aceptada a menos que haya una clara evidencia de tal división. Hemos visto que esa evidencia no está disponible en los términos usados para describir el Segundo Advenimiento, cada uno de los cuales incluye el Rapto *y* el descenso postribulacional de Cristo de los cielos. La analogía de la esperanza de la venida del Mesías en el Antiguo Testamento, que a la luz de su cumplimiento se puede ver que tiene dos etapas, es difícil que sea apropiada. Porque estas dos etapas separadas fueron obvias solo después de los hechos. Del mismo modo, es difícil de encontrar evidencia para una «parusía en dos etapas» en descripciones de la venida de Cristo *«con sus santos»*. Porque sólo en tres textos se hace mención de la venida de Cristo con sus santos: Apocalipsis 19:14;

1 Tesalonicenses 3:13; 4:14-15. En las primeras dos, no está claro si los que acompañan a Cristo son ángeles o creyentes;[7] en todo caso, es importante notar que en 1 Tesalonicenses 4:14-15 encontramos a santos que vienen «con Jesús» *en el tiempo del Rapto.*

Por tanto, un estudio del vocabulario empleado en la descripción del regreso de Cristo pinta un cuadro uniforme: a los santos se les exhorta a esperar y a vivir a la luz de este acontecimiento glorioso. Y, si bien algunos textos es obvio que ubican su venida *después* de la Tribulación, no hay ninguno que, de una forma igual de obvia lo sitúe antes de la Tribulación. Sin embargo, bien puede suceder que un examen más detenido del contexto en el que aparecen estos textos revele que hay, en realidad, un aspecto pretribulacional para la Segunda Venida. Vayamos ahora a examinar esos textos.

EL RAPTO: TRES PASAJES BÁSICOS

Será apropiado que empecemos nuestro estudio de estos textos con lo que está considerado como «... las tres Escrituras principales que revelan el Rapto: Juan 14:3; 1 Corintios 15:51-52; y 1 Tesalonicenses 4:13-18».[8] Ya que nuestro estudio de la naturaleza de la Tribulación no ha revelado nada que necesite que la Iglesia sea quitada durante ese período y puesto que los términos importantes usados para describir el Segundo Advenimiento no dan indicación de que se esté anticipando ninguna otra cosa aparte de un evento postribulacional, esperamos encontrar en estos textos indicaciones claras de un aspecto postribulacional de la venida, si es que tal aspecto existe.

En el discurso de despedida del Evangelio de Juan (14—17), Jesús busca preparar a sus discípulos para el tiempo de su separación física de ellos. En Juan 14:1-4, Jesús los anima al afirmar que Él «va» al Padre con el propósito de «prepararles un hogar», porque en el hogar del Padre «hay muchas viviendas» (v. 2), y que volverá otra vez para llevarlos con Él. «Así ustedes estarán donde yo esté» (v. 3). Es casi seguro que la parte última del versículo describe el Segundo Advenimiento y el Rapto. Pero parece que no hay indicación en el texto que de que esté en la mente de Jesús ninguna otra «venida» que la postribulacional descrita en otras partes del Nuevo Testamento. El hecho de que los creyentes sean arrebatados en el Rapto postribulacional para encontrarse con el Señor en el aire sólo para regresar acto seguido a la tierra con Él, no crea ninguna dificultad, porque el texto *no* declara que los creyentes vayan directamente al cielo,[9] sino solo que estarán para siempre con el Señor. Si se argumenta que eso es lo que se deduce del texto, es difícil ver cómo otros puntos de vista pueden ofrecer un escenario más razonable. Como Gundry dice: «La interpretación pretribulacional nos requeriría creer que la Iglesia ocupará las mansiones celestiales por un corto período de siete años, sólo para después dejarlas vacías por mil años…»[10] Tampoco es cierto que una promesa de liberación sólo después de la severa aflicción de la Tribulación no pueda ser un «consuelo» para los discípulos. La «bendita esperanza» de reunirse con el Señor es sin duda un consuelo, sin importar lo que los creyentes hayan experimentado antes. De manera que Juan 14:1-4 no ofrece ninguna indicación para nada del tiempo del Rapto.

En 1 Corintios 15:51-52 el propósito de Pablo es indicar como los santos vivos pueden entrar en el reino en el último momento aun cuando «el cuerpo mortal no puede heredar el reino de Dios» (v. 50). Para hacerlo, él afirma que, si bien «nosotros» (los creyentes en general) no todos moriremos, «seremos transformados en un instante» ya sea que estemos vivos o muertos.[11] Que Pablo llame a esta transformación un «misterio» no indica nada acerca de *quienes* participarán en ella; sólo que antes no había sido revelado con claridad.[12] Y al citar un versículo del Antiguo Testamento (Is 25:8) con referencia a la resurrección de los santos de la *Iglesia* en este contexto (vv. 54-55), puede ser que Pablo indique su creencia de que los santos del Antiguo Testamento participan en esta «transformación».[13] Una indicación adicional de que esta transformación incluye a los santos del Antiguo Testamento (y no puede de este modo estar limitada a un suceso separado para los santos de la *Iglesia*) la encontramos en la referencia al «toque final de la trompeta». Como notan los comentaristas, esto no se refiere por necesidad al último en una serie, sino a la trompeta que anuncia el «último día».[14] Y esta trompeta es un elemento en el día del Señor en el Antiguo Testamento, en cuyo momento la nación judía experimenta la salvación y el juicio final (cp. Is 27:13; Jl 2:1; Sof 1:16; Zac 9:14). La referencia en Isaías es en especial sugestiva, dado que el sonido de la «gran trompeta» está asociado con que los hijos de Israel «serán recogidos uno por uno». Esta es con toda probabilidad una descripción de la reunión de Israel en preparación para entrar al reino milenial, un suceso que es siempre postribulacional. Además, es probable que la trompeta aquí en 1 Corintios 15:52 sea la misma que se menciona en Mateo 24:31. Porque cuando encontramos solo *una* referencia a una trompeta a lo largo de la enseñanza de Jesús, y está asociada con la reunión de los escogidos para entrar en el reino, y luego encontramos que Pablo hace referencia a la transformación de los santos en preparación para el reino cuando *él* menciona una trompeta, el paralelismo no puede ser ignorado. Pero el sonido de la trompeta en Mateo 24:31 es a las claras postribulacional. De manera que aunque el dogmatismo está injustificado, la referencia a la «final trompeta» en 1 Corintios 15:52 sugiere que la «transformación» que Pablo describe tiene lugar en un tiempo en que la nación judía experimenta su salvación escatológica (Is 27:12-13) *después* de la Tribulación (Mt 24:31).

El tercer texto principal que se relaciona con el Rapto es 1 Tesalonicenses 4:13-18. Está claro que Pablo busca aquí consolar a los creyentes tesalonicenses por la muerte de otros creyentes. ¿Por qué estaban ellos preocupados? No hay duda de que no puede ser porque no supieran de la resurrección de los muertos, pues esta doctrina era fundamental en la predicación de Pablo (1 Co 15:3-7), y él lo da por supuesto en su discusión aquí.[15] Dado que el énfasis de Pablo en este pasaje sobre el hecho de que los muertos en Cristo participarán a plenitud en la bendición de la parusía, es probable que los tesalonicenses «… temieran que sus muertos no tuvieran las mismas ventajas que los sobrevivientes cuando el Señor regresara».[16] Es importante notar que el consuelo que Pablo ofrece no tiene nada que ver en primer lugar con la situación de los creyentes *vivos*, ni tampoco sugiere que la exención de la Tribulación sea la fuente de su consuelo.[17] Su consolación descansa *solo* en el hecho de que *todos* los creyentes, vivos o muertos, participarán en el evento glorioso de la parusía y que, como un resultado, ellos estarán «para siempre con el Señor».[18] Que una esperanza así, si incluye una experiencia previa de la Gran Tribulación, no sería de consuelo para los creyentes es algo del todo falso. Porque, en realidad, estos tesalonicenses ya habían experimentado tiempos en verdad difíciles, ellos habían sido convertidos en medio de «mucho sufrimiento» (1:6) y todavía pasaban por muchas aflicciones (3:3, 7). En ninguna parte Pablo busca consolar a los cristianos con la promesa de que estarán exentos de la tribulación.

¿Hay algunas indicaciones en esta descripción del Rapto y de la resurrección que la acompaña en cuanto al momento en que tendrá lugar con respecto a la tribulación? El hecho de que Pablo no mencione señales preliminares no es relevante, porque él no tenía ninguna razón para incluirlas aquí, pues a la luz del sufrimiento extremo que los tesalonicenses estaban *ya* experimentando, él no necesitaba advertirles de esto. Él se enfoca solo en la gran esperanza que les espera al final de toda la aflicción terrenal. Por el otro lado, hay cuatro indicaciones que favorecen un escenario postribulacional. Primera: si bien se pueden sacar pocas conclusiones de forma definitiva de la referencia de Pablo a «conforme a lo dicho por el Señor» en el versículo 15,[19] hay paralelismos sugestivos entre la parusía de 1 Tesalonicenses 4 y la parusía descrita por Jesús en el discurso del monte de los Olivos. Las dos hacen referencia a un evento celestial con ángeles (arcángeles en 1 Ts 4), nubes, una trompeta y la reunión de los creyentes.[20] Y si bien cada uno de estos textos menciona detalles que no encontramos en el otro, ningunos de los detalles son contradictorios. Sin embargo, la parusía del discurso del monte los Olivos es, como ya hemos indicado, postribulacional.

Una segunda indicación de que el Rapto en 1 Tesalonicenses 4 puede ser postribulacional la hallamos en la referencia a la trompeta, que, como vimos cuando estudiamos 1 Corintios 15, es un símbolo establecido para la introducción del tiempo de la salvación y juicio de Israel (Y, en concordancia con la alusión de Pablo a la trompeta *de Dios*, debe notarse que Zacarías 9:14 dice en específico que el Señor hará sonar la trompeta.)

Tercera: 1 Tesalonicenses 4:13-16 presenta un número de elementos casi paralelos a Daniel 12:1-2: La descripción de los muertos como que «duermen»; la presencia de Miguel, el arcángel (cp. Jud 9); y, por supuesto, una resurrección y liberación del pueblo de Dios.[21] Pero el pasaje de Daniel ubica sin duda alguna la resurrección *después* de la tribulación.

Cuarta: la palabra usada por Pablo para el «encuentro» de los santos vivos con el Señor en el aire (ἀπάτησις) se ve en referencias a la visita de dignatarios, y por lo general implica que la «delegación» acompaña al dignatario *de regreso* al lugar de origen de la delegación.[22] Las otras dos veces que aparece este término en el Nuevo Testamento parece tener también este sentido (Mt 15:6; Hch 28:15). Esto sugiere que los santos, después de encontrarse con el Señor en el aire, le acompañan de vuelta a la tierra, en vez de ir con Él al cielo. Sin embargo, este argumento tiene poco peso, la palabra no tiene que tener ese sentido técnico, ni se quiere decir que el regreso al lugar de origen tenga que ser *inmediato*.[23]

Podemos concluir que los detalles de la descripción de la parusía y el Rapto en 1 Tesalonicenses 4:13-18 no permiten una conclusión *cierta* en cuanto al momento en que estos tienen lugar, con respecto a la Tribulación. Sin embargo, esas indicaciones favorecen como tales un escenario postribulacional. Este es el caso que hemos encontrado también en 1 Corintios 15:51-52, mientras que Juan 14:1-4 no arroja luz sobre la cuestión en ningún sentido. No deben pasarse por alto las implicaciones de esto. Hemos descubierto que los términos usados para describir al Segundo Advenimiento se aplican todos a una llegada postribulacional y que los creyentes son exhortados a esperar esa llegada. Cualquier indicación de que esta venida va a ser un evento en dos etapas, en el cual el Rapto está separado de la manifestación final, tendría que venir de pasajes que describan ese evento. *Podemos llegar ahora a la conclusión de que no encontramos ninguna evidencia para tal separación en ninguno de los tres textos principales sobre el Rapto.* Por el contrario, la evidencia que existe es a favor de ubicar el Rapto *después* de la Tribulación, al mismo tiempo que la parusía final. Pero hay otros pasajes importantes relacionados con la parusía que tenemos que examinar antes de poder llegar a las conclusiones finales.

1 TESALONICENSES 5:1-11

Después de la descripción del Rapto y de la parusía en el capítulo 4, Pablo se enfoca ahora en el tema del «día del Señor» en el capítulo 5. Él introduce este tema con la frase: «Ahora bien [δέ], hermanos, ustedes no necesitan que se les escriba acerca de tiempos y fechas» (v. 1). Puesto que este «día» incluye la destrucción de los incrédulos (v. 3), es claro que se está describiendo un suceso postribulación. Así pues, la cuestión a preguntar es esta: ¿Está Pablo dando a entender que los cristianos tesalonicenses a los que les escribe puede que estén en la tierra cuando aquel día llegue? Son relevantes aquí tres consideraciones: La relación entre el capítulo 4 y el 5, el significado del «día del Señor», y la naturaleza y la base de la exhortación del apóstol en 5:1-11.

Algunas veces se afirma que el δέ que introduce el capítulo 5 demuestra una transición a un tema nuevo por completo y que es, por tanto, apropiado incluir el Rapto (4:13-18) como parte del «día» en 5:1-11. Tres consideraciones ponen en duda esta conclusión. Primera: si bien δέ indica por lo general un ligero contraste, también aparece con frecuencia «como una partícula de transición pura y simple, sin intención de ningún contraste...»[24] (note la traducción de la NVI citada arriba). Segunda: incluso si la intención de Pablo fuera un contraste, debemos determinar la *naturaleza* de ese contraste. Más bien que distinguir dos sucesos separados, Pablo puede que compare el efecto de los mismos sucesos sobre dos grupos diferentes: los creyentes y los incrédulos. Tercera: observe cómo habla Pablo de «tiempos y fechas» en el versículo 1 sin especificar tiempos o fechas *de qué*. La omisión aquí de algún suceso específico puede indicar que los temas previos están todavía en la mente de Pablo.

A continuación debemos buscar determinar lo que Pablo incluye en el «día del Señor». ¿Podría ser el Rapto parte de ese día?

En el Antiguo Testamento, el día del Señor (también «aquel día», etc.) denota una intervención decisiva de Dios para juicio y liberación.[25] Se puede referir a un suceso más bien cercano o al acontecimiento final culminante, pues no es siempre evidente que el profeta distinga con claridad los dos. Aunque el «día» es con frecuencia descrito como un día de *juicio*, la liberación del pueblo de Dios también está a menudo involucrada (cp. Is 27; Jer 30:8-9; Jl 2:32; 3:18; Abd 15-17; etc.). En el Nuevo Testamento está casi siempre relacionado con el final. Por la gran variedad de expresiones que se usan en el Nuevo Testamento, está claro que no hay una terminología fija[26] y que no se puede hacer distinciones sobre esa base.[27]

Todos están de acuerdo en que está incluido el juicio final, ¿pero es el período de la tribulación también parte del día del Señor? Varios factores sugieren que no lo es. Primero: ninguna referencia al «día» escatológico en el Nuevo Testamento incluye a las claras una descripción de la Tribulación. De hecho, es interesante que las dos únicas veces que aparece en Apocalipsis (6:7; 16:14) se refieran al juicio final que viene por medio de la parusía. Segundo: Malaquías 4:5 (la venida de Elías) y Joel 2:30-31 (los portentos cósmicos) colocan lo que por lo general se considera que son sucesos de la Tribulación *antes* de ese día (cp. Hch 2:20). Tercero: Pablo parece sugerir en 2 Tesalonicenses 2 que ese día no puede venir *hasta* que tengan lugar ciertos sucesos, a las claras tribulacionales. Si bien estos puntos tienen bastante peso, debemos decir que la evidencia no está del todo clara, y será mejor que no insistamos demasiado en la exclusión de la Tribulación de aquel día.

Sin embargo, aunque hay alguna indicación de que la tribulación no debiera ser tenida como parte de aquel día, pareciera que la resurrección de los santos sí está incluida. Cinco veces Jesús proclama en el Evangelio de Juan que Él resucitará a aquellos que creen en Él «en el día final» (6:39, 40, 44, 55; 11:54). Y puesto que el Rapto ocurre al mismo tiempo que la resurrección de los creyentes, el Rapto también debe ser parte de aquel día. Que esto es así encuentra su confirmación en el hecho de que Pablo describa con frecuencia el día como un evento que esperan los creyentes en esta vida (1 Co 1:8; Fil 1:6; 2:16; 2 Ti 4:8; cp. también He. 11:25), es el «día de la redención» (Ef 4:30).

Así pues, en el Nuevo Testamento, el día incluye la destrucción de los impíos en la parusía de Cristo, junto con el Rapto y la resurrección de los justos muertos. Es decir, para Pablo y los otros escritores del Nuevo Testamento, el «día» es «una denotación del gran futuro que amanece con la venida de Cristo».[28] El hecho de que la tribulación *no* parezca ser parte de aquel día sugiere que precede a todos estos eventos, pero esto no es seguro. Lo que sí es cierto es que los creyentes no pueden ser excluidos de la participación en los acontecimientos de 1 Tesalonicenses 5 solo porque el día del Señor es el tema.

En este pasaje, el énfasis está sin duda en el juicio, el cual viene de manera repentina y cierta sobre aquellos que no lo esperan (v. 3). ¿Está sugiriendo Pablo que los creyentes tesalonicenses pueden tener relación con este juicio? Si es así, esto constituiría un fuerte apoyo para la posición postribulacional porque o bien (1) los creyentes estarán vivos durante la Tribulación (si este es el juicio del que Pablo piensa), o (2) los creyentes estarán en la tierra cuando ocurra la parusía postribulación (si el juicio ocurre entonces). (El hecho de que las personas digan «paz y seguridad» no quiere decir que el período de la Tribulación no pueda estar indicado; personas así hacían las mismas cosas durante las calamidades del Antiguo Testamento, y Apocalipsis 13:16-17 indica un alto grado de normalidad para los que sigan a la bestia.)[29]

Que los cristianos *sí* están asociados con el Día es una clara deducción del versículo 4. Pablo aquí les dice a los creyentes tesalonicenses: «Ustedes, en cambio, hermanos, no están en la oscuridad para que este día les sorprenda como un ladrón». *¿Por qué*, si los creyentes son arrebatados *antes* de la Tribulación, calificaría Pablo su afirmación como «un ladrón»? Habría sido mucho más apropiada la simple declaración «que el día no les sorprenda». Si usted tuviera un amigo visitándole de otro país que estuviera preocupado por quedar involucrado en una guerra que ambos saben que va a estallar pronto, y *si* usted supiera que él en realidad estaría a salvo fuera del país antes que empezara, usted le daría seguridad a él diciéndole: «No te preocupes, esta guerra no te afectará a ti». Sólo si usted supiera que él iba a estar presente en ese momento usted diría: «No te preocupes, esta guerra no te afectará a ti con los efectos desastrosos que tendrá para los ciudadanos del país». En otras palabras, lo que Pablo más bien sugiere con claridad es que el día sorprenderá a los creyentes y a los incrédulos, pero sólo para los últimos llegará como «ladrón», inesperado y dañino.[30]

Una segunda razón para pensar que Pablo en 1 Tesalonicenses 5 asocia a los creyentes con aquel día en un ambiente en que la Tribulación ha empezado, lo encontramos en su estrecha dependencia de dos pasajes del Evangelio en los que Jesús anima a los discípulos a velar en vista de la parusía postribulacional: Mateo 24:42-44 y Lucas 21:34-36. El paralelismo entre el último texto y 1 Tesalonicenses 5:2-6 es en especial convincente. Ambos tienen como su tema el Día, el cual, se les advierte, vendrá sobre los que no estén preparados de forma repentina e inesperada («como una trampa», Lucas 21:35); ambos enfatizan que no habrá escapatoria (cp. Lucas 21:35); ambos animan a los creyentes a velar en la luz de la venida de aquel «día»; ambos usan el mismo verbo (ἐφίστημι) y el mismo adjetivo (αἰφνίδιος) («de repente») de aquel «día», y el último se usa sólo en estos dos pasajes en el griego bíblico.[31] Hay toda la razón para pensar que en ambos se describe el mismo suceso y, en realidad, que hay fuertes indicaciones de que uno depende del otro. Pero si Lucas 21:34-36 anima a velar en vista de la venida postribulacional (como ambos, p. ej., Pentecost y Walwoord argumentan[32]), hay toda razón para pensar que 1 Tesalonicenses 5:2-6 también lo hace.

Por último, la vinculación lógica entre la afirmación de Pablo en los versículos 4-5 y las exhortaciones siguientes se explican mejor si los tesalonicenses están experimentando el día. El propósito de Pablo no es alentar a los creyentes a «velar» por aquel día a fin de que ellos puedan evitarlo completamente. Porque los verbos que Pablo usa en sus mandatos (vv. 6, 8) no tienen la connotación de velar por algo, sino ser fieles a Cristo, como les corresponde a aquellos que pertenecen a la «luz» y al día.[33] Tampoco puede ser usando 1 Tesalonicenses 5:9 para argumentar que Pablo les promete a los creyentes un escape así, puesto que Pablo nunca usa *ira* sin calificativos para indicar un período de tiempo, y en vista de su contraste aquí con «salvación», debe indicar el juicio condenatorio de Dios asociado con aquel día, no es día en sí.[34]

Para resumir el argumento de Pablo: La salvación a la cual Dios ha destinado a los tesalonicenses (v. 9), y que ya experimentan (v. 5), debería actuar como un estímulo para la vida santa, vida santa que los capacitará para evitar sufrir aquel día en sus elementos inesperados y destructivos. En otras palabras, Pablo exhorta a los tesalonicenses a vivir de forma santa a fin de que de que puedan evitar los aspectos de juicio de aquel Día, no que ellos pueden evitar el Día en sí. Ya sea que ese Día incluya la Tribulación o, como es más probable, el culminante regreso de Cristo al final de la misma, los creyentes *en la tierra* están a las claras involucrados en ello; y solo un Rapto postribulacional permite eso. Por último, esta interpretación provee una explicación coherente para la transición del capítulo 4 al 5, en tanto que Pablo ha consolado a los creyentes acerca de la posición de *los muertos* en la parusía en el capítulo 4, él se vuelve ahora a exhortar a los vivos acerca de sus responsabilidades a la luz de esa parusía en el capítulo 5.

2 TESALONICENSES 1—2

La Segunda Epístola a los Tesalonicenses fue escrita por Pablo poco después de la Primera a los Tesalonicenses, con el fin de corregir algunos malentendidos acerca de la escatología, en especial con respeto a la creencia errónea de que el fin tenía que ocurrir casi de inmediato. Así pues, Pablo en el capítulo 1 les asegura a los tesalonicenses la certidumbre del fin, con el juicio que traerá sobre todos aquellos que ahora los están «afligiendo» a ellos. Luego, en el capítulo 2, busca calmar su excitación sobre la cercanía del fin.[35]

En 2 Tesalonicenses 1:5-7 Pablo parece dar un fuerte apoyo a la idea de los creyentes de que no habría Rapto hasta la parusía de Cristo al final de la Tribulación. Por tanto, no puede haber duda de que en los versículos 7-8 describe su venida en gloria, la cual describe como «cuando el Señor Jesús se manifieste desde el cielo entre llamas de fuego, con sus poderosos ángeles». No obstante, es *en* (ἐν) este tiempo que los creyentes que padecen la Tribulación reciben «descanso». En otras palabras, es sólo en la venida postribulacional que los creyentes experimentan la liberación de los sufrimientos de esta edad. Los intentos de evitar esta conclusión asumen dos formas.

Primera: se argumenta que puesto que los tesalonicenses *no* fueron en realidad liberados en el tiempo del regreso de Cristo (ellos murieron mucho antes) y sus perseguidores probablemente *no sean* destruidos en la venida del Señor (al estar muertos, ellos no experimentarán el juicio hasta el final del Milenio), lo que seguro Pablo quiere decir es que «Dios destruirá a sus perseguidores según su propio tiempo».[36] Pero esta interpretación no sólo deja de explicar el hecho de que Pablo en realidad vincule de manera obvia el «descanso» y la destrucción a la manifestación del Señor Jesús. (¿Cómo puede esto significar «en el propio tiempo de Dios?»), sino que pasa por alto el hecho de que en todas partes en las cartas de Pablo, él habla como si la generación en la que vive *pudiera* ser la última. Por eso indica en 1 Corintios 15:51 y 1 Tesalonicenses 4:15 que los participantes en el Rapto somos «*nosotros*, los que estemos vivos y hayamos quedado hasta la venida del Señor». ¿Significa eso que Pablo no puede estar describiendo el Rapto en estos textos? Además, el «descanso» escatológico que Pablo describe aquí *les llega* a todos los creyentes en el momento de la manifestación de Cristo, para los santos muertos (incluidos los tesalonicenses) por medio de la resurrección; para los santos vivos, por medio del Rapto. Y que Pablo asocie la destrucción de los incrédulos con la «manifestación» de Cristo no representa ninguna dificultad: Las Escrituras con frecuencia asocian eventos que, en realidad, estarán separados por el Milenio, véase Juan 5:29.

Una segunda manera de evitar la interpretación postribulacional en estos versículos es afirmar que el «descanso» prometido a los tesalonicenses no necesita ocurrir en el Rapto.[37] Si bien este punto debe ser valorado, los creyentes que mueren antes del regreso de Cristo son liberados de las pruebas de la tierra antes del Rapto, la vinculación claramente temporal entre el descanso y la «manifestación» de Cristo no puede ser cortada. La única forma satisfactoria de explicar este texto es dar por supuesto que Pablo se dirige a los tesalonicenses como si ellos fueran a estar vivos en la parusía, y él declara que ellos experimentan «descanso» sólo en la revelación postribulacional de Cristo.

El propósito de Pablo en el capítulo 2 es calmar a los tesalonicenses en lo relacionado con la «venida [parusía] de nuestro Señor Jesucristo y a nuestra reunión con él». El estado emocional de los tesalonicenses sugerido por las prohibiciones en el versículo 2 no es a las claras uno de temor ni de desilusión tal como el que podría estar inducido por la creencia de que se habían perdido el Rapto; los verbos sugieren más bien que ellos estaban agitados e inquietos, abandonaban su sentido común normal y sus tareas diarias en una excitación nerviosa por la proximidad del final.[38] Esta excitación impropia estaba causada en específico por la creencia de que el Día del Señor había llegado, una creencia que no es fácil explicar. Aunque hemos explicado que el Día incluye la parusía y el Rapto, debe haber sido evidente aun para estos excitables tesalonicenses que *estos* sucesos no habían ocurrido. Quizá entonces la Tribulación *debería* ser incluida en ese Día, y los tesalonicenses consideraban sus grandes sufrimientos como evidencia de que estaban dentro de ella.[39] Pero una mejor interpretación es considerar esta emoción como causada por su convicción de que la llegada del Día ya ocurría en ese tiempo, y que los restantes eventos asociados con él estaban a punto de acontecer.[40] Sea como sea que expliquemos esta declaración, una cosa está clara: los tesalonicenses *no habían* experimentado el Rapto, aunque ellos pensaban que estaban inmersos en el Día. ¿Cómo les quitó Pablo esta idea?

Lo hizo al citarles sucesos que *debían* tener lugar antes de que llegara aquel Día.[41] Según el apóstol, había dos de ellos: La ἀποστάσια y la manifestación del «hombre de pecado, el hijo de perdición» (v. 3). Es probable que a este último haya que identificarlo con el Anticristo escatológico, descrito también en Marcos 13:14 y su paralelo en Apocalipsis 13:1-8; todas estas descripciones dependen de las caracterizaciones de esta figura en Daniel 7:8, 20-25; 11:36-39. Y es improbable que esta «revelación» pueda indicar algo que no sea las acciones enumeradas en el versículo 4. El otro antecedente necesario del Día, la ἀποστάσια, es mejor entendida como una rebelión *religiosa* en contra de Dios.[43] Aunque algunos han argumentado que debiera traducirse como «partida» y se ha visto en ella una referencia al Rapto,[44] una traducción así es muy improbable a la luz del significado del término en griego.[45]

Lo que es importante notar en la respuesta de Pablo a la inquietud de los tesalonicenses es que él *no dice* nada acerca del Rapto como un antecedente necesario para aquel día. *Si* los tesalonicenses fueran a ser arrebatados antes del Día, esperaríamos que Pablo dijera algo así: «Ustedes saben que sus sufrimientos presentes no pueden representar la tribulación final porque ustedes serán llevados al cielo antes de ese momento».[46] Para usar la ilustración que presentamos antes, si usted *supiera* que su amigo extranjero iba a estar a salvo fuera del país cuando estallara la guerra, y él, al ver que una gran agitación empezaba a suceder, pensara que se iba a involucrar en ella, ¿le calmaría usted diciéndole que ciertos sucesos tendrían que ocurrir antes de la guerra sin recordarle que estaría fuera del país cuando sucediera en realidad? El hecho de que Pablo no señale a la ausencia de un evento tribulacional indiscutible, la manifestación del Anticristo, como evidencia de que aquel «Día» no ha venido, implica sin duda alguna que los creyentes lo *verán* cuando suceda. Además, no se puede argumentar en respuesta que Pablo solo supone que los tesalonicenses sepan que el Rapto ocurrirá antes de aquel Día; el hecho de que los tesalonicenses crean que ellos están en el Día muestra o que ellos lo habían olvidado, o que nunca fueron enseñados que el Rapto lo precedería. En todo caso, resulta difícil ver por qué Pablo no lo menciona.

Antes de dejar este texto, tenemos que tratar un último argumento planteado en contra de la interpretación postribulacional. Se dice con frecuencia que los sucesos tribulacionales descritos aquí por Pablo no pueden suceder hasta que la Iglesia esté físicamente quitada de en medio, porque es el Espíritu Santo por medio de la Iglesia el que ahora «detiene» al Anticristo (vv. 6-7). Tres cosas deben decirse con referencia a este argumento. *Primero:* es improbable que sea el Espíritu Santo al que Pablo esté describiendo en estos versículos. No parece que haya razón para estar usando un lenguaje tan misterioso si es el Espíritu Santo de quien se está hablando, tampoco es probable que Pablo hubiera hablado del Espíritu como «sea quitado de en medio».[47] Tampoco lo favorece el hecho que Pablo usa tanto un participio masculino («el que ahora lo detiene» y un participio neutro («hay algo que detiene», que a veces se aduce en apoyo de esta interpretación. No puedo encontrar un lugar en los escritos de Pablo donde él use un término neutro para designar al Espíritu Santo cuando depende directamente del término griego πνεῦμα («Espíritu»). *Segundo:* aun si es el Espíritu de quien se habla aquí, no hay nada en este pasaje que indique que su actividad restrictiva debe ser llevada adelante por medio de la Iglesia.[48] *Tercero:* sea cual sea el punto de vista, es impropio basar mucho sobre un texto que es notoriamente oscuro, pues el verbo (κατέχο) puede ser traducido como «contener» o «sostenerse», «ocupar»,[49] y ha sido entendido como que significa Roma/el emperador,[50] gobierno civil,[51] Dios y su poder,[52] el arcángel Miguel,[53] la predicación del Evangelio/Pablo,[54] Satanás, fuerzas malvadas en general,[56] una combinación de fuerzas benevolentes,[57] el estado judío, y Santiago,[58] o un símbolo mítico sin un contenido en particular.

EL DISCURSO DEL MONTE DE LOS OLIVOS

Muchos eruditos han afirmado que este discurso es la porción más difícil de interpretar en los Evangelios. Al investigarlo, será necesario que nos limitemos a aquellas cuestiones que son relevantes para este tema. Estas parece que son: (1) ¿Qué preguntaron los discípulos? (2) ¿Se refiere la «abominación desoladora» y la tribulación mencionadas juntas a los sucesos del fin de los tiempos? (3) ¿Está descrita en Marcos 13:24-27/Mateo 24:29-31 la parusía de Jesús del fin de la edad? (4) ¿Se refiere Marcos 13:27/Mateo 24:31 al Rapto? (5) ¿A quién está dirigido este discurso?

Jesús acababa de asombrar a sus discípulos con la predicción de la completa destrucción del templo, que ellos habían admirado (Mr 13:1-2). En respuesta a esto, los discípulos preguntaron: «Dinos, ¿cuándo sucederá esto? ¿Y cuál será la señal de que todo está a punto de cumplirse?» Mateo deja bien en claro que su pregunta es esencialmente doble: «¿Cuándo sucederá eso [la destrucción del templo y los sucesos asociados], y cuál será la señal de tu venida y del fin del mundo?» Es probable que los discípulos, al seguir mucha de la expectativa escatológica judía, creyeran que el fin del mundo incluiría la destrucción del templo.[59] La relación entre estos dos sucesos en la respuesta de Jesús constituye una de las grandes dificultades en el discurso.

El centro de esta dificultad, para empezar con nuestra segunda pregunta, es la referencia a la «abominación desoladora» en Marcos 13:14; Mateo 24:15.[60] ¿Piensa Jesús en el suceso que ocurriría en el año 70 d. C., cuando Jerusalén fue destruida por el ejército romano, o en un suceso del fin de los tiempos? A favor del primero tenemos el pasaje paralelo de Lucas, el cual sustituye la «abominación desoladora» por «Jerusalén rodeada de ejércitos» e indica como una consecuencia de ese acontecimiento la dispersión de los judíos entre los gentiles (21:20-24). Además, las advertencias asociadas con la «abominación» en Mateo y Marcos parecen prever una situación *local* («los que estén en Judea huyan a las montañas», «oren para que su huida no suceda… en sábado»). Por otro lado, están presentes una serie de indicaciones de que Jesús piensa en un suceso del fin de los tiempos. La frase la «abominación desoladora» alude a las claras a varios versículos de la profecía de Daniel. Estos versículos no pueden ser interpretados en propiedad como que tienen su cumplimiento hasta el fin de los tiempos. Marcos (13:14) indica claramente, al usar un participio *masculino* después del neutro «abominación", que Él tiene en mente a una persona, y las similitudes con el Anticristo descrito en 2 Tesalonicenses 2 son claras. Las evidentes relaciones temporales en el texto también demuestran que este es el caso. La «abominación» ocurre en los días de una tribulación «como no la habido desde el principio, cuando Dios creó el mundo, ni la habrá jamás» (Mr 13:19), una referencia probable a la gran y finalTribulación.[61] Pero esta Tribulación se dice, a su vez, que precede *de inmediato* a la parusía (Mt 24:29; aunque Mr 13:24 no tenga la expresión «de inmediato», parece estar implícita).[62]

Este último punto nos lleva por necesidad a nuestra tercera pregunta: ¿Describe en realidad Mateo 24:29ss. la parusía del fin de los tiempos? Esto es cuestionado por algunos que encuentran este lenguaje como una descripción metafórica del juicio de Dios sobre Jerusalén en el año 70 d. C.[63] Pero este punto de vista es muy difícil, y podemos citar dos objeciones claves. Primera: la asociación de la «venida» de Jesús en las nubes (dependiendo de Dn 7:13) siempre hace referencia a la parusía en el Nuevo Testamento. Segunda: las señales cósmicas de Marcos 13:24-25 son consideradas por el autor de Apocalipsis como futuras (6:14-17), y él escribe con toda probabilidad *después* del año 70 d. C.

De manera que, para regresar a nuestro punto inicial, la estructura del texto mismo demuestra que la «abominación desoladora» se refiere con toda probabilidad a un suceso del fin de los tiempos, casi con seguridad a la usurpación de la posición de Dios por el Anticristo. Sin embargo, hay mucho que decir para el punto de vista que encuentra también aquí una referencia al año 70 d. C. Lucas 21:20-24 parece ser paralelo a la referencia en Marcos y Mateo, pues viene en el mismo momento en la estructura del discurso y muestras semejanzas verbales (cp. «desolación» en el v. 20). Pero si, como parece, Lucas da una aplicación histórica de esta porción, habría al parecer la necesidad de encontrar también esto en Mateo y Marcos.[64] Además, resulta difícil ver cómo Jesús podría haber ignorado en su respuesta la destrucción del templo que existía entonces, acerca del cual los discípulos le habían preguntado. Entonces, es probable que Jesús «resuma» el año 70 d. C. y el fin de los tiempos en una forma que recuerda a los profetas, que con frecuencia miran al fin de los tiempos a través de sucesos históricos más cercanos.

¿Qué relevancia tiene esta discusión para el asunto de la relación entre la Tribulación y el Rapto? Mucha. Porque Jesús a las claras afirma que los discípulos parados delante de él verían la «abominación desoladora», la cual, ya hemos visto, viene en el medio de la Gran Tribulación. Pero es obvio que los discípulos *no* vieron, en realidad, la «abominación» escatológica. De modo que la pregunta crucial es: *¿A quién* representan los discípulos en este pasaje, a Israel o a la Iglesia? A fin de abordar esta cuestión en propiedad, es importante tener en mente una consideración fundamental. No hay duda de que los discípulos, en la mayoría de los contextos de los Evangelios, representan a los cristianos de todos los tiempos, o si no ¿por qué tomamos las enseñanzas de Jesús como nuestras propias instrucciones? *Sólo si el contexto necesita a las claras una restricción debe sugerirse un estrechamiento de la audiencia.*

¿Hay indicaciones claras en el discurso del monte de los Olivos que Jesús no tuvo la intención de que sus palabras se aplicaran a todos los hijos de Dios, incluida la Iglesia? Walvoord argumenta que la naturaleza de la pregunta en Mateo 24 excluye una referencia a la Iglesia, porque los discípulos se preguntaban por la venida del reino milenial.[66] Sin embargo, hay algunas dificultades reales con este argumento. Primera: Requiere, al parecer, que Jesús responda a una pregunta en Marcos y Lucas *diferente* a la de Mateo. ¿Pero dónde está en el texto una diferencia así? La pregunta relacionada con el templo es idéntica —palabra por palabra— en Mateo, Marcos y Lucas. Segunda: este punto de vista supone que Jesús respondiera la pregunta sobre la destrucción de Jerusalén y la pregunta acerca de la venida del reino en discursos casi idénticos. ¿No indica este grado de semejanza que es impropio separarlos en la forma que Walvoord sugiere? Tercera: Walvoord afirma que los discípulos preguntaron por la venida del reino milenial, lo cual no tiene relevancia para la Iglesia. No solo no hay indicación de la pregunta de los discípulos o de la respuesta de Jesús de que el reino milenial fuera el tema, sino que Jesús en Mateo 28:20 les promete a los discípulos que, como representantes de la Iglesia, Él estaría con ellos «hasta el fin del mundo», y esta es la misma frase usada en la pregunta de los discípulos en Mateo 24:3. Resulta difícil ver por qué la parusía de Cristo y la consumación de los tiempos no serían relevantes para la Iglesia.

Por otro lado, hay varias indicaciones que, tomadas en conjunto, dejan bien en claro que Jesús se dirigió a los discípulos como representantes de *todos* los creyentes (no queremos *excluir* a Israel, sino *incluir* a la Iglesia). Primero: la descripción de los sucesos del fin de los tiempos en Mateo 24—25 es por lo claro paralela a la descripción de la parusía que encontramos en las epístolas de Pablo, dirigidas a la *Iglesia*. Algunas de ellas ya las hemos visto, pero nos ayudará verlas en columnas paralelas. Vea la siguiente tabla.

MTE. OLIVOS (Mateo)	SUCESO	PABLO
24:5	advertencia acerca de engaños	2 Ts 2:2
24:5, 11, 24	desorden, engaño de los no escogidos, señales y maravillas	2 Ts 2:6-11
24:12	apostasía	2 Ts 2:3
24:15	Anticristo en el templo	2 Ts 2:4
24:21-22	tribulación que precede al fin	2 Ts 1:6-10
24:30-31	parusía de Cristo, en las nubes, en el tiempo del toque de trompeta, con acompañamiento de ángeles	1 Ts 4:14-16
24:30-31	en gran poder	2 Ts 2:8
24:31	reunión de los creyentes	1 Ts 4:16; 2 Ts 2:1
24:36, 42, 44, 50; 25:13	inesperado e incierto	1 Ts 5:1-4
24:42—25:13	exhortación a velar	1 Ts 5:6-8

Debiera prestarse especial atención a los paralelismos obvios entre el discurso del monte de los Olivos y 1 Tesalonicenses 4:13-18 (la Parusía y el Rapto) y 2 Tesalonicenses 2:1-12 (la parusía y el juicio de los malvados). En realidad hay un paralelismo más estrecho en el primero que en el último.

Pablo describe con claridad en estos dos pasajes lo que Jesús nos presenta como un solo evento[67], y muestra que no es legítimo separar la parusía de 1 Tesalonicenses 4 y la parusía de 2 Tesalonicenses 2 en el tiempo y hace en extremo probable que Jesús se dirigiera a la *Iglesia* en el discurso del monte de los Olivos. Con seguridad, si Pablo se dirige a la Iglesia en las epístolas a los tesalonicenses, es obvio que Jesús, que dice casi lo mismo, se esté dirigiendo también a la Iglesia.

Una segunda razón para pensar que el discurso del monte de los Olivos está dirigido a la Iglesia es el uso del término «escogidos». La palabra se usa para describir a aquellos que se encuentran en la tierra durante los sucesos que se describen en el discurso y, por tanto, supuestamente denota a aquellos a quienes se dirige (Mt 24:22, 24, 31). No obstante, esta palabra, que indica a alguien a quien Dios escogió por amor, se usa a lo largo del Nuevo Testamento para referirse a los miembros de la *Iglesia*; no hay un versículo que contenga indicaciones de que haya restricciones en mente. Tampoco hay ninguna señal de esa restricción en el discurso del monte de los Olivos. Además, no hacía muchos días que Jesús había pronunciado este juicio sobre Israel: «Por eso les digo que el reino de Dios se les quitará a ustedes y se le entregará a un pueblo que produzca los frutos del reino» (Mt 21:43). ¿Podía Jesús, después de esto, pensar que los discípulos entenderían que Israel era el elegido a quien Él se estaba refiriendo en Mateo 24?[68]

Una tercera razón para pensar que la Iglesia no puede ser excluida de ese grupo representado por los discípulos tiene que ver con la naturaleza de la exhortación dirigida a los discípulos al final del discurso. Mateo 24:36—25:13 describe la situación que existirá al mismo tiempo de la parusía del Hijo del hombre, sin duda la parusía (postribulacional) que acaba de ser descrita. Con todo, estas mismas exhortaciones aparecen en otros contextos de los Evangelios donde parece evidente que se les está hablando a los discípulos como representantes de la Iglesia (cp. Lc 12:39-46; 19:11-27). Además, el mismo mandamiento que se da a los discípulos en Mateo 24—25. «¡Velad!» (γρηγορέω), es dado a los cristianos en otras partes en el Nuevo Testamento.

Que la Iglesia está implicada en los sucesos del fin descritos en el discurso del monte de los Olivos estaría demostrado de manera concluyente si encontráramos en él una referencia al Rapto. Hay cierta razón para encontrar una referencia así en dos lugares. Como un evento que tiene lugar en el tiempo de la parusía, Jesús describe así una reunión de los santos: «y reunirán de los cuatro vientos a los escogidos, de un extremo del cielo al otro» (Mt 24:31; cp. Mr 13:27). Debemos

EL RAPTO

observar, primero, que esta reunión tiene lugar al sonido de «una gran trompeta», un elemento que Pablo menciona en sus dos presentaciones del Rapto (1 Co 15:51-52; 1 Ts 4:16-17). Segundo: debe notarse que el verbo que se usa aquí, ἐπισυνάγω («reunir»), se emplea en su forma de nombre, ἐπισυναγωγή, para describir el Rapto en 2 Tesalonicenses 2:1. Puesto que el verbo y el nombre *juntos* aparecen sólo nueve veces en el Nuevo Testamento y otros muchos paralelismos entre 2 Tesalonicenses 2 y el discurso del monte de los Olivos, hay buena razón para conceder significado a este contacto verbal. Pero es probable que la «reunión» incluya más que el Rapto, ya que la descripción parece prever una gran reunión de *todos* los santos de Dios, sería entonces sabio pensar que la resurrección de los justos está incluida aquí. De modo que lo que Jesús describiría aquí sería la gran y final reunión de todos los santos, los muertos por medio de la resurrección, y los vivos a través del Rapto.[69] En una forma típica del Nuevo Testamento, Jesús toma la descripción profética de la reunión postribulacional de Israel (cp. Dt 30:4; Is 27:12-13; 43:5-7; Zac 2:6-13) y la aplica a todo el pueblo de Dios.[70]

Un segundo texto que *puede* referirse al Rapto es la referencia en Mateo 24:40-41 (su paralelo en Lucas 17:34-35) a «uno será llevado» en contraste con «el otro será dejado». Puede ser que el es «llevado» es llevado para *juicio*, mientras que al otro que es dejado se le permita entrar en el reino.[71] Pero el verbo que se traduce «llevar» se usa para el Rapto en Juan 14:3 (aunque parece cierto que también se usa en otras formas) y es significativo que el verbo para «llevó» *en juicio* en el versículo 39 es diferente del que se usa en los versículos 40-41. Y la analogía con el diluvio puede sugerir que así como Noé se salvó porque se lo llevaron de la escena de juicio, así también los creyentes en la parusía serán llevados, por medio del Rapto, de la escena de juicio.[72]

Por las razones mencionadas arriba, concluimos que Jesús en el discurso del monte de los Olivos se está dirigiendo a sus discípulos como representantes de *todos* los creyentes. Esto lleva necesariamente a la ubicación postribulacional del Rapto, puesto que aquellos a los que se les habla en el discurso se dice que están incuestionablemente en la tierra hasta la parusía postribulacional.

202

APOCALIPSIS

Con la concentración en los sucesos del fin que encontramos en Apocalipsis, esperaríamos que aquí, si es que en alguna parte, pudiéramos encontrar una evidencia clara de la relación de la tribulación con el Rapto. Lamentablemente, ese no es el caso. Muchos argumentarán, en realidad, que el Rapto nunca ni siquiera se menciona en Apocalipsis; todos estarán de acuerdo en que no es descrito en una asociación temporal directa con la Tribulación. Por tanto, la evidencia para el tema que tenemos delante procede de tres fuentes: las promesas y advertencias hechas a las siete iglesias; textos específicos en los cuales el Rapto puede estar indicado; y las descripciones de los santos que experimentan la Tribulación.

Aunque con frecuencia se presta atención nada más que a la promesa de Cristo a la Iglesia de Filadelfia en 3:10, hay, de hecho, tres otros textos en Apocalipsis 2—3 en los que se dan promesas y advertencias relacionadas. En la carta a la iglesia en Esmirna, Cristo advierte a los creyentes que pueden esperar tribulación (θλιψις) durante diez días (2:10). Si bien es probable que esto no se refiera a la Tribulación culminante del fin de la Historia, debe notarse que a los creyentes (y ellos estarán regenerados, cp. v. 10) se les promete persecución y quizás hasta la muerte. Similar a este versículo es 2:22, sólo que en este caso a los que se involucran en el pecado de Jezabel se les promete «gran tribulación»; la falta del artículo sugiere aquí que esto se refiere a un sufrimiento en sentido general. Tercero: Cristo exhorta a la iglesia en Sardis que se arrepienta y advierte: «Si no te mantienes despierto, cuando menos lo esperes caeré sobre ti como un ladrón» (3:3). La estrecha semejanza entre este lenguaje y el que se usa en 1 Tesalonicenses 5 y las advertencias de Jesús acerca de su venida *postribulacional* en Mateo 24:42-44 —los tres pasajes tienen «como un ladrón» y «despierta (sé vigilante)» (γρηγορέω), y la nota de incertidumbre— sugieren que la iglesia en Esmirna tiene la misma necesidad exacta que aquellos a los que Jesús dirige la parábola y los de la carta de Pablo: Velar para que la venida de Cristo en gloria no les pille de sorpresa.[73] Pero esto, por supuesto, presupone que la Iglesia no será arrebatada antes.

Por último, debemos considerar la muy debatida promesa de Cristo en Apocalipsis 3:10: «Yo también te guardaré de la hora de la prueba que ha de venir sobre el mundo entero, para probar a los que moran sobre la tierra» (RVR 1960). Es probable que se esté refiriendo a la Gran Tribulación,[74] y todos están de acuerdo en que a la Iglesia de Filadelfia se le promete protección de ello. La cuestión es cómo: ¿Por medio de un arrebatamiento físico en un Rapto pretribulacional o en medio de la tribulación o a través de una protección divina durante el período de aflicción? La atención se enfoca en la construcción de (τηρήσω ἐκ) («te guardaré de»).

El paralelismo más cercano a esa fraseología (y el único otro lugar en el griego bíblico donde se usan juntos τηρέω y ἐκ es Juan 17:15: «No te pido que los quites del mundo, sino que los *protejas* del maligno». Aquí se ve con claridad que Jesús está orando por la protección de los discípulos del poder de Satanás, a pesar de que ellos permanecerían *en* el «mundo», la esfera de actividad de Satanás (cp. 1 Jn 5:19).[75] Además, nos ayuda notar que sólo en otros tres versículos del Nuevo Testamento τηρέω («guardar») tiene a Dios o a Cristo como sujeto y a los creyentes como objeto: Juan 17:11, 12, 15. En cada caso, la intención es a las claras la *preservación espiritual*. Con estos paralelos en mente, parece que lo mejor es pensar que en Apocalipsis 3:10 Cristo promete a la iglesia en Filadelfia que tendrán *protección espiritual* «de la hora de la prueba». En esta interpretación, ἐκ, «fuera de» denotaría, como se ve en Juan 17:15, *separación*. No se indica que esta preservación espiritual se realice por medio de un *traslado físico*, y si Juan hubiera tenido la intención de decir eso, había otras formas de decirlo de manera que hubiera podido ser más obvio.[76] Es quizá más probable que, como en Juan 17:15, los creyentes estén físicamente en la esfera de aquello de lo que están protegidos.[77] Pero debemos decir que ninguna de las dos interpretaciones, ni ninguna otra que se haya propuesto, puede quedar demostrada de manera conclusiva. Debemos concluir que Apocalipsis 3:10 no ofrece evidencia clara a favor ni en contra del Rapto postribulacional.

Volviendo ahora a los textos que *pueden* indicar el tiempo del Rapto, podemos descartar con rapidez 4:1. El mandato a Juan de «Sube acá» (al cielo) tiene bien clara la intención de sugerir una experiencia visionaria que tiene Juan mientras está en el cuerpo en la isla de Patmos. Como Walvoord dice con certeza: «No hay autoridad para vincular el Rapto con esta expresión».[78]

Mucho más significativa es la descripción de eventos en el capítulo 11. Aunque hay muchos detalles que son oscuros en este capítulo, parece bastante claro que 11:11-12 describe la resurrección de los testigos. ¿Tiene algo que ver esta resurrección con el Rapto? El hecho de que a estos dos testigos se les diga que suban y lo hagan «en una nube» puede sugerirlo, porque las nubes son mencionadas siempre en las descripciones del Rapto (cp. Mt 24:30; Hch 1:9; 1 Ts 4:17; Ap 14:14). Y, como en otras partes en que se menciona al Rapto, encontramos una trompeta en este texto (11:15). Aunque estas indicaciones no pueden, por supuesto, considerarse concluyentes, la determinación del *tiempo* de este evento puede arrojar luz sobre la cuestión. Hay muchas indicaciones que sugieren mucho que el final de la Tribulación se alcanza en 11:11-19. El «violento terremoto» que se dice que tiene lugar justo después de la resurrección de los dos testigos (11:13) es mencionado en sólo otros dos versículos de Apocalipsis, y los dos (6:12 y 16:18) describen el fin. Nadie duda que 16:18 ocurre en un escenario postribulacional, pero puede que sea necesario señalar que 6:12-17, el sexto sello, también casi con certidumbre describe el fin. Porque a menos que uno intente evitar el significado literal del lenguaje, es difícil de evitar la conclusión que la historia como nosotros la conocemos no puede continuar después que las estrellas han caído sobre la tierra, el firmamento desaparece como cuando se enrolla un pergamino, y todas las montañas e islas han sido removidas de su lugar. Como dice Beasly-Murray: «Este lenguaje permite sólo una interpretación: el último día ha llegado».[79] Pero la consideración decisiva es que Jesús se refiere a estos sucesos como que tienen lugar *después* de la tribulación y de inmediato en conjunto con su parusía (Mt 24:29-30).

Si el «violento terremoto» apunta a un tiempo al final de la Tribulación, hay otros factores que sugieren lo mismo. Se dice que los dos testigos profetizarán durante cuarenta y dos meses (11:2) y entonces permanecerán muertos «por tres días y medio» (11:9). Si la anterior referencia es a la primera mitad del período de la tribulación, la segunda referencia *puede* indicar la segunda mitad. Pero debemos admitir que eso está lejos de ser seguro. Al sonido de la séptima trompeta, habrá poca duda de que se ha llegado al fin; los reinos del mundo pasan a ser el reino de Cristo (11:15), el Señor empieza su reinado (11:17), ha llegado el tiempo para su ira, y para juzgar y recompensar 11:18, y se abre en el cielo el templo de Dios (11:19). Si la séptima trompeta está relacionada en el tiempo con la resurrección de los dos testigos, tenemos entonces una indicación bastante clara de que la resurrección es postribulacional.

Si bien es, por tanto, probable que la resurrección de los dos testigos sea postribulacional, esto tendría una importancia decisiva sobre la cuestión del tiempo del Rapto sólo si se pudiera mostrar que los testigos representan a la Iglesia.[80] Pero esto no está claro, y lo más que se puede decir es que este versículo podría ser sugestivo si se encuentran otras indicaciones similares.

En una de la serie de visiones que ocurren entre la descripción de las trompetas y las copas, Juan ve a «alguien "semejante al Hijo del hombre"» sentado sobre un nube. Él desciende a recoger «la cosecha de la tierra» (14:14-16). Es muy probable que sea la parusía lo que se represente aquí a la luz de la referencia al «Hijo del hombre» y a la «nube».[81] ¿Pero puede la recogida de la cosecha de la tierra, en los versículos 15-16, incluir el Rapto? Ese puede ser el caso, pues Jesús usa la imagen de recoger la cosecha para describir la reunión del pueblo de Dios en el reino (Mt 13:30). Los versículos 17-20 serían entonces una descripción del juicio de Dios sobre los incrédulos. Sin embargo, la referencia precisa en la imagen de la cosecha no es del todo clara. Los eruditos debaten sobre si la primera cosecha es solo para los justos,[82] solo para los malvados,[83] o incluye a ambos.[84] No obstante, parece difícil *excluir* a los santos de la primera cosecha, la cual, al contrario de la segunda, no tiene referencia a la ira de Dios. Por tanto, *si* uno sostiene que se están refiriendo a la Iglesia en estos capítulos de Apocalipsis, el Rapto sería casi de seguro incluido como un aspecto de la gran reunión de los santos al final.

Un último texto que puede indicar el tiempo del Rapto es Apocalipsis 20:5, en el cual Juan describe la «primera resurrección». Los participantes en esta resurrección no se mencionan en específico, no hay un sujeto expresado de la tercera persona plural del verbo ἔξησαν («volvieron a vivir»). Si bien algunos quisieran limitar los participantes a los mártires mencionados en específico en el versículo 4,[85] hay buenas razones para incluir más que a los mártires en esta resurrección. Primero: además de los mártires, el versículo 4 también describe a aquellos sentados en los tronos que recibieron autoridad para juzgar; la sintaxis sugiere a las claras que este es un grupo diferente de los mártires.[86] Segundo: los que vuelven a la vida son «sacerdotes de Dios y de Cristo y reinarán con él» (v. 6) y Apocalipsis 5:9-10 hace hincapié en el hecho de que este grupo incluirá personas de «toda raza, lengua, pueblo y nación». Si, como es claro, el grupo en 5:9-10 incluye a la Iglesia, es probable que no sea legítimo excluir a la Iglesia en 20:4. Tercero: Juan describe sólo dos resurrecciones en Apocalipsis, la «primera» en el versículo 4 y la «segunda» en la que los malvados toman parte. La primera resurrección en el versículo 4 debe sin duda tener una fuerza *temporal*, puesto que se usa en conjunción con la «segunda»,[87] y no es fácil pensar que el lenguaje de Juan permite alguna resurrección que preceda a esta. Observe también que los que no participan en la primera resurrección son mencionados como «los *demás* muertos», una indicación de que Juan incluye en sus dos resurrecciones a *todos* los muertos. Por último, es de por sí improbable que Juan, que escribe a las iglesias (1:4; 22:16), omitiera en su gran presentación del fin uno de los aspectos más anticipados y benditos de ese período: la resurrección de los creyentes.

Por estas razones, es probable que Apocalipsis 30:4 describa la resurrección de *todos* los justos muertos, incluyendo a los santos de la Iglesia. Dado que el Rapto ocurre al mismo tiempo que esta resurrección, y la primera resurrección es por lo claro postribulacional, el Rapto debe considerarse también postribulacional.

La tercera línea principal de investigación que hay que seguir en Apocalipsis tiene que ver con la identidad de los santos a quienes Juan ve participar en los eventos tribulacionales. ¿Son creyentes de *esta* dispensación, santos de la Iglesia, incluidos en este grupo? Se da con frecuencia una respuesta negativa a esta cuestión debido a que la palabra ἐκκλησία («iglesia»)no aparece en Apocalipsis 4—19. Pero es difícilmente concluyente, pues Juan tiene en mente con claridad a todo el cuerpo universal de santos en estos capítulos, y ἐκκλησία se usa rara vez en el Nuevo Testamento para indicar ese grupo universal. Juan mismo *nunca* usa ἐκκλησία excepto para designar un cuerpo local de creyentes.[88] Además, es importante notar que Juan nunca en los capítulos 4—19 llama Iglesia a ningún grupo en el *cielo*.[89] De manera que la falta de referencias a ἐκκλησία como tal no puede decidir este asunto.

Tampoco arroja luz la estructura de Apocalipsis sobre esta cuestión. Apocalipsis 1:19 [RVR 1960] sugiere que el libro se desarrolla en tres secciones principales: «las cosas que has visto» (= Capítulo 1); «y las que son» (= Ap 2—3); «y las que han de ser después de estas» (= 4—22). Pero mientras que los eventos en los capítulos 4—22 son con toda probabilidad considerados como *futuros* desde la perspectiva de Juan, no hay nada que sugiera que esto debe ser después de la «era de la Iglesia».

Por tanto, se hace necesario preguntar si podemos identificar un grupo en *particular* en Apocalipsis 4—19 con la Iglesia a fin de que nos permita determinar su ubicación durante esos sucesos. En la escena del capítulo 4 en el salón del trono celestial, se describe a un grupo de veinticuatro «ancianos», que están agrupados alrededor del trono y llevan vestidos blancos y coronas de oro en sus cabezas (v. 4). La mayoría de los comentaristas piensan que aquí se describe a un orden superior de ángeles,[90] pero hay algunas razones para pensar que estos «ancianos» son creyentes glorificados.[91] No obstante, hay buenas razones para rehusar confinar al grupo sólo a santos de la Iglesia. En Apocalipsis 5:10 (RVR 1960) los «ancianos» se dirigen a un grupo que incluye a la Iglesia en segunda persona («y nos has hecho»).[92] El que lleven coronas de oro no está, por supuesto, restringido a la Iglesia, pues en Apocalipsis 9:7 se dice que las langostas demoníacas llevaban «como coronas de oro». Tampoco las vestiduras blancas sugieren por necesidad una Iglesia arrebatada, puesto que a los laodicenses se les dice que lleven «vestiduras blancas» en la *tierra* (3:18). Si tenemos que seguir el propio simbolismo de Juan, parecería que la referencia a los «veinticuatro» sugiere de forma más natural a todo el pueblo de Dios, a Israel y a la Iglesia. Por eso en Apocalipsis 21:12-14 se representa a la Nueva Jerusalén como que tiene doce puertas con los nombres de las doce tribus de Israel y doce cimientos con los nombres de los «doce apóstoles del Cordero». Pero, dado que Daniel 12 muestra bien claro que Israel no es arrebatado hasta *después* de la Tribulación, la presencia de los «ancianos» en el cielo en Apocalipsis 4 no puede ser usada para refutar el Rapto postribulacional. En este sentido, es significativo que los «veinticuatro ancianos» aparezcan siempre representados en visiones del cielo, lo cual no tiene ninguna relación temporal clara con ningún evento terrenal. En un sentido es hacer la pregunta errónea al inquirir acerca de cuándo tienen lugar estas escenas.

Parece ser que no puede determinarse en definitiva *qué* grupo de santos está representado por los 144 000 de Apocalipsis 7:2-8, pero sí parece que la «esposa» de la cena de bodas en Apocalipsis 19:7-9 debe incluir a la Iglesia. Pero eso no indica que el Rapto deba haber *precedido* a la parusía de 19:11 ss., porque las visiones de 17:1—19:10 parecen dar puntos de vista *prolépticos* de los efectos de la parusía.

Por último, hay algunas indicaciones generales que tomadas juntas proveen buena razón para pensar que la Iglesia no puede ser eliminada del cuerpo de santos representados en la tierra durante la Tribulación. Uno debe tomar nota de las promesas y advertencias dadas a los santos de las iglesias en Apocalipsis 2—3 que encontramos también en los capítulos 4—20. De modo que, por ejemplo, a la iglesia en Esmirna se le promete a los creyentes que «no sufrirá daño alguno de la segunda muerte» (2:11) el que salga «vencedor». Pero es el rescate de esta «segunda muerte» lo que provee la primera resurrección de Apocalipsis 20:4-6 (cp. v. 6). Un tema continuo en las cartas a las iglesias es la necesidad de «vencer» (7 veces); Apocalipsis 15:2 habla de aquellos que «habían alcanzado la victoria sobre la bestia y su imagen». Cuatro veces se enfatiza en las cartas la necesidad de «perseverar»; la misma cualidad se demanda de los santos de la tribulación (13:10; 14:12). Se pueden mencionar también otros paralelos semejantes,[93] y aunque no pueden ser considerados como evidencia decisiva (la misma característica se puede atribuir a dos grupos diferentes), sí parecen sugestivos.

La referencia a la parusía en 1:7 es también sugestiva. Si la Iglesia no va a tomar parte en los acontecimientos de Apocalipsis 4—19 parece impropio que Juan destaque esta parusía, el gran clímax de estos capítulos, en sus mensajes a las *iglesias* (cp. 1:4). En 22:16, Jesús afirma que Él ha enviado a su ángel «para darles a ustedes (plural) *testimonio de estas cosas que conciernen a las iglesias*». Resulta difícil ver cómo estos capítulos sobre la Tribulación podrían ser «testimonio… a las iglesias» si ellas no estuvieran involucradas en la misma.[94] Por último, parece improbable que el suceso que se describe con tanto detalle en Apocalipsis (la Tribulación) no tuviera relevancia directa para aquellos a quienes es dirigido el libro.

Concluiremos nuestro análisis de Apocalipsis al intentar indicar cómo nuestra comprensión de eventos particulares en Apocalipsis encaja en la estructura general del libro. Parece claro que el séptimo de cada serie de sellos, trompetas y copas nos lleva al tiempo de la parusía. Intercaladas entre estas series hay visiones de una guerra celestial que se manifiesta en la aflicción tribulacional (capítulo 12), del poder satánico de aquel tiempo (13) y de la protección y final vindicación del pueblo de Dios (7, 14). Justo antes de la parusía se da una visión proléptica del juicio y la salvación que traen la intervención celestial (17:1—18:10). Después de la parusía aparecen representados los sucesos que fluyen de ella. En otras palabras, es la parusía de Cristo lo que es el punto central de Apocalipsis 6—20; todos los demás eventos llevan a ella o surgen de ella, mientras que visiones periódicas revelan diferentes aspectos de esos eventos. Puede ser de ayuda que presentemos esta estructura en un diagrama sencillo:

ESTRUCTURA DE APOCALIPSIS

Sellos	Trompetas	12—14	Copas	17-19:10
1				
2	1			
3				
	2			
		(12—13)		
4	3			
	4		1	
5			2	
	5		3	
			4	
			5	
6	6		6	

Visión de los redimidos (7:9-17)	Resurrección (11:11-12)	14:1-5. Redimidos 14:14-20 Rapto Resurrección, Juicio	Proclamación de juicio y salvación
		7	
7	7	PARUSÍA (19:11-21)	
		Atadura de Satanás Primera resurrección Milenio Estado eterno	

Debe prestarse atención especial a la manera en la que son descritos los diferentes sucesos que ocurren en la parusía de Cristo: La liberación de los santos (7:9-15); la resurrección de los dos testigos fieles (11:11-12); la inauguración del día del juicio de Dios y de su reino eterno (11:15-19); la liberación de los 144 000 (14:1-5); la reunión final de los creyentes y el juicio (14:14-20); la condenación de los sistemas malvados del mundo (capítulos 17—18); la unión de Dios y de sus santos (19:8-9); la atadura de Satanás (20:1-3); la primera resurrección (20:4-6). Basado en esta estructura propuesta y la exégesis subyacente, puede observarse que todos estos grandes acontecimientos son postribulacionales.

Como resultado de nuestro estudio de textos bíblicos claves, llegamos a la conclusión de que la parusía de Cristo es un evento único y fundamental en cuyo tiempo los santos vivos y muertos de todas las dispensaciones van a estar con el Señor y la ira de Dios caerá sobre los incrédulos. La reconstrucción de los sucesos del fin basada en esta hipótesis demuestra un notable grado de coherencia a través de cada descripción importante del fin en el Nuevo Testamento. (Vea el cuadro en la página 206, que incluye los sucesos más importantes mencionados en más de un texto.) Por supuesto, no todo evento está incluido en cada texto, porque diferentes autores eligen mencionar sólo aquellos sucesos que son apropiados para su argumento particular.[95] El hecho de que esta reconstrucción, fundada sobre un Rapto postribulacional, encaje cada pasaje de una forma tan natural es un poderoso argumento a favor de esa posición.

ISRAEL Y LA IGLESIA

Debemos hacer ahora algunos comentarios breves sobre este asunto, el cual dejamos a propósito a un lado en nuestra exégesis del Nuevo Testamento. Al tratar con estos textos, hemos encontrado lugares en los que el lenguaje y las profecías que hacen referencia a Israel en el Antiguo Testamento (p. ej., la trompeta escatológica, el Anticristo y, más obviamente, la tribulación misma) son aplicados a la Iglesia. Si, por supuesto, se llegara a la conclusión, sobre la base de un estudio completo de otros textos, de que es necesaria una rígida distinción entre Israel y la Iglesia, algunas de nuestras conclusiones tendrían que ser reevaluadas. Sin embargo, parece que la aplicación a la Iglesia de profecías del Antiguo Testamento dadas a Israel no es inusual para nada en el Nuevo Testamento, vea, para uno de los más claros casos, el uso de Jeremías 31:31ss en Hebreos 8 y 10. Por otro lado, es importante que Israel y la iglesia no sean completamente fusionados. Es evidente que Pablo espera un futuro para el Israel racial (Ro 9—11). Nosotros sugeriríamos que lo importante es distinguir con cuidado entre las profecías dirigidas a Israel *como nación* (y que deben cumplirse en un Israel nacional) y las profecías dirigidas a Israel *como pueblo de Dios* (las cuales pueden ser cumplidas en el pueblo de Dios, *¡un pueblo que incluye a la Iglesia!*). Debe notarse que un enfoque así no es alegórico ni figurado; solo es una invitación al intérprete para que reconozca el alcance que tiene cualquier profecía específica. Lo que decimos, entonces, es que la Gran Tribulación predicha para Israel, pongamos por caso, por Daniel, está dirigida a Israel como el pueblo de Dios. Puede, por tanto, ser cumplida en el pueblo de Dios, el cual incluye a la Iglesia así como a Israel.

INMINENCIA

Nos queda por examinar un aspecto en extremo importante de la esperanza del regreso de Cristo y que tiene gran trascendencia para el tiempo del Rapto: la creencia de que este evento es «inminente». Dado que un punto de vista postribulacional requiere que ciertos acontecimientos *deban* suceder *antes* de la parusía, se afirma con frecuencia que

RECONSTRUCCIÓN DE LOS PRINCIPALES EVENTOS DEL FIN DE LOS TIEMPOS

Evento	Mt 24-25	Jn 14	1 Co 15	1 Ts 4-5	2 Ts 2	Apocalipsis				
						Sellos	Trompetas	12—14	Copas	17—20
guerras	24:6-7a					6:3-4				
hambrunas	24:7b					6:5-6				
apostasía	24:13				2:3					
predicación del evangelio	24:14							14:6-7?		
anticristo (en el templo)	24:15				2:3-7			13:1-8		
tribulación	24:16-25					6:9-11?			16	
señales falsas	24:24				2:9					
señales cósmicas	24:29					6:12-17				
parusía	24:30				2:8		8:6—9:21			
trompeta	24:31		51	4:16			11:15			
ángeles	24:31			4:16			11:15			
primera resurrección	24:31		51	4:16			11:11-12	14:14-16		20:4-6
Rapto	24:31		51	4:16						
juicio				5:3	2:8		11:18	14:17-20		19:11-21
«con el Señor»				4:17		7:9-17		14:1-5		17:11-19:3 / 19:4-9
«¡Velad!»	24:36			5:6-8		a lo largo de Apocalipsis				

el postribulacionismo implica por necesidad la negación de la inminencia.[96] A fin de evitar esta conclusión, J. B. Payne busca explicar muchos de los sucesos predichos de la Tribulación de tal forma que estos *pudieran* estar presentes (o haber pasado) incluso ahora.[97] Ese intento debe, sin embargo, considerarse infructuoso; la naturaleza de algunos de estos sucesos, que se afirma que podrán ser reconocidos por los santos cuando sucedan (cp. p. ej.n 2 Ts 2), excluye la posibilidad de que estén «en potencia presentes».[98] Por el otro lado, Gundry, convencido de la posición del Rapto postribulacional, quiere eliminar por completo la «inminencia».[99]

Sin embargo, debemos reconocer un hecho muy importante: todos los puntos de vista considerados en el párrafo anterior asumen que *inminente* debe significar «en cualquier momento». Esto no es así. El diccionario nos define *inminente* como «que amenaza o está para suceder prontamente». Es obvio que este significado no requiere que tenga que haber sucesos intermedios antes que acontezca algo que se dice que es inminente. Es muy apropiado hablar de que es «inminente» el receso del Congreso incluso si algunas tareas están todavía pendientes y deben realizarse antes que pueda tener lugar dicho receso. En este sentido, el término se puede aplicar a un suceso que está *cercano* y que en *este* momento no puede determinarse con exactitud, pero que *no* va a suceder hasta que tengan lugar ciertas actividades previas. Definida de esta manera, la «inminencia» del regreso de nuestro Señor es una doctrina que no debe ser echada por la borda. Expresa la convicción en extremo importante de que el glorioso regreso de Cristo *podría* tener lugar dentro de cualquier período de tiempo, de que los próximos años podrían ser testigos del gran clímax del trato de Dios con el mundo. Aunque estemos de acuerdo en que inminencia *puede* ser definida de esta manera, ¿es esta en realidad la forma en que se ve en el Nuevo Testamento la esperanza del regreso de Cristo?

Lo primero que tenemos que decir es que ninguna de las muchas palabras que se usan para describir la cercanía de la parusía, o la expectativa del creyente de ella, requiere un sentido de inminencia en «cualquier momento». Προσδέξομαι, «esperar por» (aplicado a la parusía en Lucas 12:36; Tito 2:13; Judas 21[?]), se usa para la expectativa de Pablo de la resurrección de los justos y de los *injustos* (Hch 24:15), aunque la última no ocurra hasta después del Milenio. 'Απεκδέχομαι, «esperar con ansia» (usado de la parusía en 1 Co 1:7), puede referirse al anhelo de la creación por la liberación (Ro 8:19), y dicha liberación viene sólo después de la tribulación. 'Εκδέξομαι, «esperar», se usa en Santiago acerca de la parusía en 5:7, pero la analogía en el contexto es con un agricultor que espera sus cosechas, no por cierto en «cualquier momento» Προσδοκάω, «esperando» (cp. Mt 24:50; Lc 12:46 con referencia al Segundo Advenimiento) es la palabra usada por Pedro para exhortar a los creyentes a «esperar» un cielo nuevo y una tierra nueva (2 P 3:12-14). 'Εγγίζω «estar cerca», y la forma de adjetivo, ἐγγύς, aplicado a la parusía en numerosos textos, se usa de las fiestas judías y de las estaciones de año (p. ej., Jn 2:13; Mt 21:34), y es obvio que estas no son eventos que ocurran «en cualquier momento». Varios otros términos (γρεγορέω, «velar»; ἀγρυπνέω «despertar»; νήφω, «sed sobrios»; Βλέπω, «mirar») se usan para exhortar a los creyentes a tener una actitud de estar alertas en sentido espiritual y de rectitud moral a la luz del segundo regreso, pero no implican nada en cuanto al tiempo.[100]

Entonces, estos términos por sí mismos no requieren que la expectativa a la que se refieren sea capaz de suceder «en cualquier momento». Será crucial el contexto en el cual son usados. El más importante de estos contextos ya ha sido examinado y no será necesario repetir aquí la evidencia que nos lleva a creer que lo que se indica de forma constante es un Rapto postribulacional. Pero quizá debieran ser añadidos algunos comentarios adicionales con respecto al discurso del monte de los Olivos.

En la sección exhortatoria siguiente a la descripción de Cristo de la Tribulación y la parusía, Jesús nos da tres puntos bien importantes: (1) Los discípulos no saben cuándo volverá el Señor (Mt 24:42, 44; Mt 25:13); (2) Ellos deben, por tanto, velar y estar preparados; (3) Cuando ellos vean los eventos tribulacionales podrán saber que Cristo está cerca (Mt 24:32-33). Lo que es en especial importante es notar que las *tres* declaraciones están hechas con respecto al *mismo* suceso: la venida postribulacional de Cristo. No hay base para ninguna transición de los aspectos postribulacionales de la parusía en Mateo 24:32-35 (ó 36) a su aspecto pretribulacional en el versículo 36ss. Por tanto, *todos* los intérpretes, ya sea que crean que el discurso está dirigido a la Iglesia o a Israel, se enfrentan a la dificultad de explicar cómo un evento anunciado por señales específicas puede ser, no obstante, aquel del cual se dice «pero en cuanto al día y la hora nadie lo sabe». Una solución es entender las palabras de Jesús acerca del día desconocido como que se aplican a cada generación *excepto la última; esta* generación (γενεά en Mt 24:36), cuando «todas estas cosas sucedan», sabe que Cristo está a la misma puerta.[101] O puede ser que mientras que el tiempo *exacto* no pueda ser conocido, uno sea capaz de conocer el tiempo *general* del Advenimiento después de la Tribulación.[102] Y en este sentido, debe notarse la declaración acerca de que sean «acortados» los días de la Tribulación (Mt 24:22); puede que sea imposible predecir el tiempo de la parusía aun después de que el Anticristo se haya manifestado.

Dentro del Nuevo Testamento hay indicaciones que sugieren que los autores del mismo no podían tener la intención de describir la parusía como un suceso que podía ocurrir «en cualquier momento». Porque, antes que todo, Jesús en sus enseñanzas más bien sugiere con frecuencia que habrá una *demora* antes de su regreso (Lc 19:11-27; Mt 24:45-51; 25:5, 19). Segundo, y lo más importante, son las predicciones *específicas* que no podían haberse cumplido si Cristo hubiera regresado justo después de su ascensión. Por eso Jesús promete a sus discípulos que ellos *serían* sus testigos en «Jerusalén, en toda Judea, en Samaria, y hasta lo último de la tierra» (Hch 1:8). El Evangelio *debe* ser predicado a todas las naciones antes que llegue el fin (Mt 24:14). Pedro morirá como un mártir a una *edad avanzada* (Jn 21:18-19); Pablo *predicaría* el Evangelio en Roma (Hch 23:11; 27:24). No es suficiente decir que todas estas cosas *podían* haberse cumplido en el primer siglo y, por tanto, no representan *ahora* ningún obstáculo para un Rapto «en cualquier momento».[103] Porque lo importante es determinar qué significó esa declaración sobre la cercanía de la parusía para los primeros que la escucharon. Si el orador original no tenía la intención ni los oyentes originales entendieron que una declaración en particular requiera una interpretación de «en cualquier momento», es difícil que esa declaracion pueda tener ese significado *ahora.*[104]

Por tanto, no parece que la inminencia del regreso de Cristo pueda ser entendida en un sentido de «en cualquier momento». (Los padres

apostólicos también creyeron en un Rapto postribulacional y esperaban participar en los sucesos de la Tribulación.)[105] Es mejor definir la
inminencia como la posibilidad de la venida de Jesús a buscar a sus seguidores en cualquier momento, y se entiende «momento» en un sentido amplio como un *corto período de tiempo*. Es a la luz de esa venida
en «cualquier momento» que se llama a la Iglesia a vivir su llamamiento. Pero, se objeta, el negar que Cristo vaya a venir en «cualquier
momento» a buscar a su Iglesia, ¿no neutraliza la fuerza de esas exhortaciones a una conducta recta? En las aplicaciones negativas del regreso
(como cuando se les advierte a las personas que sean cuidadosas, no sea
que Cristo las «sorprenda»), un Rapto «en cualquier momento» no
añade nada a las exhortaciones asociadas, porque son sólo aquellos que
no presten atención a las advertencias los que serán sorprendidos
(cp. 1 Ts 5:2-4; Lc 21:34). Y las exhortaciones a «velar», debido a que
no se conoce el tiempo requieren sólo que se desconozca el momento
exacto para que se mantenga la fuerza de la advertencia. Pero el estímulo para la vida santa provisto por la expectativa del regreso de Cristo
está basado *en primer lugar* en una aplicación *positiva* del regreso en el
Nuevo Testamento. A los creyentes se les pide que permanezcan alertas en lo espiritual y sobrios en lo moral, porque ellos reconocen que
comparecerán delante del Redentor para responder por su conducta.
Y, sin duda, la fuerza de *este* llamamiento no depende de la posibilidad
de un encuentro así «en cualquier momento».

CONCLUSIÓN

La verdad de la venida inminente de nuestro Señor Jesucristo es
un elemento importante e indispensable de la verdad bíblica. Las
Escrituras establecen bien claro que esta venida será premilenial. Y
también anuncian con claridad que un tiempo de Tribulación sin precedentes tomará lugar inmediatamente antes de su venida y que los
cristianos vivientes serán arrebatados y llevados a Su presencia en Su
venida. Pero el *tiempo* de ese Rapto con respecto a la Tribulación *no se
indica en ninguna parte con claridad*. Ningún autor del Antiguo ni del
Nuevo Testamento trata *de manera directa* esta cuestión ni establece la
naturaleza de esa relación como un punto de doctrina. Lo que *yo*

pienso que las Escrituras indican acerca de esta relación ha sido expuesto en las páginas precedentes. Pero, debido a que esta convicción está basada en la lógica, deducciones y puntos de exégesis debatidos de manera legítima, no puedo (en verdad *no debo*) permitir que esta convicción represente ninguna clase de barrera para una plena relación con otros que sostienen convicciones diferentes sobre este tema. Quiera Dios que nuestras discusiones sobre este punto mejoren, no mermen, nuestra expectativa común de aguardar «la bendita esperanza, es decir, la gloriosa venida de nuestro gran Dios y Salvador Jesucristo» (Tit 2:13).

RESPUESTA DE GLEASON L. ARCHER

Es INNECESARIO DECIR QUE esas porciones de la exposición del doctor Moo dirigidas en contra de la teoría de un Rapto en cualquier momento están en armonía con mis propias observaciones y, por tanto, tengo poco con qué contribuir por la vía de la crítica. Lo mismo es cierto en cuanto a la materia muy relacionada de las señales, que se declaran en el discurso del monte de los Olivos y en las Epístolas a los Tesalonicenses que precederán el regreso de nuestro Señor a buscar a Su Iglesia. Pero hay dos áreas en las cuales su exposición parece que se queda corta en el tratamiento adecuado de la cuestión de una parusía en dos fases y las implicaciones de τηρέω ἐκ en Apocalipsis 3:10.

LAS DOS FASES DE LA PARUSÍA

El doctor Moo considera la parusía referida en el discurso del monte de los Olivos (Mt 24:3, 27, 37, 39) como que se puede demostrar que es subsiguiente a la Gran Tribulación. Él siente que 2 Tesalonicenses 2:8 también lo demuestra. Entonces señala que la parusía es presentada como un objeto para la expectativa del creyente en 1 Tesalonicenses 2:19; 3:13; Santiago 5:7-8; 1 Jn 2:28. Él después saca la conclusión que es el centro de toda esta discusión: «Si se exhorta a los creyentes a esperar esta venida de Cristo, y esa venida es presentada como postribulacional, es entonces natural concluir que los creyentes estarán presentes durante la Tribulación». Esa sería, por supuesto, la deducción lógica si la parusía fuera un evento único. Pero si el Nuevo Testamento indica que la parusía vendrá en dos fases, la primera de las cuales será el Rapto de la Iglesia de la escena del mundo *antes* de la catástrofe final de las terribles plagas que atormentarán y diezmarán la tierra antes del desenlace final de Armagedón, entonces es inválida la deducción arriba expresada.

Ya se ha dedicado considerable atención al asunto vital de la transición secuencial entre el Rapto de la Iglesia en 1 Tesalonicenses 4 y la destrucción final de las fuerzas del mal y la rebelión de la que se habla en 1 Tesalonicenses 5. El doctor Feinberg y yo hemos dedicado nuestros escritos a analizar con cuidado este importante cambio de enfoque y tiempo. Por tanto, sólo necesitamos recordarle al lector los puntos principales que se han planteado en estas discusiones.

El escenario del «pasaje sobre el Rapto» (1 Ts 4:13-18) no nos da ninguna pista de una lucha apocalíptica. Este párrafo de reafirmación habla sólo de la secuencia que marcará las etapas de la resurrección de los creyentes en sus cuerpos glorificados. El anuncio del versículo 14 nos introduce a la escena real de levantarse de la tierra para encontrarse con el Señor en el aire: «Porque si creemos que Jesús murió y resucitó, así también traerá Dios con Jesús a los que durmieron en [διά] él (RVR 1960)». (O también es posible: «así también traerá Dios por medio de Jesús a los que durmieron», lo que es más difícil de econciliar con el siguiente σὺν αὐτῷ, «con él».) El doctor Moo entiende esto como que Jesús traerá con Él del cielo a aquellos que durmieron en Jesús. Él estará, por tanto, rodeado de todos los santos muertos en sus cuerpos resucitados al descender a la tierra con el fin de encontrarse con los que estén todavía vivos en la tierra en el tiempo de su venida.

Esta construcción del versículo 14 parece difícil de justificar en vista de los versículos subsiguientes, 16 y 17. Estos versículos dicen de manera expresa que aquellos que hayan muerto en Cristo (οἱ νεκροὶ ἐν Χριστῷ) no se levantarán de sus tumbas hasta el momento del Rapto. «Los muertos en Cristo resucitarán primero. Luego [ἔπειτα los que estemos vivos, los que hayamos quedado, seremos arrebatados junto con ellos [ἅμα σὺν αὐτοῖς] en las nubes para encontrarnos con el Señor en el aire». Nada puede estar más claro en esta descripción que el hecho de que la gran compañía de los creyentes fallecidos *no* acompañarán al Señor cuando descienda del cielo —al menos, no en sus cuerpos resucitados— pero serán unidos con sus nuevos y gloriosos cuerpos poco antes de que sean arrebatados los sobrevivientes vivos de la última generación contemporánea con el Rapto.

Una de las más sorprendentes inverosimilitudes en esta interpretación es la deducción acompañante de que los santos recién resucitados surgen de la tierra para encontrarse con el Señor para un breve momento en las nubes, solo para regresar a la tierra casi de inmediato. Esto aparece en la página 178 en el siguiente párrafo: «El hecho de que los creyentes en el Rapto postribulacional serán arrebatados para encontrarse con el Señor en el aire sólo para regresar de inmediato a la tierra con Él no crea ninguna dificultad, porque el texto *no* declara que los creyentes vayan directamente al cielo, sino sólo que estarán para siempre con el Señor». Por el contrario, nosotros sostenemos que este procedimiento de yoyo de subir y bajar ¡presenta una gran dificultad! En un momento los seguidores fieles de Cristo son sacados de la repugnante escena de la tierra, maldecida y dominada por el pecado, a fin de encontrarse con el Señor Jesús en su gloria en las nubes del cielo. Pero dado que el descenso de Cristo es identificado por el doctor Moo con el regreso a la tierra para el juicio descrito en Apocalipsis 19:11-21, esto significa que Él descenderá montado sobre su caballo blanco, seguido por las huestes celestiales. Si es así, es difícil que Él pueda detenerse en su camino mientras desciende al monte de los Olivos (Zac 14:4) y al campo de batalla de Armagedón. Da la impresión de que estos santos que suben van a obstaculizar sus movimientos cuando Él descienda a aplastar la rebelión de la bestia y de sus secuaces. Lo más que se puede decir de un «Rapto» como ese es que es más bien un espectáculo secundario de mínima importancia.

Pero al volver a examinar el texto real de 1 Tesalonicenses 4:16-18 sacamos una impresión muy diferente de esta maravillosa y elevada liberación de los santos de Dios. Este es sin duda un evento de extraordinaria importancia y tremendo consuelo. «Luego los que estemos vivos, los que hayamos quedado, seremos arrebatados junto con ellos en las nubes para encontrarnos con el Señor en el aire. Y así estaremos con el Señor para siempre. Por lo tanto, anímense unos a otros con estas palabras». La impresión general es por cierto que los creyentes resucitados son llevados a la gloria para estar con el Señor Jesús en la esfera del cielo, más bien que enviados directo de regreso a la tierra. La distinción que el doctor Moo trata de hacer entre las meras «nubes» y el cielo mismo es muy difícil de mantener a la luz del uso que las mismas Escrituras hacen de ello. El versículo clave en Daniel 7:13 que predice el triunfo del Hijo del Hombre le representa como que va «en las nubes *del cielo*» a la presencia del Anciano de días, una frase que se repite en Mateo 26:64; Marcos 14:62; Apocalipsis 14:14. Las nubes están mucho más asociadas con la gloria y el trono de Dios que lo que lo están con la tierra. Sería sin duda difícil encontrar otra referencia bíblica a las nubes como un lugar de parada momentánea en el curso de Su descenso a la tierra. Por tanto, es mucho más probable que la llegada de los santos resucitados a la gloria de las nubes arriba apunta a la vida y actividad en el plano celestial más bien que en el plano terrenal

Y en cuanto a la posibilidad de una parusía en dos etapas, debemos tomar nota cuidadosa de que las Escrituras contienen muchos cumplimientos dobles en relación con la escatología y las profecías mesiánicas. «El día del Señor» (יֹם יַהוֶה), como es bien conocido y universalmente reconocido, se refiere a días de juicio y calamidad sobre varias naciones paganas, e incluso sobre el mismo Israel del Antiguo Testamento, así como al último y culminante día del juicio de Dios sobre la raza malvada de los humanos al fin de los tiempos. Encontramos al menos tres fases de la cautividad babilónica predicha en Jeremías, la primera en el 605 a. C. (cuando Daniel estaba entre los deportados), la segunda en el 597 a. C. (cuando Joaquín y Ezequiel fueron llevados), la tercera en el 587 a. C., cuando los sobrevivientes del asedio de Jerusalén fueron llevados cautivos a Babilonia. En cuanto a la figura profética del «cuerno pequeño» de Daniel 7, 8 y 11, es muy claro que una de estas dos figuras estaba vinculada con el tercer reino (esto es, Antíoco Epífanes en 175-164 a. C.), y otra con el cuarto reino (esto es, la bestia de los últimos días, durante los últimos siete años del tiempo presente antes de Armagedón). Uno de los más graves errores de la erudición racionalista moderna es su incapacidad para distinguir en propiedad entre estos dos cuernos pequeños. Y en cuanto a la venida de Cristo, el error principal del judaísmo oficial en el tiempo de Cristo consistió en que no pudo distinguir entre Su Primer y Su Segundo Advenimientos. Fue debido a que Él no vino con gran poder y gloria para el propósito de liberar a Israel del yugo romano y establecerlo como supremo entre las naciones (logros reservados solo para Su Segundo Advenimiento) que la mayoría de sus compatriotas lo rechazaron, aun cuando Él cumplió a la perfección las profecías de Su primer advenimiento. Todas estas analogías aportan una base firme para distinguir a la parusía que precede a la Gran Tribulación (en especial los últimos tres años y medio del derramamiento de la ira de Dios sobre la tierra), y la parusía que presenta el regreso de Cristo como conquistador y Juez.

Se ha hablado también mucho de elementos similares que se manifestarán en el Rapto (según 1 Tesalonicenses 4) y la Segunda Venida en el juicio final (según el discurso del monte de los Olivos y el libro de Apocalipsis). La página 206 presenta una lista de fenómenos comunes a ambos que incluye al menos tres elementos: una trompeta, ángel(es), primera resurrección, con varias otras semejanzas en Apocalipsis 6, 11, 14, etc. «Con el Señor» lo encontramos en cinco pasajes de la Segunda Venida en Apocalipsis, así como en 1 Tesalonicenses 4:17. La lista ocupa una página completa y de primeras parece muy impresionante. Pero un examen más detallado nos mostrará que entre el pasaje clásico sobre el Rapto (1 Ts 4) y los otros pasajes que se refieren a la segunda parusía en juicio hay en realidad solo cuatro (si incluimos la mención de las nubes). Un estudio sistemático de otras teofanías descritas en las Escrituras mostrará fenómenos similares, tanto en el Pentateuco como en los profetas, así como en varios pasajes de Job y los Salmos. Una trompeta celestial sonó en el encuentro del monte Sinaí en Éxodo 20, unos ángeles volaban alrededor del trono de Jehová en Isaías 6, y varias nubes, brillantes, oscuras y ardientes, acompañaron la manifiesta presencia del Señor durante la peregrinación en el desierto. Pero el contraste entre las escenas de 1 Tesalonicenses 4 y el terror de Apocalipsis y la abrumadora fuerza destructiva que caracterizan las diferentes descripciones de la Segunda Venida superan bien claro esas supuestas similitudes. Todo lo que se necesita es leer todos los pasajes citados en la página 204 de la presentación de Moo y releer 2 Tesalonicenses 4; las diferencias de atmósfera, clima y escenario son tan obvios como para desanimar toda esperanza de identificación de los dos como que apuntan hacia la misma transacción. Las referencias a la resurrección corporal que ocurren en conexión con ambas parusías deben ocasionar poca sorpresa. Es bastante obvio, por el testimonio de las Escrituras, que una primera resurrección de los santos del Antiguo Testamento tuvo lugar poco después de la crucifixión (Mt 27:52), quizá incluso antes de la mañana del domingo de resurrección. La segunda fue la de Cristo mismo. La tercera resurrección de los muertos ocurrirá en el Rapto; la cuarta tendrá lugar en la Segunda Venida (Dn 12:2; Jn 5:28-29), y la quinta al final del Milenio, el juicio ante el gran trono blanco (Ap 20:11-15). Si, entonces, no hay menos de cinco resurrecciones corporales, a la mención de esto en relación con ambas parusías le faltará mucho para probar que son una y la misma.

Antes de dejar el tema, nos sería de ayuda el recapitular la evidencia contextual que señala al hecho de que el Día del Señor en 1 Tesalonicenses 5 no es de ninguna manera idéntico al Rapto de 1 Tesalonicenses 4. 1 Tesalonicenses 5:1 nos trae a consideración los tiempos y fechas (κρόνοι y καιροί) en una forma tal que sugiere que puede haber un intervalo de tiempo significativo entre los dos eventos. El día del Señor caerá de forma inesperada sobre el mundo incrédulo como un ladrón en la noche (v. 2), mientras que el pasaje del Rapto no contiene ni la más ligera indicación de algo siniestro y peligroso. El versículo 3 habla del ciego optimismo de la engañosa cultura mundial, carente por completo de preparación para la abrumadora destrucción que viene sobre ellos. En otras palabras, la evidencia del contexto nos impele a considerar estos dos episodios como que están en un completo contraste el uno con el otro, y lo más que puede decirse es que hay un intervalo de tiempo entre ellos, que puede que no sea muy extenso pero es, no obstante, bastante significativo. Un intervalo de tres años y medio concuerda bien con estas especificaciones. Los comentarios de reafirmación que aparecen en 5:4-5 concernientes a la seguridad de los verdaderos creyentes como «hijos de luz» es cierto que pueden ser aplicados a los santos que son arrebatados en el Rapto y (en cuanto a lo concerniente a su destino eterno) también a los nuevos convertidos que sobrellevan la carga de la furia del Anticristo durante los últimos tres años y medio.

LA PRESERVACIÓN DE LOS CREYENTES DE LA GRAN TRIBULACIÓN

Pasamos ahora a considerar con brevedad otro punto clave del argumento del doctor Moo, la declaración de que la promesa de preservación de Apocalipsis 3:10 significa sólo una perseverancia exitosa en la aflicción más bien que la exención de ella. Mucho depende de las implicaciones de la frase τηρήσω ἐκ τῆς ὅρας τοῦ πειρασμοῦ («Yo por mi parte te guardaré de la hora de tentación»). En apoyo de su interpretación Moo cita Juan 17:15, donde el Señor en su oración sacerdotal pide al Padre que los guarde (τηρήσῃς) (a los discípulos) del (ἐκ) mal. Moo siente que esto no implica que los creyentes queden exentos de los ataques de Satanás, sino más bien que ellos pueden ser guardados de sucumbir al mal por medio de la amargura y la desesperación. Él admite que esta es la única otra ocasión en que podemos encontrar el verbo τηρεῖν con ἐκ en el Nuevo Testamento. Si es así, esto sin duda provee una base estadística débil sobre la cual determinar sobre la fuerza de ἐκ en Apocalipsis 3:10. Sin embargo, vamos a examinar esta combinación en la Septuagésima a fin de que podamos obtener la más clara perspectiva. En Proverbios 7:4-5 leemos: «Di a la sabiduría: "Tú eres mi hermana". Y a la inteligencia: "Eres de mi sangre". Ellas te librarán (τηρήσῃ) de (ἐκ) la mujer ajena, de la adúltera y de sus palabra seductoras». Esto está lejos de ser un paralelo conclusivo, pero hay algo de distinción entre ἐκ («fuera de») y ἀπό («de») a pesar de que se superponen. Pero en estos tres pasajes el propósito claro de τηρεῖν es el de guardar de daño a la víctima potencial de la fuerza que amenaza su seguridad. Argumentar que uno no puede ser preservado de algo a menos que se haya metido primero en ello es muy cuestionable. ¿Está suponiendo Cristo en Juan 17:15 que sus discípulos se meterán en el mal antes que Dios intervenga para sacarlos fuera de ese mal? Es difícil. Su deseo evidente es que ellos no caigan dentro de la relación y el poder de Satanás. ¿Cómo puede esto entonces tomarse como prueba de que la iglesia de Filadelfia en Apocalipsis 3:10 debe quedar enredada en las dificultades de la Tribulación antes que Dios vaya a guardarla de ella? Lo mismo sucede con la instrucción del hijo en Proverbios 7; no se espera que él se involucre con la prostituta antes que Dios lo libre de sus garras. Por tanto, tiene poca fuerza la posición de que los creyentes deben ser metidos en las pruebas severas de la Tribulación antes de que Él pueda «guardarlos» de ella. En realidad el factor más importante es el significado verdadero del mismo τηρεῖν; antes que tratarlo como si significara «liberar», más bien significa «guardar, preservar». Es difícil ver cómo «preservar de» puede ser entendido como que implica por necesidad una participación parcial en el mal del cual tienen que ser preservados. Por lo común sería entendido como escapar por completo del contacto con ello. Ser preservado de la tribulación es sin duda algo diferente de ser salvado de ella. La implicación más probable de Apocalipsis 3:10 es, por tanto, que aquellos que guardan con fidelidad la palabra de Cristo serán guardados de la severa prueba (πειρασμός) de la Tribulación. Esta bendita seguridad es anunciada como una recompensa especial de parte del Salvador, más bien que una promesa general de protección divina de sucumbir a los horrores del dominio del Anticristo en cualquier momento de los siete años de su supremacía. La gracia sustentadora para pasar por pruebas y dificultades está siempre disponible, incluso hoy, para el creyente que usa los medios de gracia. Pero no hay duda de que en estas alentadoras palabras está implícito algo más distintivo en la forma de favor divino que nada más que pasar sin seria pérdida espiritual a través de un período de grave peligro y dolorosa aflicción. En otras palabras, guardarlos fuera del período de la Tribulación sólo puede significar que ellos no entrarán para nada en ese período de tribulación. Esto aporta una razón admirable para los planes de Cristo para el Rapto como una liberación de todos los creyentes ya convertidos justo en el umbral de la segunda mitad de la «semana septuagésima» (Dn 9) —el período del derramamiento de la ira de Dios— antes que se metan en un período aún más espantoso. Una clara confirmación de esta interpretación nos la aporta Romanos 5:8-9: «Pero Dios demuestra su amor por nosotros en esto: en que cuando todavía éramos pecadores, Cristo murió por nosotros. Y ahora que hemos sido justificados por su sangre, ¡con cuánta más razón, por medio de él, seremos salvados del castigo [ἀπό τῆς ὀργῆς] de Dios!». En este contexto parece cierto que este castigo particular de Dios al que se está refiriendo es la ira de Dios derramada sobre el mundo malvado de los incrédulos durante los últimos tres años y medios antes de Armagedón. Esto quiere decir que el versículo 8 deja bien en claro que aquellos que serán salvos de ὀργῆς son los que ya han sido justificados y, por tanto, están bien seguros de que no experimentarán la final y judicial ira de Dios. Pero el versículo 9 sigue adelante y nos presenta esta liberación por medio de las palabras «con cuánta más» (πολλῷ οὖν μᾶλλον). Esto sugiere con mucha fuerza que, además de la salvación del juicio eterno y de la condenación al infierno, hay otro beneficio más: liberación de «el castigo». Este ὀργή no puede identificarse con la ira de Dios general y judicial sobre el mundo incrédulo de todos los tiempos (ese uso de ὀργή se ve, por ejemplo, en Romanos 1:8).

Entonces, para resumirlo todo, siento que el postribulacionismo no puede justificar la tremenda importancia que acompaña a la división de los últimos siete años en dos mitades. Segundo: no puede explicar de manera adecuada el gran contraste presentado por la Biblia en cuando a la descripción del Rapto en 1 Tesalonicenses 4 y la atmósfera aterradora y turbulenta que siempre caracteriza el comienzo de la espantosa destrucción relacionada con la venida de Cristo para juicio. En otras palabras, la fuerte evidencia de una parusía en dos fases ha sido ignorada. Tercero: no puede hacer justicia a las seguridades de preservación de la «hora de la prueba que ha de venir sobre el mundo entero, para probar a los que moran sobre la tierra» —promesas contenidas en Apocalipsis 3:10 (RVR 1960), 1 Tesalonicenses 5:9; Romanos 5:8-9, y otros pasajes—. Si en verdad esta «hora de la prueba» se refiere a la Gran Tribulación, y la Gran Tribulación está señalada para los últimos tres años y medio, entonces el Rapto mismo tendrá lugar, por cierto, justo antes de que Dios empiece a derramar sus copas de ira sobre un mundo listo para el juicio final.

RESPUESTA DE PAUL D. FEINBERG

En RESPUESTA A LA PRESENTACIÓN de Moo sobre el postribulacionismo, me gustaría considerar tres aspectos: el concepto de la ira divina, las epístolas a los tesalonicenses y el discurso del monte de los Olivos.

El asunto de la ira divina ha sido estudiado a fondo en los capítulos sobre esa posición, pero todavía merece la pena prestarle más atención. Debe estar claro que la cuestión de la ira divina es fundamental para las posiciones sobre el Rapto. La diferencia de opinión se centra sobre el *comienzo* de la ira divina y la *naturaleza* de la protección divina de la ira. Para Moo, la ira de Dios se concentra hacia el final del período de la Tribulación y en la batalla de Armagedón. Además, él defiende el principio de la selectividad como medios de Dios para la protección de sus santos. Dios hace una distinción entre creyentes e incrédulos. Su ira cae sobre los incrédulos. De modo que Moo no ve ninguna razón para sacar a la Iglesia fuera del mundo antes de la Segunda Venida. Por otro lado, he argumentado que todo el período de la Tribulación es un tiempo de ira de Dios, desde el primer sello hasta la última copa. Los juicios de Dios caen de manera universal sobre toda la tierra. Juan dice que viene sobre «el mundo entero» (Ap 3:10). Además, la naturaleza de la protección divina es mediante el Rapto de la Iglesia antes del tiempo de la dificultad.

Sigo sin estar convencido por la presentación que Moo hace de este asunto. Creo que está equivocado en cuanto al comienzo de la ira divina porque no ve los juicios de Apocalipsis 6—19 como relacionados con Apocalipsis 5 y el rollo que entregan al Cordero. Él rompe cada uno de los sellos, y comienza el juicio, y muestra que es divino en carácter. Si bien el principio de la selectividad no carece de apoyo, no veo ninguna indicación de que al menos algunos de los juicios no sean universales en carácter. La hora de la prueba viene y probará a todo el mundo. Además, toda la cuestión de la selectividad es discutible, si Apocalipsis 3:10 promete protección *de fuera* del período de tiempo. A mí me parece que la evidencia apoya mejor esta perspectiva.

Hay dos porciones de las Escrituras que no han sido consideradas, pero que merecen un examen completo y cuidadoso. La primera incluye las epístolas a los Tesalonicenses y la Segunda Venida. El lugar para empezar nuestro estudio es 1 Tesalonicenses 4:13-18, puesto que este es el pasaje central para la posición pretribulación. Empecemos, pues, por resumir mi comprensión del argumento de Moo. La preocupación de los creyentes de Tesalónica era sobre sus seres queridos que habían fallecido. Ellos temían que aquellos que habían muerto no tendrían algunas de las ventajas de los que estuvieran vivos a la venida del Señor. Pablo les anima a pensar que todos participarán en los sucesos gloriosos de la parusía y estarán con el Señor.

Además, hay cuatro indicaciones de que la esperanza de la que se hablaba era postribulacional: (1) paralelismo sugestivos entre 1 Tesalonicenses 4 y el discurso del monte de los Olivos (ambos sucesos están asociados con ángeles, nubes, una trompeta y la reunión de los creyentes); (2) el uso de la trompeta es un símbolo establecido para marcar el comienzo del tiempo de la salvación y juicio de Israel; (3) 1 Tesalonicenses 4 es similar a Daniel 12:1-2 (se dice que los muertos «duermen», la presencia de Miguel, y la resurrección de los hijos de Dios); (4) ἀπάντησις en general implica que la delegación acompaña al dignatario de regreso hasta el punto de origen de la delegación. Estas consideraciones llevan a Moo a pensar que el pasaje favorece un Rapto postribulacional.

Pienso que un examen más detenido de 1 Tesalonicenses 4 muestra que no favorece un Rapto postribulacional. Moo no ha dado en realidad una explicación adecuada para la preocupación o tristeza de los tesalonicenses. Si Pablo había predicado la verdad de la resurrección, ¿qué posible ventaja podrían tener los sobrevivientes sobre los creyentes que habían muerto? No puedo ver ninguna. Permítanme sugerir una explicación más probable. Pablo, mientras estuvo en Tesalónica, enseñó a los nuevos convertidos acerca de la esperanza de la resurrección y acerca del Rapto pretribulación. Después de dejarlos, algunos creyentes fallecieron. El único texto que la Iglesia habría tenido disponible para establecer el tiempo de la resurrección era Daniel 12:1-2. Esto pone la resurrección *después* de la Tribulación. Los cristianos tesalonicenses estaban preocupados por sus seres queridos fallecidos que no resucitarían hasta después de la Tribulación, perdiéndose por completo el Rapto de la Iglesia.[1] Esto explica por qué Pablo dice que aquellos de nosotros que estemos vivos y permanezcamos esperando la venida del Señor no *precederemos* a los que durmieron. El punto de vista de Gundry[2] de que ellos pensaban que la resurrección no ocurriría hasta el final del Milenio, lo que hacía que aquellos que habían muerto se perdieran las bendiciones de la era del reino, carece que apoyo bíblico. No hay ningún texto en ninguna parte en las Escrituras que hable de una resurrección al final del Milenio hasta Apocalipsis 20. Los tesalonicenses no habrían tenido acceso a este pasaje.

Además, no encuentro convincentes los paralelos. Primero, que haya similitudes entre pasajes que tienen que ver con el regreso postribulacional de Cristo y el Rapto pretribulacional de la Iglesia no debería sorprendernos. Si bien los dos eventos son diferentes, no son distintos por completo. Los dos eventos pueden ser similares, pero no son lo mismo. Para mí el hecho de que haya diferencias, incluso si no son contradictorios, es más significativo que las similitudes. Segundo: las similitudes pueden ser sostenidas sólo si nosotros entendemos los pasajes en su sentido más general. Tomemos las supuestas similitudes entre 1 Tesalonicenses 4 y el discurso del monte de los Olivos. Hay ángeles, nubes, trompetas y la reunión de los creyentes en ambos textos. Note lo que ocurre cuando usted examina ambos pasajes con detalle. En Mateo, el Hijo del Hombre viene en las nubes, mientras que en 1 Tesalonicenses 4 los creyentes que ascienden están en ellas. En Mateo los ángeles reúnen a los escogidos; en 1 Tesalonicenses el Señor mismo (note el énfasis) reúne a los creyentes. Tesalonicenses sólo habla de la *voz* del arcángel. En el discurso del monte de los Olivos no se dice nada de la resurrección, mientras que el último texto es el punto central. En los dos pasajes son notables las diferencias de lo que tendrá lugar antes de la aparición de Cristo. Además, la orden de ascender está ausente en Mateo a pesar del hecho de que ese es el punto central de la epístola. Se podrían señalar puntos similares acerca del paralelo entre 1 Tesalonicenses 4 y Daniel 12. Si bien es cierto que la trompeta es un símbolo establecido para anunciar el tiempo de la salvación y juicio de Israel, tiene sin duda otras funciones en la literatura escatológica. Esto lo podemos ver con facilidad en el libro de Apocalipsis. Por último, ¿acaso la aparición de ἀπάντησις favorece el punto de vista postribulacionalista? Incluso Moo es cauteloso aquí. Que aparezca tres veces en el Nuevo Testamento apenas le da a uno suficientes ejemplos para sacar conclusiones sobre el uso de la palabra. Además, hay un gran debate sobre si el término tiene siempre ese sentido fuera del Nuevo Testamento. Pero aun si se pudiera mostrar que es así, hay tantas diferencias sobre el uso normal de esta palabra que se debe cuestionar toda conclusión. Aquí los creyentes son arrebatados para encontrarse con el Señor; ellos no salen voluntariamente para encontrarse con un visitante.[3]

1 Tesalonicenses 5 es otra área de gran controversia. De nuevo, permítame resumir el argumento de Moo. Él empieza con el estudio de la partícula δέ que enlaza a los capítulos 4 y 5. Esta partícula por lo general denota un contraste suave, pero hay casos en que no hay ninguna intención de contraste. Moo piensa que incluso si una comparación estuviera en la mente de Pablo, queda todavía la cuestión de la naturaleza del contraste. Pablo habla de «tiempos y fechas» (5:1), pero no nos da una fecha o una hora, indicando que su tema anterior está todavía a mano. Sin embargo, lo principal que Moo quiere indicar es que el Rapto puede ser parte del Día del Señor. Él ve al creyente como que está en ese período porque, si bien no le sorprenderá a él como ladrón en la noche, sí que le sorprenderá. El contraste no está entre inclusión y exclusión, sino entre sorpresa y preparación. De lo que el creyente escapa no es del Día, sino de la condenación o aspecto de juicio del mismo.

Este es un pasaje importante. ¿Funciona mejor aquí una interpretación postribulación? No lo creo. Primero: la relación no es simplemente δέ sino περὶ δέ. Los sujetos no necesitan ser tan diferentes que estén en contraste, pero no son solo la continuación del mismo sujeto. Esta es la forma típica de Pablo para presentar un nuevo tema (p. ej. 1 Ts 4:9, 13). Pablo tiene a las claras la intención de establecer aquí una distinción.

Como dice Moo, el asunto termina por ser la naturaleza de la comparación. El contraste no es entre actitudes de sorpresa y expectativa, sino entre escapar o no escapar. Pablo dice que los incrédulos se verán sorprendidos por la venida del Día, y para él o ella *no* habrá escape (5:3). En 5:4-11 se contrasta la posición del creyente con aquel Día. Mientras que el incrédulo no escapará, el creyente ha sido destinado a salvación. Esto vincula este versículo con 1 Tesalonicenses 1:10 donde la venida de Jesús rescata al creyente de la ira venidera. Debido a la posición diferente del creyente en relación con el Día (note el uso enfático de pronombres distintos), el creyente tiene que actuar en forma diferente ahora (5:4-8).[4]

Moo cita después 2 Tesalonicenses 1:5-7 como un apoyo fuerte de su posición. Está la promesa de que Dios pagará con creces a los que persiguen a los tesalonicenses y dará descanso a los oprimidos cuando Él se revele desde el cielo en llama de fuego con sus ángeles poderosos. De manera que el resto de estos creyentes perseguidos vendrán a la revelación postribulacional de Cristo. Reconozco que este es un pasaje difícil para la posición pretribulacionista. Sin embargo, el problema es insoluble sólo si alguna de estas cosas es cierta. Primera: que la manifestación de Cristo con sus ángeles poderosos no puede ser en el Rapto. Moo ha dicho que los ángeles son mencionados en relación con el Rapto. Pero esto no es necesario en absoluto sobre la base de la mención de ἀποκάλυψις o de los ángeles poderosos para asignar de inmediato este pasaje al regreso postribulacional de Cristo, Segunda: que la revelación de Cristo no puede ser entendida como todo el complejo de eventos, empezando con el Rapto y terminando con el Segundo Advenimiento. 'Αποκάλυψις se referiría entonces a varias fases de los sucesos del fin de los tiempos. Esta asociación de eventos no es rara en las porciones proféticas. Moo mismo dice que la combinación de la destrucción de los incrédulos al final del Milenio con la revelación de Cristo no es difícil, puesto que las Escrituras con frecuencia relacionan dos eventos separados por un Milenio. Si eso es así, y lo es, ¿qué impide una asociación similar de dos eventos separados solo por siete años? Lo que se quiere decir es que en todo el complejo de eventos escatológicos, Dios va a traer descanso para los tesalonicenses y castigo sobre sus perseguidores.

Hay un pasaje final en las epístolas a los Tesalonicenses, 2 Tesalonicenses 2, que debemos considerar. Pablo escribe para calmar la agitación y temor de los tesalonicenses con respecto al Día del Señor. Ellos pensaban que ya había llegado. Él les dice que antes de que venga el día del Señor tienen que suceder dos eventos: Debe venir la apostasía y manifestarse el hombre de pecado. La conclusión que Moo saca de esto para un Rapto postribulacional es esta: Si se les había enseñado a los tesalonicenses un Rapto pretribulacional en la primera epístola, entonces la respuesta más decisiva que Pablo podía darles contra su creencia de que se encontraban en medio del Día del Señor sería que el Rapto todavía no había sucedido. Pero él no lo hace, lo que nos lleva a nosotros a cuestionar la verdad del Rapto pretribulación.

Pienso que este es un pasaje difícil para cualquier interpretación. Moo dice que es difícil saber qué fue lo que dio origen a su problema relacionado con su creencia de que ya estaban en el Día del Señor ¿Por qué tendrían que estar ellos perturbados e inquietos (dos palabras muy fuertes) acerca de estar en el Día del Señor, si el Rapto tenía que incluirse en ese período de tiempo? Uno esperaría que los tesalonicenses estuvieran regocijándose porque el Rapto estaba cerca.

¿Por qué Pablo no calmó sus temores recordándoles que el Rapto tenía que ocurrir antes que el Día del Señor pudiera empezar? Hay algunos pretribulacionistas que creen que él lo hizo. Ellos ven en la palabra ἀποστασία una referencia al Rapto. Asumen esa palabra con el significado de salida. Yo creo que en este punto Moo tiene razón al decir que semejante traducción es improbable. ¿Qué hay en cuanto a lo que Moo quiere decir? Creo que es justo decir que uno podría desear que Pablo hubiera respondido en la forma que Moo sugiere. Eso habría solucionado el asunto. Sin embargo, hay una pregunta más pertinente que hacer aquí. ¿Es la contestación de Pablo una respuesta legítima al problema planteado por los tesalonicenses? Es en este sentido que creo que su respuesta es buena. Los tesalonicenses estaban preocupados por que se encontraran en el Día del Señor. Pablo les responde diciéndoles que no están, porque dos importantes eventos no han tenido lugar todavía. La apostasía no ha llegado, y el hombre de pecado no se ha manifestado. Por qué Pablo no citó el Rapto como una razón es sólo especulación. Sin embargo, bien podría ser que el

Espíritu Santo estuviera deseoso de dar una *nueva] revelación más bien que solo confirmar una antigua revelación.*

Un último punto antes de dejar las epístolas a los tesalonicenses. Tiene que ver con el que lo detiene de 2 Tesalonicenses 2:6-7. A diferencia de Moo, yo estoy más seguro de que se trata del Espíritu Santo. Ya sea que pensemos que se refiere al emperador, al gobierno civil o a cualquiera de las otras cosas que se han sugerido, en última instancia, en las Escrituras aquel que detiene el mal es el Espíritu Santo. Sin embargo, coincido también con Moo en que el texto es compatible con los puntos de vista postribulacional o pretribulacional del Rapto. El pasaje en ninguna parte requiere que el que detiene sea retirado del mundo, sólo que cese en su ministerio de detención a fin de que el mal pueda seguir su curso. Esto es posible en cualquier posición sobre el Rapto.

Debemos ahora enfocarnos en el discurso del monte de los Olivos y la Segunda Venida. Hay mucho en el estudio de Moo sobre este pasaje con lo que estoy de acuerdo. Sin embargo, hay dos puntos cruciales en los que estoy en desacuerdo. Primero: Moo piensa que el discurso del monte de los Olivos está dirigido a la Iglesia. Sus argumentos son como sigue: Los discípulos en la mayoría de los contextos en los Evangelios representan a los cristianos de todos los tiempos o nosotros no deberíamos tomar las enseñanzas de Jesús como nuestras instrucciones. De modo que necesitamos algunas *restricción* clara para reducir la audiencia. Las enseñanzas de Jesús acerca de eventos escatológicos son equivalentes a las de Pablo. El término « los escogidos» usado en el discurso, se emplea de manera permanente a lo largo del Nuevo Testamento para referirse a los miembros de la Iglesia. Por último, las exhortaciones que encontramos en el discurso del monte de los Olivos no son diferentes de otras dirigidas a la Iglesia en otras partes del Nuevo Testamento.

A mí me parece que cada uno de estos puntos está abierto a discusión. ¿Será verdad que los discípulos representan a los cristianos de todos los tiempos, a fin de aplicar las enseñanzas de Jesús a nuestras propias vidas? Yo no pienso así. Esta afirmación pasa por alto la distinción entre aquellos a quienes se dirige al hablar y aquellos a quienes se puede aplicar la enseñanza. Los discípulos pueden representar al remanente creyente de la nación de Israel, y la enseñanza de Jesús puede todavía tener aplicación para nosotros. Si este es el caso, la Iglesia no estaría en la Tribulación, y, no obstante, la verdad de la enseñanza de Jesús tendría aplicación para los cristianos de hoy. ¿Hay alguna indicación de que los discípulos representen al remanente creyente de Israel? Creo que la hay. El tema que analizamos son las expectativas escatológicas judías. Jesús y los discípulos hablan de la destrucción del templo, de la abominación desoladora (que está claro que se relaciona con la nación de Israel en Daniel 9 y 11) y las restricciones del día de reposo. De modo que pienso que un examen cuidadoso del contexto muestra que hay una clara restricción en la audiencia a la que se dirige. El paralelismo que Moo cita entre las enseñanzas de Jesús y Pablo descansa sobre la suposición que 1 Tesalonicenses 4, 5 y 2 Tesalonicenses 2 hablan del mismo suceso. Si mi argumento es correcto, eso no es cierto. El hecho de que haya paralelismo entre 1 Tesalonicenses 5 y 2 Tesalonicenses 2 no debería sorprendernos, puesto que hablan de los mismos sucesos; *pero* la Iglesia no está allí. El intento de relacionar Mateo 24 y 1 Tesalonicenses 4 falla, como trataré de mostrar más abajo. El argumento basado en el uso de «escogidos» es equivocado. Si algo sucedió que fue único en el día de Pentecostés, entonces los Evangelios pueden tener una semejanza mayor con el Antiguo Testamento que con el resto del Nuevo Testamento. Pienso que la posición de Moo no tiene en cuenta el progreso de la historia de la salvación. En cualquier caso, aquellos a los que se dirigió el discurso del monte de los Olivos entenderían el término «escogidos» en el contexto del Antiguo Testamento, no del Nuevo Testamento, el cual tenía que ser dado. Por último, el hecho de que hubiera exhortaciones dirigidas a la Iglesia que eran similares a las que encontramos en el discurso del monte de los Olivos descansa solo sobre el carácter general de esas exhortaciones y en las similitudes entre el Rapto y la Segunda Venida.

El segundo razonamiento que Moo hace acerca del discurso del monte de los Olivos y que tenemos que comentar es su opinión de que encontramos el Rapto en este pasaje. Sus razones para esa opinión son las siguientes: 1 Corintios 15:51-52 y 1 Tesalonicenses 4:16-17 así como Mateo 24:31 (cp. Mr 13:27) mencionan todos una gran trompeta. El verbo ἐπισυνάγω que se usa en 24:31 y lo encontramos en su forma nominal (ἐπισυναγωγή) en 2 Tesalonicenses para referirse al Rapto. Estas dos consideraciones le llevan a Moo a pensar que el Rapto se encuentra en Mateo 24:31.

Está también la posibilidad de que haya una referencia al Rapto en Mateo 24:40-41. Este es el contraste entre uno que será tomado y otro que será dejado. El verbo «tomar» es el mismo que encontramos en Juan 14:3.

Permítame comentar sobre estos argumentos en un orden inverso. A mí me parece que Moo nos da suficientes razones en su examen de Mateo 24:40-41 para rechazar toda identificación con el Rapto. Primero: dice que puede ser que el que es tomado vaya al juicio y no al reino. Esto está claro, pienso yo, por el paralelo con Lucas 17:34-35. Segundo: él señala que «tomado» se usa de muchas formas, y no es un término técnico. En realidad, es una palabra bastante común.

De las dos posibilidades, Mateo 24:31 es la formidable. Sin embargo, no se debe pasar por alto que la identificación descansa sólo sobre dos cosas. Como ya he dicho, la gran trompeta es un símbolo escatológico; pero tiene muchos usos. Hay siete trompetas de juicio en Apocalipsis. Hay trompetas que reúnen a los escogidos. En mi opinión, este punto de similitud no es muy fuerte.

El otro asunto gira alrededor de las formas verbal y nominal de «reunir» que encontramos en Mateo 24:31 y 2 Tesalonicenses 2:1. Hay, sin embargo, sólo nueve ocasiones en las que aparece esa palabra en el Nuevo Testamento. De estas nueve referencias, solo tres tienen significado escatológico: Mateo 24:31; su paralelo sinóptico, Marcos 13:27, y 2 Tesalonicenses 2:1. Las otras seis veces tienen un uso bastante general. Parece estar claro que cualquier identificación basada en esta palabra descansa en la más tenue de las evidencias.

De nuevo, permítame repetir que en contraste con estas pocas similitudes hay muchas diferencias importantes. Mateo dice que los ángeles reúnen a los escogidos; 1 Tesalonicenses dice que es el Señor mismo quien lo hace. Mateo usa la trompeta para llamar a los escogidos de los cuatro vientos; 1 Tesalonicenses enseña que anuncia el descenso de nuestro Señor. Mateo no menciona la resurrección ni el traslado de los santos. Estos son puntos importantes en los pasajes sobre el Rapto. En Mateo parece que la reunión es en la tierra

(Mt 24:31-32), mientras que en 1 Tesalonicenses es en el aire. 1 Tesalonicenses 4 no menciona los efectos sobre el sol, la luna y las estrellas, y, no obstante, esto es algo importante en Mateo 24. Primera a los Tesalonicenses da la orden de ascender; no está claro que haya un ascenso en Mateo 24:31.

Si bien puede haber algunas similitudes generales, las diferencias son mucho mayores en número y en importancia. Por esto, al menos para mí, no veo mención del Rapto en el discurso del monte de los Olivos. Eso es suficiente para seguir con un Rapto pretribulación.

NOTAS

Capítulo 1

[1]Los estudios históricos útiles en esta área están aumentando. Vea el de George M. Marsden, *Fundamentalism and American Culture. The Shaping of Twentieth-Century Evangelicalism: 1870-1925* (Oxford University Press, Nueva York, 1980); Larry Dean Pettegrew. "The Historical and Theological Contributions of the Niagara Bible Conference to American Fundamentalism" (disertación doctoral, Dallas Theological Seminary, 1976); Ernest R. Sandeen, *The Roots of Fundamentalism: British and American Millenarianism 1800-1939* (Chicago: University of Chicago Press, 1970); Timothy P. Weber, *Living in the Shadow of the Second Coming: American Premillennialism, 1875-1925* (Oxford University Press, Nueva York, 1979). Otros materiales para este ensayo vienen de mi propio manuscrito incompleto sobre la Conferencia Bíblica del Niágara en preparación para una disertación doctoral en la Universidad de Nueva York.

[2]Dennis L. Reiter, «Historicism and Futurism in Historic Premillennialism: 1878-1975» (Tesis de maestría en el Trinity Evangelical Divinity School, 1975). La gratitud que debo a mi hermano Dennis por su ayuda en organizar y evaluar este ensayo excede con mucho la mención en una nota.

[3]Sandeen, *Roots of Fundamentalism*, 276-77.

[4]Nathaniel West, «Introduction», *Premillennial Essays of the Prophetic Conference Held in the Church of the Holy Trinity, New York City*, Oct.30-Nopv.1, 1878, ed. Nathaniel West (Chicago: Revell, 1879), 8.

[5]Daniel Payton Fuller, «The Hermeneutics of Dispensationalism» (disertación doctoral, Northern Baptist Theological Seminary, 1957), 92; C. Norman Kraus, Dispensationalism in America: Its Rise and Development (Richmond, Va.; Knox, 1958), 89-91; Sandeen, *Roots of Fundamentalism*, 150-51. Los líderes de Niágara estudiaron sin duda la literatura de los Hermanos, pero mi evidencia concuerda con el punto de vista de Charles Caldwell Ryrie (*Dispensationalism Today* [Moody, Chicago, IL, 1965], 81-82). Ryrie resumen lo característico de la teología dispensacional como (1) una clara distinción entre Israel y la iglesia, (2) consistente interpretación literal de la Biblia, y (3) la gloria de Dios aplicada en varias formas diferentes como el principio unificador de la Biblia (ibíd., pp. 211-12).

[6]West, «Introduction», 8. El comité de resoluciones fue mencionado, con Lord a la cabeza, en «The Prophetic Conference at the Church of the Holy Trinity, Nueva York. Sesión de clausura», *The Christian Herald and Signs of Our Times* 13 (16 enero 1879): 205, y James H. Brookes, "Prophetic Conference in New York", *The Truth* 5 (1879): 29-30. El año anterior Lord había escrito *The Blessed Hope: or, The Glorious Coming of the Lord* (Chicago: W. G. Holmes, 1877). Para un estudio de Lord y la generación de premilenaristas históricos que precedió a la era de Niágara vea Robert Kieran Whalen, "Millenarianism and Millennialism in America, 1790-1880" (disertación doctoral, Universidad del Estado de Nueva York en Stony Brook, 1972).

NOTAS

[7]Stanley N. Gundry, *Love Them In: The Proclamation Theology of D. L. Moody* (Moody, Chicago, IL, 1976), 188.

[8]Charles Hodge, *Systematic Theology*, 3 tomos (New York: Scribner, Armstrong, 1872-1873)2:373-77.

[9]B. B. Leacock, «Any-Moment Theory», *The Episcopal Recorder* 70 (12 enero 1893):1-2.

[10]Adoniram J. Gordon, *Ecce Venit: Behold He Cometh* (New York: Revell, 1889), 29, 33.

[11]Ibíd., 23-24, 66; cf. vii, donde él dice que los historicistas y los futuristas sostienen la inminencia.

[12]Samuel H. Kellogg, «Christ's Coming—Is It Premillennial?» en *Premillennial Essays*, 57.

[13]William J. Erdman, *The Parousia of Christ a Period of Time; o When Will the Church be Translated?* (Chicago: Gospel Publishing House, s. f.), 126. Escrito probablemente entre 1886 y 1895.

[14]Reiter, "Historicism and Futurism", 124-126.

[15]*Scriptural Truth About the Lord's Return* (New York: Revell, 1922), 146. Pero la fecha de 1884 que Cameron da en la p. 145 en un error. Fuller y Sandeen no se dieron cuenta de eso, pero Pettegrew los corrigió, "Niagara Bible Conference", 176. Pettegrew luego él también se equivocó al decir que West ya era un postribulacionista en 1880, como lo muestra en *The Thousand Years*. Pero los recuerdos anteriores de Cameron, que ponen la fecha del cambio de West al postribulacionismo entre 1880 y 1883, es preferible por varias razones. Vea [Robert Cameron], «"Three Mighty Men"», *Watchword and Truth* 36 (abril de 1914):104.

[16]Una disputa congregacional tuvo lugar en 1886 y 1887 cuando West era pastor en St. Paul, Minnesota, y lo encontramos en las actas del presbiterio y el sínodo de aquella región. Vea también una carta de Samuel Houston Thompson a Woodrow Wilson, de 1 febrero 1910 (The Papers of Woodrow Wilson, ed, por Arthur S. Link (Princeton: Princeton University Press, 1975] 20:84), y una posterior evaluación posmilenial de la actitud polémica de West explicada por James H. Snowdon, *The Coming of the Lord; Will It be Premillennial?* 2ª ed., rev. (New York: Macmillan, 1919), 11-12, 186, 212, 225-26, 253, 256.

[17](Chicago: Fleming H. Revell, 1889; reimpresión, Fincastle, Va.: Scripture Truth. s. f.). En un prólogo a la edición reimpresa, Wilbur M. Smith lo evaluó diciendo que "era un trabajo bastante difícil de leer, y al mismo tiempo, y en muchos sentidos, el mejor estudio sobre este aspecto de la profecía bíblica que había aparecido en la lengua inglesa, i.e., sobre el tema del Milenio y el significado simbólico de las números en la Biblia" (viii). Muchas biografías han errado al dar la fecha de 1889, quizá debido a letras quebradas en el dorso de la página de título, haciendo que fuera fácil confundir el "9" por "0" en la información sobre derechos de autor. Pero en 1889 está claramente impreso al final del prefacio del autor en la página XVI y en el texto fechado entre 1880 y 1889 aparece en las páginas 146n, 173n, 192, 268n, 382n, 445n, 446n dos veces, y 447n.

[18]Ibíd., 1034, 39-47. Difiero de H. Philip Hook ("The Doctrine of the Kingdom in Covenant Premillennialism" [disertación doctoral, Dallas Theological Seminary, 1959], 10, 52, 54, 64-65, 85, 146, 194-95, 200, 203-4, 222, 226-28) que llamó a West un premilenarista del pacto. En *Heilsgeschichte* vea a Ronald B. Allen, «The Theology of the Balaam Oracles», en *Tradition and Testament: Essays in Honor of Charles Lee Feinberg*, ed. John S. Feinberg y Paul D. Feinberg (Moody, Chicago, IL, 1981), 83-105, especialmente 111, n. 9; 116, n. 40; y 117, n. 56.

[19][T. B. Ashton], «Encouraging», una carta a *Watchword and Truth* (octubre de 1914):279. West enseñó en Moody en algún momento entre el verano de 1889 y noviembre de 1891, según R. A. Torrey, «Home Life», *The Institute Tie* 1 (8 diciembre 1891):19. Thomas Bert Ashton estuvo en Moody desde enero de 1891 hasta febrero de 1892, según los archivos de Moody Bible Institute, Chicago, Illinois.

[20]La teología bíblica fue el punto central en «Jesus Christ on the "Any-Moment" Theory», *The Episcopal Recorder* 71 (29 junio 1893):1-3; y «The Apostle Paul and the "Any-Moment" Theory», ibíd., 71 (20 marzo 1893):4, 10; y (4 mayo 1893):2-3, 14-15; reimpresión de *The Apostle Paul and the "Any-Moment" Theory* (Filadelfia: James M. Armstrong, 1893). La teología histórica va de «Professor J. C. K. von Hofmann on the "Any-Moment" Theory», ibíd., 71 (9 febrero 1893):3-4 a «Cyrill of Jerusalem on the "Any-Moment" Theory», ibíd., 71 (9 febrero 1893):1-2. Para todos los interesados una teoría era un esquema intelectual (con las connotaciones negativas de un esquema) o patrón dentro del cual se forzaban las Escrituras para que encajaran. En el pensamiento de los maestros de la Conferencia bíblica era contrastado con el significado de sentido común de la Palabra de Dios, de modo que era siempre usado como una etiqueta para los oponentes en el debate. Para la penetrante influencia de la filosofía de sentido común, vea Marsden, *Fundamentalism and American Culture*, 55-62, 212-21.

[21]The Apostle Paul and the "Any-Moment" Theory, 24; cf. 3, 12, 22-27.

[22]Ibíd., 14; cf. 12, 22-24.

[23]Ibíd., 26-27; cf. 28-31.

[24]Ibíd., 9.

[25]Ibíd., 31.

[26]«Who Shall Be Caught Up», *The Truth* 20 (abril 1894): 204-7. No hay signo de interrogación al final del título del artículo. West contestó directamente en «The Church and the Tribulation», *The Episcopal Recorder* 72 (10 mayo 1894):2-3.

[27]*The Truth* 21 (1895):45-51, 93-101, 148-54, 206-13, 275-81, 338-41.

[28]Ibíd., 45.

[29]Ibíd., 46-48, 94-96, 209-10, 339.

[30]Ibíd., 280; cf. 275-77.

[31]Ibíd., 207-13, 277-81.

[32]Ibíd., 93-94, 150-51.

[33]Ibíd., 340.

[34]Ibíd., 47-50.

[35]["Nota"], *The Watchword* 10 (junio de 1888):73.

[36]«The Parousia», *Our Hope* 2 (marzo y abril de 1806):213; Citado por *Ecce Venit*, 211; cf. 246.

[37]*Maranatha; o, Behold He Cometh* (New York: Revell, 1889 reimpresión de la ed. de 1870.), 18-19.

[38]«Important Notice», *The Truth* 21 (octubre 1895):463.

[39]Gundry, *Love Them In*, 189-93, 220; D. L. Moody, "Letter", *Prophetic Studies of three International Prophetic Conference*, Chicago, *November, 1886*, ed. de George C. Needham (Chicago: Revell, 1886), 41.

[40]«When Did the Stone Strike? Dn ii. 34, 35», *The Truth* 21 (1805):175-76. Cf. Lord, *The Blessed Hope*, 89-90.

[41]«Discrediting the Second Advent», *The Truth* 21 (1895):166-71; ibíd., *The Watchword* 17, (junio 1895):72-75.

[42]«The Turkish Crisis», *Our Hope* 2 (marzo y abril 1896):223-27.

[43]«Our Lord's Second Coming, A Motive to World-Wide Evangelism», en *Prophetic Studies... 1886*, 27; «The Coming of the Lord—The Practical Center of the Bible», *Addresses in the Second Coming of the Lord Delivered at the Prophetic Conference, Allegheny, Pa., 3-6 diciembre 1895*, ed. por Joseph Kyle y William S. Miller (Pittsburgh: W. W. Waters, s. f.), 104.

[44]«The Final Issue of the Age», *Prophetic Conference... 1895*, 15-25. Para el premilenarismo de pacto de Moorehead vea H. Philip Hook, «Covenant Premillennialism», 79-81; y W. G. Moorehead, «The Two Covenants», *The Truth* 10 (1883):440-44.

[45]W. J. Erdman, «The Oral Teaching of St. Paul at Thessalonica», *Our Hope* 5 (julio 1898):19; [Arno C. Gaebelein], «Our Blessed Hope», *Our Hope* 5 (noviembre 1889):158-60.

[46]*Half a Century: The Autobiography of a Servant* (Publication Office "Our Hope", Nueva York, 1930), 153-63; Citado de p. 154. En comparación Gaebelein se negó a ni siquiera mencionar a Cameron, caracterizándole como "un cierto predicador, uno de los acérrimos oponentes a la venida inminente del Señor", en *The History of the Scofield Reference Bible* (Publication Office "Our Hope", Nueva York, 1943), 42.

[47]Nathaniel West, *Daniel's Great Prophecy. The Eastern Question. The Kingdom* (New York: Hope of Israel Movement, 1898). Este libro estaba basado en la serie de West sobre «Daniel's Great Prophecy», publicado mensualmente en *Our Hope* desde marzo hasta diciembre 1897.

[48]«The Niagara Conference», *Our Hope* 1 (agosto 1894): 43-44; citado de p. 44.

[49]*Half a Century*, 75-85.

[50]Sandeen, *Roots of Fundamentalism*, 212-13. «Inminente» tampoco estaba en las resoluciones de la conferencia de 1901, donde Erdman notó que «el espíritu de amor y unidad» prevaleció y Cameron publicó las *Addresses of the International Prophetic Conference Held December 10-15, 1901 in the Clarendon Street Baptist Church*, Boston, Mss. (Watchword & Truth, Boston, s.f.). Las resoluciones aparecen en la página 7, los comentarios de Erdman en la página 5.

⁵¹Sandeen, *Roots of Fundamentalism*, 217-19. Cameron dijo que él le siguió la pista a este importante, pero aparentemente equivocado, punto de vista, hasta S. P. Tregelles, cuyo resultado fue también aceptado por George [Eerdmans, Grand Rapids, 1956], 40-41). Por parte del lado pretribulacionista John Walvoord dijo que la referencia de Ladd sobre Tregelles era «injusta». («A Review of *The Blessed Hope* por George Eldon Ladd», *Bibliotheca Sacra*, 113 [octubre 1956]:293). Más tarde Dave MacPherson dijo que el punto de vista de la pretribulación se había desarrollado en base de las declaraciones de la joven escocesa Margaret Macdonald. Vea *The Unbelievable Pre-Tri Origin* (Heart of America Bible Society, Kansas City, MO, 1973), *The Incredible Cover-Up: The True Story on the Pre-Tri Rapture* (edición revisada y actualizada, Plainfield, N, J: Logos International, 1975), y *The Great Rapture Hoax* (New Puritan Library, Fletcher, NC, 1983). La evidencia de MacPherson le llevó a C. S. Lovett a reexaminar el asunto y cambió de pretribulacionismo a postribulacionismo («Time to Settle the Rapture Question!», *Personal Christianity* 21 [septiembre 1981]:1-5). Por el contrario F. F. Bruce, el erudito de los Hermanos («Review of *The Unbelievable Pre-Tri Origin* de Dave McPherson», *The Evangelical Quarterly* 47 [enero-marzo 1975[:58] y el historiador Ian S. Rennie («Nineteenth Century Roots», en *Dreams, Visions and Oracles: The Layman's Guide to Biblical Prophecy* ed. Carl E. Armerding y W. Ward Gasque [Baker, Grand Rapids, MI, 1977], 51-52) consideraron el caso de McPherson como interesante pero no definitivo. La opinión de Bruce, que aparentemente no fue cambiada por la obra de MacPherson, fue bosquejada en *Answer to Questions* (Paternoster, Exeter, 1972), 199, 2000. Fue John F. Walvoord quien dio una respuesta más extensa a MacPherson (*The Blessed Hope and the Tribulation* [Zondervan, Grand Rapids, MI, 1976], 42-48).

⁵²Gaebelein, *History of the Scofield Reference Bible*, 44.

⁵³«Editorial Note», *Our Hope* 7 (mayo 1901):381-82 (primera cita); "Editorial Notes", *Our Hope* 7 (Julio 1900):1 (segunda cita). Unos comentarios similares a la segunda cita fueron el clímax de la exposición inicial de Gaebelein en Sea Cliff («Sea Cliff Bible Conference Addresses», *Our Hope* 8 [septiembre 1901]:96). Este fue el resultado de la «nueva comisión» de Gaebelein, «diseminar especialmente las verdades proféticas» que apreció temprano en 1899 (*Half a Century*, 81. CF 75-85). La tercera cita es de "The Post-Tribulation Theory", *Our Hope* 7 (febrero 1901):262. Erdman estaba hablando en algunas conferencias de vida espiritual del tipo de Keswick que minimizan los asuntos escatológicos.

⁵⁴Norman F. Douty, *The Great Tribulation Debate: Has Christ's Return Two Stages?* (Gibbs Press, Harrison, AR, 1978), 8-9; Scofield Reference Bible, ed. C. I Scofield (Oxford University Press, Nueva York, 1909) portadilla, p. [iv]; Ladd, *The Blessed Hope*, 44, 48-52.

⁵⁵Douty, Ibíd., 9. La fuente no está documentada, pero el autor conoció a Scofield personalmente.

⁵⁶J. Barton Payne, *The Imminent Appearing of Christ* (Eerdmans, Grand Rapids, 1962), 34-35.

⁵⁷Ian S. Rennie, «Nineteenth Century Roots», 59.

⁵⁸(Londres: Marshall, Morgan & Scott, 1937; reimpresión Grand Rapids: Grand Rapids International Publications, 1975), xii, xv, xvi, 113-15, 130, 146, 228-29, 239, 243-44, 266-74. Gerald B. Stanton consideró a Reese «como uno de los portavoces principales de la causa postribulacionista» porque su trabajo «era sin duda la obra sobre la tribulación más voluminosa e importante hasta la fecha» (*Kept form the Hour: A Systematic Study of the Rapture in Biblica Prophecy* (Zondervan, Grand Rapids, MI, 1956), 23.

⁵⁹Sandeen, *Roots of Fundamentalism*, 216, 221; R. A. Torrey, "Montrose (Pa.) Bible Conference", *The Institute Tie* 11 (octubre 1908):149-59; W. J. Erdman, "An Analysis of Apocalypse", *The Christian Worker Magazine* 13 (agosto 1908):767-68. Fuller ("Hermeneutics of Dispensationalism", 117-18) mostró cómo Scofield adapto el bosquejo de Erdman para sus notas sobre el libro de Apocalipsis cambiándolo de un punto de vista postribulación a pretribulación.

⁶⁰[Robert Cameron], «Another Witness», *Watchword & Truth* 35 (enero 1913):2.

⁶¹«Dr. Erdman's Queries», *The Truth* 21 (1895):300; «The New Hope», *Serving & Waiting* 3 (enero 1914):310.

⁶²Robert Cameron, «Notes by the Way», *Watchword & Truth* 35 (diciembre 1913):337. En *Fundamentalism and American Culture* Marsden muestra que los premilenaristas se metieron en controversias acaloradas con los defensores de la santidad (pp. 94-95, 99-101) y los promotores del evangelio social liberal (p. 91-93, 104-8, 116-23) durante esa era.

⁶³Edward Payson Vining, «Notes by the Way», *Watchword & Truth* 35 (febrero 1913):35; cf. 34.

[64]«Notes by the Way», *Watchword & Truth* 37 (enero 1915):1.

[65]*The Fundamentals: A Testimony to the Truth* 11 (1915?):95; cf. 96-99.

[66]W. B. Riley, «When Will the Lord Come?» en *Christ and Glory*, ed por Arno C. Gaebelein (New York: Publication Office «Our Hope», 1918), 239; Charles Gallaudet Trumbull y otros, «How I Became a Premillennialist: Symposium», in *The Coming of the Kingdom of Christ* (Bible Institute Colportage Association, Chicago, IL, 1914), 65-79.

[67]*Watchword & Truth*, aquí y allá desde 1912 a 1922.

[68]C. L. Heskett, «The Coming of the Lord As In the Thessalonian Epistles», *Watchword & Truth* 38 (diciembre 1916):301-2.

[69][Robert Cameron], «Our Critics», *Watchword & Truth* 37 (junio-julio 1915): 163.

[70] «The C.I.M. en North America», ibíd. (agosto 1915):202; Robert Camero, "Our Editorial Combination", ibíd, (octubre 1915):270-71, Citado de p. 271.

[71]M. A. Matthews, «Christ's Second Coming the Hope of the World», ibíd., 38 (marzo 1916):74-77; Citado por M. A. Matthews, "The Church Vs. the Tribulation" *Watchword & Truth* 39 (junio 1917):438.

[72]Dwight Wilson, *Armageddon Now! The Premillenarian Response to Russia and Israel Since 1917*, Baker, Grand Rapids, MI, 1977, aquí y allá.

[73]Robert Cameron, «Notes by the Way», *Watchword & Truth* 40 (enero 1918):8.

[74]Daniel P. Fuller, *Give the Winds a Mighty Voice. The Story of Charles E. Fuller* (Word, Waco, TX, 1972), 64.

[75]Wlliam Dryness, «The Age of Aquarius», en *Dreams, Visions and Oracles*, 16-17; Bernard Ramm, *The Devil, Seven Wormwoods, and God* (Word, Waco, TX, 1977), 120-21 en el contexto de 105-24; Wilson, *Armageddon Now!* 215-18.

[76]Charles R. Erdman, «The Coming of Christ», 98-99; Weber, *Living in the Shadow*, 65-81; Edwin L. Frizen, Jr., "An Historical Study of the Interdenominacional Foreign Mission Association in Relation to Evangelical Unity and Cooperation" (disertación para la maestría en Trinity Evangelical Divinity School, 1981), 3-4, 74, 250 citando la Confesión de Fe IFMA. Henry W. Frost elaboró su dispensacionalismo postribulacionista sobre *Matthew 24 and Revelation* (Oxford, Nueva York, 1924) and *The Second Coming of Christ* (Eerdmans, Grand Rapids, 1934). Roland Victor Bingham explicó su cambio de convicción de pretribulacionismo a postribulacionismo en *Matthew the Publican and His Gospel* (Evangelical Publishers, Toronto, s.f.). Cuando era joven, Bingham «se encaprichó con los estudios proféticos. Si me hubieran advertido en cuanto a los sistemas de interpretación profética y me hubieran dirigido al mismo texto de las Escrituras, me hubiera ahorrado mucho» (p. 11). Este comentario es típico de muchos que han cambiado de opinión en escatología. La palabra *sistema* se usa como similar a *teoría* en la nota 20.

[77]Frank L. Chapell, «The Holy Spirit in Relation to Our Lord's Return», en *Prophetic Studies...1886*, 24; I. M. Haldeman, *The Coming of Christ Both Premillennial and Imminent* (Charles C. Cook,, Nueva York, 1906); Albert Lindsay, «The Two Phases of Christ's Return, The *Parousia* and the *Epiphany*», en *The Sure Word of Prophecy*, ed, John W. Bradbury (Revell, Nueva York, 1942, 268-72; W. H. Rogers, "The Second Coming of Christ", en *Prophetic Messages for Modern Times by Speakers at the Colonial Hills Bible Conference Conducted in the Colonial Hills Baptist Church, Atlanta, Georgia: March 19-26, 1944*, ed. Robert J. Wells (Texas Printing, Dallas, TX, s. f.), 106, cf. 107. Ironically Charles L. Feinberg, que dirigió a los intérpretes pretribulacionistas a desechar ese punto de vista, también habló en la Colonial Hills Bible Conference.

[78]Charles L. Feinberg, *Premillennialism or Amillennialism?* (Zondervan, Grand Rapids, MI, 1936), 205-8; John F. Walvoord, "New Testament Words for the Lord's Coming" *Bibliotheca Sacra* 101 (Julio-septiembre 1944):283-89; Keith L. Brooks, un popular maestro de la Biblia y antiguo editor de la revista The King's Business, sintió el cambio basado en la distinción del uso de los términos: «Somos muy conscientes de la discusión que estamos observando sobre las palabras griegas "*parousia*" (presencia personal) y *apokalupsis* (manifestación, revelación). Quizá algunos maestros excelentes han estado equivocados al decir que *parousia* siempre indica el momento cuando el Señor viene con sus santos y que "apokalupsis" se usa sólo para el momento cuando él viene en poder y autoridad» (Apéndice, *The Rapture: Our Lord's Coming for His Church* [American Prophetic League, CA, 1940], 35).

NOTAS

[79]George C. y Elizabeth A. Needham, *Looking Forward: 1—Will Jesus Come? 2—After de Advent. 3—The New Earth* (3 tomos en 1. Narbeth, Filadelfia, PA: Albert W. Needham, s. f.) 1:62.

[80]Clarence E. Mason. «The Day of Our Lord Jesus Christ», *Bibliotheca Sacra* 125 (octubre-noviembre 1968):359.

[81]Norman F. Harrison, *The End: Rethinking the Revelation* (The Harrison Service, Filadelfia, PA, 1941) como lo cita Millard J. Erickson, *Contemporary Options in Eschatology. A Study of the Millennium* (Grand Rapids: Baker Books House, 1977), 168. Dos reconocidos autores pretribulacionistas, Herman A. Hoyt (*The End Times* [Moody, Chicago, IL, 1969], 82-83) y John F. Walvoord (*The Rapture Question* [Dunham, Findlay, OH, 1957] 171-72) admiten que Harrison preferiría ser reconocido como un pretribulacionista; a él lo tienen como un meso-tribulacionista.

[82]*New Light on the Rapture* (Bible Light, New York, 1980), 8.

[83]E. Schuyler English, «Re-Thinking the Rapture», *Our Hope* 56 (mayo 1950): 650-66, seguido por la respuesta de otros en "Let the Prophets Speak…", *Our Hope* 56 (julio 1950) hasta marzo 1951), *pássim*. El título del libro era *Re-Thinking the Rapture* (Traveler's Rest, SC: Southern Bible, 1951).

[84]Allan A. MacRae, «New Light on the Second Chapter of Second Thessalonians», The Bible Today 43 (abril 1959):201-10; Kenneth S. Wuest, "The Rapture—Precisely When?" *Bibliotheca Sacra* 114 (enero 1957):64-67. Note que el artículo de MacRae precedió en realidad en la imprenta al de English, porque era una respuesta a una carta enviada por English.

[85]J. S. Mabie, «Will the Church Be in the Tribulation—The Great One?» *Morning Star* 5 (noviembre 1898):123-24. Otros evangélicos que recientemente han adoptado o defendido esta interpretación son algunos miembros de la facultad del Grand Rapids Collage and Seminary, que lo han hecho en *Is The Rapture Next?*, de Leon Wood (Zondervan, Grand Rapids, MI, 1956),64; Gordon R. Lewis del Conservative Baptist Theological Seminary, Denver, en «Biblical Evidence for Pretribulationism» *Bibliotheca Sacra* 125 (julio-septiembre 1968):217-19; y James Montgomery Boice de Filadelfia en *The Last and Future World* (Zondervan, Grand Rapids, MI, 1974), 42-43.

[86]Paul J. Oskarson, "A History of the Doctrinal Emphasis of the Evangelical Free Church of America desde 1930 to 1950" (tesis de licenciatura en el Trinity Theological Seminary, 1956), 62 (Citado), 73-74. La Evangelical Free Church of America parece típica de muchas pequeñas denominaciones evangélicas de Norte América en su interés por la doctrina premilenarista. Se usa aquí porque (1) por los estudios recientes sobre el tema del rapto (2) profesores de su seminario escribieron los otros ensayos en este libro, y (3) sus materiales históricos documentan el asunto bastante bien.

[87]Norman F. Douty, *The Great Tribulation Debate. Has Christ's Return Two Stages?* (ed. rev., Harrison, Gibbs, AR, 1976), 134. Anteriormente se titulaba *Has Christ's Return Two Stages?* (1956).

[88]Ibíd., 135-37. Sobre sentimientos similares invitando a la moderación, vea el libro de Ladd, *The Blessed Hope*, 13-14, 58-60, 160-61; Payne, *The Imminent Appearing of Christ*, 1962), 168-69; Ryrie, *Dispensationalism Today*, 1965, 206-12.

[89]Wilbur M. Smith, "Preface" a *Crucial Questions About the Kingdom of God* (Eerdmans, Grand Rapids, 1953), 10-12.

[90]George Eldon Ladd, *Faith* (New York: Loizeaux, 1953), 70, 144 citado; cf. 69.

[91]*The Greatness of the Kingdom.* (Zondervan, Grand Rapids, MI), 1969.

[92]The Basis of the Premillennial Faith. Loizeaux, Nueva York, 1953, 144, citado; cf. 69.

[93]Ibíd., 11, 139.

[94]Walvoord, *The Rapture Question*, 50.

[95]Ibíd., 148; cf. Ladd, *The Blessed Hope*, 88, 165-67.

[96]Walvoord, The Rapture Question, ed. rev. Findlay, Dunham, Ohio,1957, 148. El editor no indicó ninguna revisión.

[97]Ibíd., Ladd, *The Blessed Hope*, 103-4 164-65 citado.

[98]Walvoord, *The Rapture Question*, 55.

[99]*Kept from the Hour: A Systematic Study of the Rapture in Bible Prophecy* (Zondervan, Grand Rapids, MI, 1957), 4, 30-32, 43 citado.

[100]J. D. Pentecost, "Review of Kept from the Hour" por Gerald B. Stanton", *Bibliotheca Sacra* 114 (July 1957): 265.

[101]Richard Martin Walston, "A Survey of the Contemporary Views of the Evangelical Free Church of America on the Second Coming of Christ and the Accompanying Events" (tesis de licenciatura en el Trinity Theological Seminary, 1958), 91-94.

[102]Payne, *Imminent Appearing*, 105.

[103]Ibíd., 39-40, 157-59, Citado de 42.

[104]*Encyclopedia of Biblical Prophecy: The Complete Guide to Scriptural Predictions and Their Fulfillment* (Harper & Row, Nueva York, 1973).

[105]J. Oliver Buswell, Jr., *A Systematic Theology of the Christian Religion*, 2 tomos, (Zondervan, Grand Rapids, MI, 1962-63) 2:390, 458-59.

[106]Ryrie, *Dispensationalism Today*, 158-61, Citado de 159-60.

[107]Robert H. Gundry, *The Church and the Tribulation* (Zondervan, Grand Rapids, MI, 1973). 9-10 citado. 29 citado.

[108]Ibíd., 37 citado.

[109]John A. Sproule, *In Defense of Pretribulationism* (ed. rev., BMH Books, Winona Lake, IN, 1980), 10. Al presente la disertación doctoral de Sproule en 1981, "An Exegetical Defense of Pretribulationism" está esperando su publicación. Me agrada que Sproule esté cruzando correspondencia con Gundry siguiendo a la primera impresión de su reseña crítica. La edición revisada mostró algunos cambios tanto en contenido como en el tono. Compare 6-7, ed. de 1974, con 12-13, ed. de 1980; y 12 de la ed. de 1974 con las 16 de 1980. Esta interacción clarifica el pensamiento de Sproule y corrige algunos malentendidos en varios lugares (p. 8). Quizá eso anime a otros autores a participar en esa crítica; creo que se proceso fortalece el trabajo de Sproule.

[110]Ibíd., 43, 47, 52 citado.

[111]The Bless Hope and the Tribulation, 7-9, citado de 9.

[112]Ibíd., 151-58.

[113]Ibíd., 166-67, citado de 166. Las cuatro premisas tribulacionistas bosquejadas en pp. 159-60 no parecen ser exclusivas de los pretribulacionistas (como Walvoord cree) si uno considera a los eruditos mencionados en este ensayo tales como Robert Cameron, W. J. Erdman, Henry W. Frost y Nathaniel West. Las premisas son probablemente lo que Walvoord significa cuando dice: "Pretribulacionismo... es realidad la clave del sistema escatológico". Reconozco que eso es lo que él dice, habría ayudado si él hubiera armado el material usado a fin de que no pareciera un razonamiento circular.

[114]Recuerdo que Richard Carlson hizo la pregunta. Las respuesta las dieron Paul Feinberg, Gleason Archer y Douglas Moo en un panel de discusión el 12 de enero de 1981, bajo el título "Tribulation: pre, mid, or post?" (cita del Rolfing Memorial Library, C-754, Trinity Evangelical Divinity School, Deerfield, Illinois). Cf. Allen Beechick. *The Pretribulation Rapture* (Accent, Denver, CO, 1981), 253.

[115]Andrew E. Johnson. *Our Blessed Hope* (por el autor, Vernon Hills. IL, 1980). Como un miembro de la Junta Directiva de Trinity, Johnson puso objeciones a reclutar miembros de la facultad del seminario que no interpretaran la declaración doctrinal de EFCA "en términos del rapto pretribulacionista" (Calvin B. Hanson, The Trinity Store, Heritage Series No. 6. [Free Church Press, Minneapolis, MI, 1983], 108).

[116]Arnold T. Olson, "A Perspective From the Retiring President's Viewpoint", The Evangelical Beacon 50 (12 octubre 1976):10; Arnold Theodore Olson, *The Significance of Silence*, Heritage Series No. 2 (Free Church Press, Minneapolis, MI, 1981), 201.

[117]Arnold T. Olson, This We Believe (Free Church Press, Minneapolis, MI, 1961), 328.

[118]Payne, *Imminent Appearing*; J. Barton Payne hizo una presentación popular y breve, "Jesus Is Coming Again: Pasttribulationism" en *When Is Jesus Coming Again?* (Creation House, Wheaton, IL, 1974).

[119]Edward Kersten, "Ethical Problem?" una carta al *The Evangelical Beacon* 54 (15 marzo 1981):19.

[120]Cf. Notas 101, 115 arriba; Hanson, *The Divinity Store*, 108-9.

[121]David J. Hesselgrave, «A Subtle Shift» una carta al *The Evangelical Beacon* 54 (15 marzo 1981):19. La limitación de espacio me limitó en elaborar más sobre misiones y otras preocupaciones prácticas relacionadas con el tiempo del rapto. Existe amplitud de material para un estudio histórico extenso en esta área.

[122]Scofield, «Dr. Erdman's Queries», 300; Ladd, The Blessed Hope, 146-52. La ironía de estas acusaciones dentro del premilenarismo es evidente para aquellos conscientes de la conferencia profética de 1878. Mediante una votación espontánea los participantes resolvieron "que la doctrina de la venida antes del milenio de nuestro Señor, en vez de paralizar los esfuerzos evangelísticos y misioneros [como dicen los posmilenaristas] es uno de los más poderosos incentivos para la predicación entusiasta del evangelio en cada cultura, hasta que Él venga" (West, «Introducción», 9). En este ensayo me he concentrado en el comportamiento de los premilenaristas, no es sus motivaciones.

[123]Olson, The Significance of Silence, 13-18, 201-2. Según Thomas A. McDill, presidente de EFCA, en conversaciones conmigo el 11 junio 1982, dentro de los pasados cinco años el Comité de EFCA sobre Posición Ministerial envió una carta aconsejando a los comités de ordenación que permitieran a los candidatos a la ordenación mayor latitud en el significado en cuanto al término inminente en la declaración de fe. Esto reconoce la diversidad de opiniones que los ministros de la Iglesia Libre han sostenido, como lo muestra Walston en su «A Survey ... on the Second Coming», 91-94.

[124]Rennie, «Nineteenth Century Roots», 59

[125]Robert D. Culver, «The Difficulty of Interpreting Old Testament Prophecy», Bibliotheca Sacra 114 (Julio 1957):205.

Capítulo 2

[1]Por ejemplo vea J. D. Pentecost, Things to Come (Findlay, Ohio: Dunham, 1958), 164, o John F. Walvoord, The Rapture Question (Dunham, Findlay, Ohio, 1957), 15ss.

[2]George A. Ladd, The Blessed Hope (Eerdmans, Grand Rapids, 1956), 130-36.

[3]Robert H. Gundry, The Church and the Tribulation (Zondervan, Grand Rapids, MI, 1973), 27-28.

[4]Vea Millard J. Erickson, Contemporary Options in Eschatology: A Study of the Millennium (Baker, Grand Rapids, MI, 1977), 125.

[5]Para una defensa de la interpretación futurista de la semana septuagésima de Daniel vea mi capítulo «An Exegetical and Theological Study of Daniel 9:24-27», en Tradition and Testament: Essays in Honor of Charles L. Feinberg, ed. John S. y Paul D. Feinberg (Moody, Chicago, IL, 1982), 189-220.

[6]J. Barton Payne, «Jesus is Coming Again: Pasttribulation», en When Is Jesus Coming Again? Hal Lindsey y otros (Creation House, Carol Stream, IL, 1974), 72-74.

[7]Ladd, The Blessed Hope, 120.

[8]Gundry, The Church, 97.

[9]J. Oliver Buswell, Jr., A Systematic Theology of the Christian Religion (Zondervan, Grand Rapids, MI, 1962) 2:389.

[10]Walvoord, Rapture Question, 69.

[11]Leon J. Wood, Is the Rapture Next? (Zondervan, Grand Rapids, MI, 1956), 20.

[12]Gundry, The Church, 44-45.

[13]H. C. Hahn, «Anger» en The New International Dictionary of the New Testament Theology, ed., Colin Brown (Zondervan, Grand Rapids, MI, 1975), 1:110.

[14]G. Kittel y G. Friedrich, eds. Theological Dictionary of the New Testament, 10 tomos. (Eerdmans, Grand Rapids, 1970), 5:430, s. f. *»

[15]Zane C. Hodges, «The Rapture in 1 Thessalonians 5:1-11», en Walvoord: A Tribute, ed. Donald K. Campbell (Moody, Chicago, IL, 1982), 68-70. La ira de la que se habla en 1 Tesalonicenses es escatológica, especialmente en lo concerniente con el día del Señor,

[16]Ibíd., p. 70. Vea también Robert L. Thomas, «1 Thessalonians» en The Expositor's Bible Commentary, Frank E. Gaebelein, ed. (Zondervan, Grand Rapids, MI, 1978), 11:280-81.

[17]Hodges, "The Rapture", 70-74.

[18]Ibíd., 74-78.

[19]Payne, Jesus Is Coming, 70-72. El rechazo de Payne de la perspectiva futurista del discurso del monte de los Olivos y de Apocalipsis hace de esta posición un punto de vista minoritario.

[20]Ladd, *The Blessed Hope*, 84-85.

[21]Gundry, *The Church*, 46.

[22]Ibíd., 47, 51.

[23]Ibíd., 76-77.

[24]Ibíd., 46-47.

[25]Ibíd., cap. 6.

[26]Ibíd., 63.

[27]Ibíd., 47.

[28]Buswell, *A Systematic Theology*, 2:388-89.

[29]Ibíd., 47.

[30]Vea Walvoord. *Rapture Question*, caps. 3, 5; Wood, cap. 1; Pentecost, cap. 13; Charles L. Feinberg, *Millennialism: The Two Major Views* (Moody, Chicago, IL, 1980), cps. 10, 17.

[31]Nigel Turner, en *A Grammar of the New Testament Greek* (Edimburgo: T & T. Clark, 1963), 3:72; o Maximilliam Zerwick, *Biblical Greek* (Scripta Pontificii Instituti Biblici, Roma, 1963), 82-83

[32]Turner, *A Grammar*, 71-72, or Zerwick, *Biblical Greek*, 81-82.

[33] Zerwick, *Biblical Greek*, 84-85.

[34]Gundry, *The Church*, 76.

[35]Alva J. McClain, *The Greatness of the Kingdom* (Zondervan, Grand Rapids, MI, 1959), 465.

[36]Pentecost, *Things to Come*, 230-31; o Charles C. Ryrie, *The Bible and Tomorrow's News* (Victor, Wheaton, 1969), 143.

[37]Gundry, *The Church*, 89-93, 95.

[38]Ibíd., 94-95.

[39]Algunos postribulacionistas han argumentado esto: Ladd, *The Blessed Hope*, 84-85, 120; or Gundry, 50-52.

[40]Jeffery L. Townsend, "The Rapture in Revelation 3:10", *Bibliotheca Sacra* 137:252-66.

[41]Gundry, *The Church*, 54.

[42]Townsend, "The Rapture", 253.

[43]Turner, *A Grammar*, 71-72, or Zerwick, *Biblical Greek*.

[44]Alexander Reese, *The Approaching Advent of Christ: An Examination of the Teaching of J. N. Darby and His Followers* (Marshall, Morgan, & Scott, Londres, 1937), 205.

[45]Gundry, *The Church*, 59.

[46]Townsend, «The Rapture», 254.

[47]Henry George Liddell y Robert Scott, *An Intermediate Greek-English Lexicon* (Clarendon Press, Oxford, 1968), 498099. El ejemplo es de *La Ilíada* 2.14.130. Otros dos ejemplos son de «fuera del humo», de *La Odisea* de Homero, 2.19.7; y «quedar fuera», Herodoto 2.3.83.

[48]Gundry, *The Church*, 59.

[49]Townsend, «The Rapture», 254.

[50]Compare también Sal, 12:8 (LXX, 11:7). Aquí se usa con. De manera que aun en la LXX es capaz de una idea de separación usual en. Vea también estos usos de con en Pr 1:5 y con en Am 4:7.

[51]Townsend, «The Rapture», 254-255.

[52]Vea Josefo, *Antigüedades judías* 4.2.1 y en 12.10.5 y 13.6.3

[53]Townsend, «The Rapture», 255.

[54]A. T. Robertson, *A Grammar of the Greek New Testament in the Light of Historical Research*, 4ª ed. (Doran, Nueva York, 1923), 598.

[55]J. B. Smith, *A Revelation of Jesus Christ: A Commentary on the Book of Revelation*, ed. J. Otis Yoder (Herald Press, Scottdale, PA, 1961), 331-33. Este es uno de los mejores tratamientos de Apocalipsis desde la perspectiva pretribulación. Los apéndices son excelentes.

[56]Townsend, "The Rapture", 256-257.

[57]Ibíd., 257.

[58]Kittel and Friedrich, eds., *Theological Dictionary of the New Testament*, 8:142. s. v "", por Harold Riesenfeld, 8:142.

NOTAS

[59]En mi juicio algunos no han hecho esto, y he combinado las ideas en las dos peticiones y, por consiguiente, los dos usos de la preposición (cf. Ladd *The Blessed Hope*, 85).

[60]Townsend, «The Rapture», 258.

[61]El griego puede ser masculino o neutro; lo más probable es que aquí sea masculino y una referencia a Satanás. Esta es una característica de Juan (p. ej., 12:31; 14:30; 16:11; 1 Jn 2:13-14; 3:12; 5:18-19.

[62]Se puede citar muchos ejemplos. Dos son Walvoord, *The Rapture Question*, p. 70; y Charles C. Ryrie, *"The Church and the Tribulation*: A Review". *Bibliotheca Sacra* 131:173-79.

[63]Townsend, «The Rapture», 258.

[64]Ibíd.

[65]Ibíd.

[66]Ibíd., 259.

[67]Ibíd.

[68]Ibíd.

[69]Henry C. Thiessen, "Will the Church Pass Through the Tribulation?" *Bibliotheca Sacra* 92:45-50.

[70]Charles C. Ryrie, *A Survey of Biblical Doctrine* (Moody, Chicago, IL, 1972), 170.

[71]Gundry, *The Church*, 60.

[72]Townsend, «The Rapture», 261. Vea también George Johnston, ꭥ y̓ en el NT". *New Testament Studies* 10:352-60.

[73]Gundry, *The Church*, 60.

[74]Kittel and Friedrich, eds., *Theological Dictionary of the New Testament*, 9:677. s. v ꭥ".

[75]Gundry, *The Church*, 60.

[76]Townsend, «The Rapture», 260-61.

[77]Kittel and Friedrich, eds., *Theological Dictionary of the New Testament*, 9:677. s. v ("griego").

[78]Schuyler Brown, «"The Our of Trial" (Ap 3:10)», JBL 85:309.

[79]R. H. Charles, *Revelation*, en el *International Critical Commentary* 7:289.

[80]Townsend, "The Rapture", 261-62.

[81]Walvoord, *Rapture Question*, 92-95; Walvoord, *Blessed Hope*, 53; o Allen Beechick, *The Pretribulation Rapture* (Accent Books, Denver, 1980), 39-57.

[82]William E, Bell, *A Critical Evaluation of the Pretribulation Rapture Doctrine en Christian eschatology* (disertación doctoral, NYU, 1967), 247-48. Vea también E. Michael Rusten, *A Critical Evaluation of Dispensational Interpretations of the Book of Revelation* (Ann Arbor, MI: University Microfilms International, 1977), 2 tomos.

[83]Gundry, *The Church*, 82.

[84]Beechick, *The Pretribulation Rapture*, 48-55.

[85]Charles C. Ryrie, *What You Should Know about the Rapture* (Moody Press, Chicago, 1981), 80-81.

[86]Bell, *A Critical Evaluation*, 247-48.

[87]Ibíd.

[88]Ibíd.

[89]Gundry, *The Church*, cap. 14.

[90]Ibíd., 166.

[91]Ibíd., 166.

[92]Gundry, *The Church*, 166-67.

[93]George L. Rose, *Tribulation till Translation* (Rose, Glendale, CA, 1942).

[94]John F. Walvoord, *The Blessed Hope and the Tribulation* (Zondervan, Grand Rapids, MI, 1976), 88-90.

[95]Ibíd., 89.

[96]Gundry, *The Church*, 34, 129.

[97]Este punto me lo hizo mi colega S. Lewis Johnson en una conversación con él.

[98]Gundry, *The Church*, 77-81.

[99]En Apocalipsis 6—19 sólo estos pasajes nos dan visiones del cielo: 7:9-8:6; 11:15-19; 12:7-8; 12:10-12; 14:1-5; 15:1-8; 19:1-8. No tengo el propósito de argumentar sobre este punto, pero los pretribulacionistas

comúnmente argumentan que los veinticuatro ancianos (p. ej., Ap 4—5) y la esposa vestida de lino fino (Ap 19:7-8) representan a la iglesia en el cielo.

[100]Walvoord, *Blessed Hope*, 51

Respuesta de Douglas J. Moo

[1]Pentecost, *Things to Come: A Study in Biblical Eschatology* (1958; ed. reimpresión. Zondervan, Grand Rapids, MI, 1964), 216.

[2]LSJ, 498

[3]Gerhard von Rad, *The Theology of Israel's Historical Traditions*, vol. 1 de *Old Testament Theology* (Harper & Row, Nueva York, 1962), 387-88.

[4]J. H. Thayer, *A Greek-English Lexicon of the New Testament* (Harper & Brothers, Nueva York, 1889), 190.

[5]Brooke Foss Westcott, *The Epistle to the Hebrews* (1892, reimpresión, Eerdmans, Grand Rapids, 1973), 126; F. F. Bruce, *The Epistle to the Hebrews* (Eerdmans, Grand Rapids, 1964), 100, n. 51.

[6]Rudolf Schnackenburg, *Commentary on Chapters 5-12*, vol. 1 de *The Gospel According to St. John* (Seabury, Nueva York, 1980), 383.

[7]G. Kittel y G. Friedrich, eds. *Theological Dictionary of the New Testament*, 10 tomos. (Eerdmans, Grand Rapids, 1964-1976), 9:677, s. v. "". Es curioso que Feinberg cita otra declaración de este artículo, aunque no está específicamente relacionada con Ap 3:10.

[8]Aunque está equivocado en su argumento de que el uso de la palabra ἐκ) sugiere la restricción de la prueba a los no cristianos, esta palabra se usa consistentemente en Apocalipsis para pruebas y tentaciones a las que están sometidos los *cristianos*. De hecho, el uso de este término con referencia al mundo incrédulo es uno de los aspectos más curiosos de este versículo (vea sobre esto a Schuyler Brown, «"The Our of Trial" [Ap 3:10]», *JBL* [1966]:308-14.

Capítulo 3

Respuesta de Paul D. Feinberg

[1]Vea J. Oliver Buswell, Jr., *A Systematic Theology of the Christian Religion* (Zondervan, Grand Rapids, MI, 1962) 2:389-90.

[2]Robert H. Gundry, *The Church and the Tribulation* (Zondervan, Grand Rapids, MI, 1973), 200.

[3]Ibíd., 74-77

[4]Vea mi estudio sobre «The Meaning of Inerrancy», en Norman L. Geisler, ed., *Inerrancy* (Zondervan, Grand Rapids, MI, 1980), 287-89.

[5]Gundry, *The Church*, 29.

[6]Ibíd., 36-37.

Respuesta de Douglas J. Moo

[1]Si bien de tiene con mucha frecuencia una fuerza adversativa, está bien establecido su uso como una partícula de continuidad (BAG 170; Margaret Thrall, *Greek Particles in the New Testament: Linguistic and Exegetical Studies* [New Testament Tools and Studies 3; Eerdmans, Grand Rapids, 1962[, 51-52).

[2]1 Ts 4:9, 13; 5:1; 1 Co 7:1, 25; 8:1; 12:1; 16:1, 12.

[3]*The Dark Side of the Millennium: The Problem of Evil in Rev. 20:1-10* (Baker, Grand Rapids, MI, 1980).

NOTAS

[4]Anthony A. Hoekema, *The Bible and the Future* (Eerdmans, Grand Rapids, 1979), 202-3; Lewis, *Dark Side of the Millennium*, 37.

[5]F. Delitzsch, *Isaiah*, Commentary on the Old Testament por C. F. Keil y F. Delitzsch (Eerdmans, Grand Rapids, 1969), 2:491-92.

[6]Robert H. Gundry, *The Church and the Tribulation* (Zondervan, Grand Rapids, MI, 1973), 166.

[7]En concordancia con esto, vea George Eldon Ladd, *A Commentary of the Revelation of John* (Eerdmans, Grand Rapids, 1972) 262-63; G. R. Beasley-Murray, *Revelation*, New Century Bible (Oliphants, Londres, 1976), 282-83.

[8]Nathaniel West presentó el Milenio como poblado por tres grupos distintos: la iglesia arrebatada, Israel en la carne, y las naciones «favorecidas» (*The Thousand Years: Studies in Eschatology in both Testaments* [Scripture Truth, Fincastle, VA, n. d], 308-9.

Capítulo 4

[1]La aplicación de Jesús de la abominación desoladora (Dn 9:27) a un suceso escatológico (Mr 13:14) junto con las numerosas alusiones a Daniel 9 en Apocalipsis es suficiente para mostrar que la profecía no encontró su completo cumplimiento en el primer siglo (cf. Robert D. Culver, *Daniel and the Latter Days* [Moody, Chicago, IL, 1954], 135-60). Pero hay mucho más que decir sobre el punto de vista que vwe la semana septuagésima como relacionándose con ambas venidas de Cristo (cp. Joyce G. Baldwin, *Daniel: An Introduction and Commentary* [Tyndale Old Testament Commentary; InterVarsity, Downers Grove, IL, 1978], 168-78).

[2]Robert H. Gundry, *The Church and the Tribulation* (Zondervan, Grand Rapids, MI, 1973), 25-28.

[3]La doctrina de la tribulación formulada por, p. ej., J. Dwight Pentecost, *Things to Come, A Study in Biblical Eschatology* (Zondervan, Grand Rapids, MI, 1964 [=1958], 233-35) depende bastante de textos que tienen que ver con el día del Señor. Aun si la tribulación es una parte de de ese día, no es legítimo aplicar a la tribulación las imágenes asociadas con ese día.

[4]El hecho de que Marcos usa un participio masculino después del neutro *bdelugma* ("abominación") muestra que él está pensando en una persona.

[5]Sobre el trasfondo y significado de estos términos, vea B. Rigaux, *Saint Paul: Les Epitres aux Thessaliciens* (Etudes Bibliques; París: Gabalda, 1956), 196-206; George Milligan, *St. Paul's Epistles to the Thessalonians* (Revell, Old Tappan, NJ, n. d.), 145-51.

[6]Sobre este punto, vea: Alexander Reese, *The Approaching Advent of Christ: An Examination of the Teaching of J. N. Darby and His Followers* (Marshall, Morgan and Scott, London/Edinburgh: n. d.), 125-38; Henry W. Frost, *Matthew Twenty-four and the Revelation* (Oxford University Press, Nueva York, 1924), 146-47; J. Barton Payne, *The Imminent Appearing of Christ* (Eerdmans, Grand Rapids, 1962), 47-48; George Eldon Ladd, *The Blessed Hope* (Eerdmans, Grand Rapids, 1956), 63-68.

[7]En favor de la referencia de que son ángeles están los pasajes paralelos de Zac14:5, Mr 8:38, y, especialmente, 2 Ts 1:7. Con respecto a l Ts 3:13 es importante notar que a los ángeles se les llama "santos" en la literatura intertestamentaria. Ernest Best, *The First and Second Epistles to the Thessalonians* (Harper's New Testament Commentaries; Harper & Row, Nueva York, 1972), 152-54; Geerhardus Vos, *The Pauline Eschatology* (Eerdmans, Grand Rapids, 1953), 137; Payne, *Imminent Appearing*, 75-76). Por el otro lado, Pablo consistentemente usa el término *santos* para hablar de los creyentes. Milligan (*Thessalonians*, 45) y Leon Morris (*The First and Second Epistles to the Thessalonians* [New International Commentary; Eerdmans, Grand Rapids, 1959], 114-15) argumentan a favor de que es una referencia a ángeles y creyentes.

[8]John F. Walvoord, *The Bless Hope and the Tribulation: A Biblical and Historical Study of Posttribulacionism* (Zondervan, Grand Rapids, MI, 1976), 50.

[9]Si bien Gundry ha argumentado que el *monai* ("moradas") tiene que ser considerado como "morada espiritual en su [Jesús] propia persona" (*Church and Tribulation*, 154-55; y en más detalle en 'In my Father's House are many Monai' (John 14:2)" (*Zeitschrift für die Neutestamentliche Wissenschaft* 58 [1967], 68-72), la estrecha conexión con "en la casa de mi Padre", que casi ciertamente representa el cielo, favorece la interpretación tradicional.

[10]*Church and Tribulation*, 153. Para la interpretación pretribulacionista, vea Walvoord, *The Return of the Lord* (Dunham, Grand Rapids, 1955), 55.

[11]Para esta interpretación, vea Charles Hodge, *An Exposition of the First Epistle to the Corinthians* (Baker, Grand Rapids, MI, 1980 [= 1857]); 354; Leon Morris, *The First Epistle of Paul to the Corinthians* (Tyndale New Testament Commentary; Eerdmans, Grand Rapids, 1958), 233.

[12]Contra Walvoord, *Rapture Questions*, 34-35.

[13]Reese, *Approaching Advent*, 63.

[14]G. Kittel y G. Friedrich, eds. *Theological Dictionary of the New Testament*, 10 tomos. (Eerdmans, Grand Rapids, 1964-1976), 7:87, s. f. "«»; C. K. Barrett, *A Commentary on the First Epistle to the Corinthians* (Harper's New Testament Commentary; Harper & Row, Nueva York, 1968; Morris, *Corinthians*, 234.

[15]Contra Vos, *The Pauline Eschatology*, 247-51.

[16]James Everett Frame, *A Critical and Exegetical Commentary on the Epistles of St. Paul to the Thessalonians* (International Critical Commentary; Edimburgo: T & T. Clark, 1912), 164; también A. L. Moore, *1 and 2 Thessalonians* (New Century Bible; London: Nelson, 1969), 108-0. La sugerencia de Gundry de que los tesalonicenses creían que los muertos no resucitarían hasta el final del milenio (*Church and Tribulation*, 101), va más allá de lo que se puede legítimamente inferir de este texto.

[17]Parece que Walvoord da esto por supuesto, *Blessed Hope*, 96. La idea de que los tesalonicenses se regocijarían en la muerte de sus seres queridos porque ellos sabían que de esa forma escaparían de la tribulación (D. Edmond Hiebert, *The Thessalonians Epistles: A Call for Readiness* [Moody, Chicago, IL, 1971], 205) se refuta a sí misma. ¿Se regocijarían en la muerte de sus seres queridos los que hoy sostienen un punto de vista postribulación?

[18]Reese, *Approaching Advent*, 142.

[19]Esto podría indicar que Pablo piensa en una palabra específica de Cristo encontrada en los evangelios (tales como Mt 24:31 o Jn 11:25-26 [para la última, vea Gundry, *Church and Tribulation*, 102-3]); de la tradición de la enseñanza de Jesús sobre la parusía (David Wenham, "Paul and the Synoptic Apocalypse" [un trabajo escrito leído en la reunión de julio de 1980 de la Tyndale House Gospels Research Project], 6, n. 1); de un dicho desconocido de Jesús (Frame: *Thessalonians*, 171; Morris, *Thessalonians*, 141); o de la revelación recibida por Pablo (Milligan, *Thessalonians*, 58; Hiebert, *Thessalonians Epistles*, 195).

[20]Para estos paralelismos, vea especialmente J. B. Orchard, «Thessalonians and the Synoptic Gospels», *Biblica* 19 (1938): 1942; Lars Hartman, *Prophecy Interpreted: The Formation of Some Jewish Apocalyptic Texts and of the Eschatological Discourse Mark 13 Par.* (Coniectanea Biblica, New Testament Serie I; Lund: Gleerup, 1966), 188-89; Wenham, "Synoptic Apocalypse", 4-6.

[21]Hartman, *Prophecy Interpreted*, 188-89.

[22]F. F. Bruce, "1 and 2 Thessalonians", *The New Bible Commentary: Revised*, ed. D. Guthrie y J. A. Motyer (Eerdmans, Grand Rapids, 1970), 1159.

[23]Henry C. Thiessen, *Will the Church Pass Through the Tribulation?* (2ª ed.; Loizeaux Brothers, Nueva York: 1941), 42; Hiebert, *Thessalonians Epistles*, 202.

[24]BAG, 170; cf. también Margaret E. Thrall, *Greek Particles in the New Testament: Linguistic and Exegetical Studies* (New Testament Tools and Studies III; Eerdmans, Grand Rapids, 1962), 51-52.

[25]Cf. H. H. Rowley, *The Faith of Israel: Aspects of Old Testament Thought* (SCM, Londres, 1956), 178-200.

[26]Hay probablemente dieciocho diferentes expresiones que se refieren a este concepto:

    1. «El día»: Ro 13:12, 13(¿?); 1 Ts 5:4; He. 11:24.

    2. «Gran día»: Jud 6.

    3. «Aquel día»: Mt 7:22; 24:36; 25:13; Lc 17:31; 21:34; 2 Ts 1:10; 2 Ti 1:12, 18; 4:8.

    4. «El día final»: Jn 6:39, 40, 44, 54; 11:24; 12:48.

    5. «El día del juicio»: Mt 10:15; 11:22, 24: 12:36; 2 P 2:9; 3:7; 1 Jn 4:17.

    6. «El día de la salvación»: 1 P 2:12.

    7. «El día de la ira»: Ro 2:5

    8. «El día en que Dios juzgará»: Ro 2:16.

    9. «El día malo»: Ef 6:13.

    10. «El día de la redención»: Ef 4:30.

11. «El día de Dios»: 2 P 3:12.

12. «El gran día del Dios Todopoderoso»: Ap 16:14.

13. «El día del Señor»; Hch 2:20; 1 Co 5:5; 1 Ts 5:2; 2 Ts 2:2; 2 P 3:10.

14. «El día de Cristo»: Fil 1:10; 2:16.

15. «El día del Señor Jesús»: 2 Co 1:14.

16. «El día de Cristo Jesús»: Fil 1:6.

17. «El día de nuestro Señor Jesucristo»: 1 Co 1:8.

18. «El día del Hijo del hombre»: Lc 17:30.

[27]Note de forma especial la manera en que Pablo, cuando se refiere a aquel día, puede combinar «Señor» y «Cristo» en una expresión (1 Co 1:8); del mismo modo «Señor y «Jesús» (2 Co 1:14). Sin duda esto sugiere que puesto que para Pablo Cristo Jesús *es* el Señor, él usa las expresiones tales como «día del Señor» y «día de Cristo» como intercambiables. Walvoord hace una admisión interesante en su argumentación para distinguir el «día de Cristo» del «día del Señor»: "Si el rapto antes de la tribulación está establecido sobre otras bases, estas referencias parecen referirse específicamente al rapto más bien que al tiempo del juicio del mundo" (*Blessed Hope*, 119). En otras palabras, los términos por sí mismos no ofrecen base para esa distinción.

[28]Herman Ridderbos, *Paul: An Outline of His Theology* (Eerdmans, Grand Rapids, 1975), 530-31. Cf. también George Eldon Ladd, *A Theology of the New Testament* (Eerdmans, Grand Rapids, 1974), 555.

[29]Para estos puntos, vea E. Michael Rusten, "A Critical Evaluation of Dispensational Interpretation of the Book of Revelation" (disertación doctoral en la Universidad de New York, 1977), 488-89; Norman F. Douty, *Has Christ's Return Two Stages?* (Pageant, Nueva York,1956), 76-77.

[30]W. J. Grier, *The Momentous Event: A Discussion of Scripture Teaching on the Second Advent* (Banner of Truth Trust, London, 1941), 71; Payne, *Imminent Appearing*, 68-69.

[31]Para estos paralelismo, vea especialmente Wenham, "Synoptic Apocalypse", 10, y Hartman, *Prophecy Interpreted*, 192.

[32]*Things to Come*, 161-62; *Rapture Questions*, 111-13.

[33]Sobre el significado de los términos (griego) («velar») y (griego) («ser sobrio»), vea especialmente Eval. Lövestam, *Spiritual Wakefulness in the New Testament* (Lunds Universitets Arsskrift, n. s., 55; Lund: Gleerup, 1963).

[34]La frase «hijos del día» (v. 5) probablemente también asocia a los creyentes con el "día del Señor", puesto que las dimensiones escatológicas del término tienen que ser incluidas aquí (Lövestam, *Spiritual Wakefulness*, 44-51; Best, *Thessalonians*, 210; Morris, *Thessalonians*, 156). D. E. H. Whiteley, sin embargo, (*Thessalonians in the Revised Standard Version* [New Clarendon Bible; Oxford University Press, Oxford, 1969], 78) toma la posición de que tales significados escatológicos sugeridos tienen que verse en el término.

[34]Cf., p. ej., Frame, *Thessalonians*, 188; Best, *Thessalonians*, 216.

[35]Johannes Munck, «1 Ts 1:9-10 and the Missionary Preaching of Paul. Textual Exegesis and Hermeneutical Reflections", *New Testament Studies* 9 (1962/1963): 100.

[36]Walvoord, *Blessed Hope*, 123-24.

[37]Allen Beechick, *The Pre-Tribulation Rapture* (Denver: Accent, 1980), 122.

[38]*Saleu* ("estar inquieto") "…sugiere que los lectores estaban llevados por su sentido sobrio como un barco de sus amarras" (Frame, *Thessalonians*, 248). Throeo ("estar turbado"), en el tiempo presente connota "…un estado continuo de animación nerviosa y ansiedad" (Best, *Thessalonians*, 275).

[39]John F. Walvoord, *The Thessalonians Epistles* (Findlay, Ohio: Dunham, n. d.). 115; Hiebert, *Thessalonians Epistles*, 304.

[40]Es posible que *enesteken* («ha venido») pudiera traducirse «está en el proceso de venir». (A. Oepke, *Theological Dictionary*, 2:544, n. 2; Ridderbos, *Paul*, 511, n. 68; cf. También Morris, *Thessalonians*, 216-17). El verbo no puede significar "es inminente" (Frame, *Thessalonians*, 248-49).

[41]Pablo nunca porta una *apódosis* (una cláusula de "entonces") para completar su prótasis ("Sin que antes venga la apostasía, y se manifieste el hombre de pecado" (en v. 3, RVR-60). Pero hay un acuerdo en general de que algo como "entonces aquel día no ha llegado" debe aportarse (comparar la RVR-60, NVI y especialmente el excelente estudio de Best [*Thessalonians*, 280-81]. Best ofrece una crítica penetrante de la novedosa teoría

NOTAS

adelantada por Charles H. Giblin [*The Threat to Faith: An Exegetical and Theological Re-examination of 2 Thessalonians 2* (Analecta Biblia 31; Pontifical Biblical Institute, Roma, 1967), 122-35]).

[42]Desmond Ford (*The Abomination of Desolation in Biblical Eschatology* [University Press of America, Washington, DC, 1979], 199-200, 207) provee de un buen estudio de los paralelismos entre Daniel y la representación del anticristo en el Nuevo Testamento.

[43]Esta interpretación de *apostasía* está basada en el uso del término en el griego bíblico y en las observaciones que una rebelión religiosa está con frecuencia asociada con el tiempo del fin (como en Marcos 13:6ss.). Cf. p. ej., Gundry, *Church and Tribulation*, 115-16; Ford, *Abomination*, 201-3.

[44]E. Schuyler English, *Re-thinking the Rapture* (Traveler's Rest, SC: Southern Bible Book House, 1954), 67-71; Kenneth S. Wuest, "The Rapture Precisely When?" *Bibliotheca Sacra* 114 (1957): 64-65; Gordon Lewis, "Biblical Evidence for Pretribulationism", *Bibliotheca Sacra* 125 (1968): 217-18; L. J. Wood, *The Bible and Future Events* (Zondervan, Grand Rapids, MI, 1973), 87-88; James Montgomery Boice, *The Last and Future World* (Zondervan, Grand Rapids, MI, 1974), 42-43.

[45]Vea el estudio complete en Gundry, *Church and Tribulation*, 114-18. El pretribulacionista Hiebert admitió la imposibilidad de encontrar una referencia al rapto en esta palabra (*Thessalonians Epistles*, 305-6) y también Walvoord (*Blessed Hope*, 135).

[46]Aunque Walvoord (*Blessed Hope*, 118) da esto como esencialmente la respuesta de Pablo, no hay en el texto evidencia para una referencia así.

[47]Morris, *Thessalonians*, 228-29. Nosotros suponemos, con la mayoría de los comentaristas, que el sujeto de la cláusula de *heos* en el v. 7 es el que detiene. Es interesante notar que algunos de los padres de la iglesia ya habían refutado la idea de que el que detiene fuera el Espíritu Santo (Rigaux, *Thessalonians*, 261).

[48]Gundry, *Church and Tribulation*, 125-26.

[49]Frame, *Thessalonians*, 259-61; Best, *Thessalonians*, 301; D. W. B. Robinson, «II Tess. 2:6: "Aquello que detiene" o "Aquello que ejerce dominio"?» *Studia Evangelica* II (Texte und Untersuchungen 87; Berlin: Akademie, 1964), 635-38.

[50]Tertuliano, *Apología* 32 y otros muchos padres de la Iglesia; Otto Betz, "Der Katechon", *New Testament Studies* 9 (1962/1963): 283-85.

[51]Milligan, *Thessalonians*, 101; William Hendriksen, *New Testament Commentary: Exposition of I and II Thessalonians* (Baker, Grand Rapids, MI, 1955), 181-82.

[52]Ladd, *Blessed Hope*, 95; Ridderbos, *Paul*, 524-25.

[53]Orchard, "Thessalonians", 40-41; Rusten, «Revelation», 449-57; F. Prat. *The Theology of Saint Paul* (Newman, Westminster, MD, 1952), 1:80-83.

[54]En la naciente iglesia Theodoret and Theodore of Mopsuestia; Oscar Cullmann, *Christ and Time: The Primitive Christian Conception of Time and History* (Filadelfia: Westminster, 1950), 164-66; Johannes Munck, *Paul and the Salvation of Mankind* (John Knox, Richmond, VA, 1959) 36-43; A. L. Moore, *The Parousia in the New Testament* (Supplements to Novum Testamentum, 13; Leiden: Brill, 1966), 112-13; J. Christian Beker, *Paul the Apostle: The Triumph of God in Life and Thought* (Fortress, Filadelfia,1980), 161.

[55]El punto de vista de J. Coppens, según Giblin (*Threat to Faith*, 14).

[56]Leas Sirard, «La Parousie de L'Antechrist, 2 Thss. 2:3-9», *Studiorum Paulinorum Congressus Internationalis Catholicus*, 1961 (Analecta Biblica 17-18; Rome: Pontifical Biblical Institute, 1963) 2:94-99; Giblin, *Threat to Faith*, 164-246.

[57]Ford, *Abomination*, 216-22.

[58]B. B. Warfield, "The Prophecies of St. Paul", *Biblical and Theological Studies* (Baker, Grand Rapids, MI, 1968), 473-74.

[59]C. E. B. Cranfield, «St. Mark 13», *Scottish Journal of Theology* 6 and 7 (1953 y 1954), 6, 195-96; Lloyd Gaston, *No Stone on Another: Studies in the Significance of the Fall of Jerusalem in the Synoptic Gospels* (Supplements to Novum Testamentum 2; Leiden: Brill, 1970), 12.

[60]Esta frase está tomada indudablemente de Daniel, donde aparecen expresiones similares en 8:13; 9:27; 11:31; 12:11. De estos, el uso por Jesús del término tiene más en común con 9:27 (Beda Rigaux,* Mr 13, 14; Mt 25, 15". *Biblica* 40 (1959), 678-79; Ford, *Abomination*, 153-54). La frase de toma generalmente para indicar un ídolo detestable que causa profanación religiosa (Cranfield, "Mark 13", 298-99; G. R. Beasley-Murray,

253

NOTAS

A Commentary on Mark 13 [London: Macmillan, 1957], 55), pero puede ser que las connotaciones de destrucción física no debieran eliminarse (Rudolf Pesch, *Naherwartungen: Tradition und Redaktion in Mk 13* [Kommentare und Beitrage zum Alten und Neue Testament; Dusseldorf: Patmos, 1968], 142; Ford, *Abomination*, 167-68).

[61]John F. Walvoord, "Christ's Oliver Discourse on the End of the Age", *Biblioteca Sacra* 128 (1971), 208. Se argumenta a veces que esta fraseología es proverbial y se necesita tomar en su sentido literal (Beasley-Murray, Commentary, 78).

[62]Contra Alfred Plummer (*An Exegetical Commentary on the Gospel According to S. Matthew* [Robert Scott, Londres, 1951] 335), Matthew's *eutheos* ("inmediatamente") no se puede privar de su fuerza temporal a la luz del uso en Mateo. Como tampoco se pueden tomar "en esos días" en Mr 13:27 como una expresión general para tiempo escatológico (contra Henry Barclay Swete, *Commentary on Mark* [Grand Rapids: Kregel, 1977 (= 1013)], 31-11; William Lane, *The Gospel According to Mark*, New International Commentary [Eerdmans, Grand Rapids, 1974], 474).

[63]Marcellus J. Kik, *The Eschatology of Victory* (Nutley, N.J.: Presbyterian and Reformed, 1971), 60-144; R. V. G. Tasker, *The Gospel According to St. Matthew* (Tyndale New Testament Commentary; Eerdmans, Grand Rapids, 1961), 223-27; A. Feuillet, "Le discourse de Jesus sur la ruined u temple d'apres Marc XIII et Luc. XXI:5-36", *Revue Biblique* 55 (1948), 481-502; 56 (1949), 61-92; R. T. France, *Jesus and the Old Testament* (Tyndale, London, 1971), 228-39.

[64]Lucas parece distinguir más cuidadosamente entre el año 70 d. C. y el tiempo del fin; muchos atribuirían los vv. 8-24 a la destrucción de Jerusalén en el año 70 d. C. y vv. 25ss. al fin (cp. M. J. Lagrange, *L'Evangile selon Saint Luc* [6ª ed.: Paris: Gabalda, 1941], 521; William Hendriksen, *New Testament Commentary: Exposition of the Gospel According to Luke* [Baker, Grand Rapids, MI, 1978], 937).

[65]Sin embargo, David Wenham ha presentado un buen caso al tomar Marcos 13:14-23 y paralelos como una descripción de la tribulación que caracterizará a toda la era de la iglesia. (Su trabajo aparecerá en forma publicada pronto como una monografía sobre el Discurso del monte de los Olivos.) Hay mucho que decir sobre este punto de vista. Si se adopta, significaría que la abominación desoladora tendría referencia solo con el año 70 d. C. Mi argumento acerca de la relación de la iglesia con este evento perdería, por tanto, su fuerza. Pero mi argumento acerca de la presencia de la iglesia durante la tribulación y los testigos de la parusía todavía estarían en pie.

[66]Blessed Hope, 86-87. Cf. También W. K. Price, *Jesus' Prophetic Sermon: The Olivet key to Israel, the Church and the Nation* (Moody, Chicago, IL, 1972), 40-41.

[67]Beechick, Reconociendo el impacto de estos paralelismos con Pablo, sugiere que Jesús describe la parusía pretribulación y la postribulación en el discurso del monte de los Olivos (*Rapture*, 233-63). Pero esta explicación no hace justicia con los indicadores claramente temporales en el discurso: la parusía sucede sólo *después* de la tribulación.

[68]Payne, *Imminent Appearing*, 55. Douty (*Christ's Return*, 33) señala que incluso tan temprano como 100 d. C. se entendía que los escogidos eran los de la iglesia (en la *Didaqué*).

[69]Beasly-Murray, *Commentary*, 93. El punto de vista de Walvoord, que este texto se refiere a la reunión de las personas en el reino durante el milenio («Discurso del monte de los Olivos», 36) es adecuado como tal, pero no explica el paralelismo con la descripción del Pablo del rapto.

[70]Feuillet, «Le discours de Jesus», 75-78; Hartman, *Prophecy Interpreted*, 158; Lane, *Marc*, 476-77.

[71]Walvoord, *Blessed Hope*, 89-90. El intento de Walvoord the reforzar su argumento recurriendo a Lucas 17:37 no tiene éxito, aunque este es un texto bastante oscuro, es improbable que implique que el cuerpo fue arrojado a los buitres

[72]James Oliver Buswell, *A Systematic Theology of the Christian Religion* (2 tomos. en uno); Zondervan, Grand Rapids, MI, 1962)2:386; I. Howard Marshall, *The Gospel of Luke* (New International Greek Testament Commentary, Eerdmans, Grand Rapids, 1978), 668; Alan Hugh McNeile, *The Gospel According to St. Matthew* (MacMillan, Londres, 1928), 357; Gundry, *Church and Tribulation*, 137-38.

[73]Cf. Rusten, «Revelation», 204-5. Walvoord no da razón para esta afirmación de que el leguaje aquí no se debiera aplicar a la parusía (*The Revelation of Jesus Christ* [Moody, Chicago, IL, 1966], 81). Tampoco es legítimo confinar la advertencia sólo para los incrédulos (contra Beechick, *Rapture*, 172-73).

[74]Aunque Rusten («Revelation», 216-19) piensa del período siguiente a la parusía y Payne de un período histórico de sufrimiento (*Imminent Appearing*, 78-79).

[75]En vista de la afirmación explícita de Jesús en este versículo de que los discípulos permanecerán en el mundo, resulta difícil ver cómo Juan 17:15 podría indica que no tendría contacto con el «maligno». Y no hay indicación de que se hable de la esfera espiritual de Satanás (contra Jeffrey L. Townsend, «The Rapture in Revelation 3:10». *Bibliotheca Sacra* 137 [1980]: 258-59).

[76]Por ejemplo, la combinación de *airo ek*, que se usa en Juan 17:15, hubiera indicado claramente «quitar de».

[77]G. R. Beasley-Murray, *The Book of Revelation* (New Century Bible; London: Marshall, Morgan and Scott, 1974), 101; Robert H. Mounce, *The Book of Revelation*, New International Commentary (Eerdmans, Grand Rapids, 1977); Schuyler Brown, «"The Hour of Trial" (Rev. 3:10)», *Journal of Biblical Literature* 85 (1966): 310.

[78]*Revelation*, 103.

[79]*Revelation*, 30-31.

[80]Buswell (Systematic Theology 2:389-90) y Norman B. Harrison (*The End: Re-thinking the Revelation* [Minneapolis: The Harrison Services, 1941], 116-21) argumenta que el rapto de la iglesia está aquí indicado y que el tiempo es en medio de la semana septuagésima de Daniel.

[81]G. B. Caird, *A Commentary on Revelation of St. John the Divine* (Harper's New Testament Commentary; Harper & Row, Nueva York, 1966), 190; Beasley-Murray, *Revelation*, 228; Gundry, *Church and Tribulation*, 83-84.

[82]Henry Barclay Swete, *Commentary on Revelation* (Grand Rapids: Kregel, 1977 [= 1913]), 189=190); Gundry, *Church and Tribulation*, 83-88; Rusten, «Revelation», 516-21.

[83]Y también, al parecer, Walvoord, *Revelation*, 221-22.

[84]Beasly-Murray, *Revelation*, 228; Mounce, *Revelation*, 279-80; Isbon T. Beckwith, *The Apocalypse of John* (Baker, Grand Rapids, MI, 1967 [= 1919]), 662.

[85]Walvoord, *Revelation*, 296-97; Mounce, *Revelation*, 355-56.

[86]Puesto que *tas psuchas* («las almas») es acusativo, es mejor que tomarlo como un segundo objeto después de *eido* (Swete, Revelation, 262).

[87]Contra Roy L. Aldrich, «Divisions of the First Resurrection», *Bibliotheca Sacra*, 128 (1971): 117-19.

[88]Esta es probablemente la razón por la que Juan omite en Ap 13:9 «a las iglesias» en la expresión familiar: «El que tiene oído, oiga lo que el Espíritu dice…"» (en respuesta a Walvoord, *Revelation*, 103; y Beechick, *Rapture*, 179-79).

[89]Gundry, *Church and Tribulation*, 78.

[90]Caird, *Revelation*, 63; Leon Morris, *The Revelation of St. John*, Tyndale New Testament Commentary (Eerdmans, Grand Rapids, 1969), 88; George Eldon Ladd, *A Commentary on the Revelation of John* (Eerdmans, Grand Rapids, 1972), 75; Beasley-Murray, *Revelation*, 114; Mounce, *Revelation*, 135.

[91]Cf. especialmente André Feuillet, «The Twenty-four Elders of the Apocalypse», *Johannine Studies (Staten* Island: Alba House, 1965), 185-94; J. Massyngberde Ford, *Revelation*, Anchor Bible (Doubleday, Garden City, NY, 1975), 72.

[92]Esta lectura es sin duda preferible sobre las débilmente autenticadas variantes.

[93]Vea Rusten, «Revelation», 133-53.

[94]Rusten, «Revelation», 133-34.

[95]Muchas de las diferencias en las que se dice se requieren una distinción entre el rapto antes de la tribulación y la venida después de la tribulación (cf. Pentecost, *Things to Come*, 207-7; Walvoord, *Rapture Questions*, 101-2) tienen que ser explicadas sobre la base de esta selectividad. A menos que estén indicadas claras contradicciones, tales diferencias no establecen una necesidad para separar en el tiempo los sucesos de la parusía.

[96]Pentecost, *Things to Come*, 168; Walvoord, *Rapture Questions*, 82.

[97]*Imminent Appearing*.

[98]Vea la excelente refutación de Gundry (*Church and Tribulation*, 193-200).

[99]*Church and Tribulation*, 29-43.

NOTAS

[100]Vea especialmente Gundry (*Church and Tribulation*, 30-32) para el estudio de estas palabras. Para (frase en griego) vea el excelente tratamiento de Lövestam, *Spiritual Wakefulness* [Vigilia espiritual].

[101]La evidencia de Qumrán indica que «generación» podría ser usada para denotar la última generación antes del fin (E. Earle Ellis, *The Gospel of Luke*, New Century Bible, ed. rev. [Marshall, Morgan & Scout, Londres, 1974], 246-47).

[102]Cf. Frost *Matthew Twenty-four*, 34-36; Gundry (*Church and Tribulation*, 42-43.

[103]Contra Payne, *Imminent Appearing*, 89-91; Walvoord, *Rapture Question*, 150-51.

[104]Millard J. Erickson, *Contemporary Options in Eschatology: A Study of the Millennium* (Baker, Grand Rapids, MI, 1977), 142; Gundry (*Church and Tribulation*, 37.

[105]Vea, por ejemplo, Ep. Barn. 4; Justino, *Diálogo con Trifo*, 110; *Pastor de Hermas*, 1:4, 1-3. No puedo estar de acuerdo con Payne (*Imminent Appearing*, 12-14) que trata de establecer la doctrina de la parusía en-cualquier-momento sobre los Padres de la Iglesia.

Respuesta de Paul D. Feinberg

[1]Daniel B. Wallace, «A Critique of the Postribulational Understanding of 1 Thessalonians 4:13-18» (trabajo escrito presentado en Grace Theological Seminary, 1982), 5-6.

[2]Robert H. Gundry, *Church and the Tribulation* (Zondervan, Grand Rapids, MI, 1973), 100-102.

[3]Wallace, «A Critique», 4-5.

[4]Zane C. Hodges, «The Rapture en 1 Thessalonians 5:1-11», en *Walvoord: A Tribute*, ed. por Donald K. Campbell (Moody, Chicago, IL, 1982), 68-72; Robert L. Thomas, «1 Thessalonians» en *The Expositor's Bible Commentary* (Zondervan, Grand Rapids, MI, 1978), 11:280-81.

ÍNDICE DE PERSONAS

ÍNDICE DE PERSONAS

ÍNDICE DE PERSONAS

ÍNDICE DE TEMAS

ÍNDICE BÍBLICO

Nos agradaría recibir noticias suyas.
Por favor, envíe sus comentarios sobre este libro
a la dirección que aparece a continuación.
Muchas gracias.

Vida@zondervan.com
www.editorialvida.com

www.ingramcontent.com/pod-product-compliance
Lightning Source LLC
Jackson TN
JSHW030757180425
82860JS00008B/66